高职城市轨道交通工程技术专业规划教材

地铁车站施工
DITIE CHEZHAN SHIGONG

主编／战启芳 杨石柱
主审／杨会军 王立川

人民交通出版社
China Communications Press

内 容 提 要

本书系统介绍了地铁车站施工方法、流程、优缺点、适用范围,内容包括:地铁车站的类型、结构形式,以及地铁车站的明挖法施工、盖挖施工、浅埋暗挖法施工、钻爆法施工等各种施工方法的原理、工艺流程、优缺点和适用的车站形式等。

本书可供高职城市轨道交通工程技术专业、地下工程与隧道工程技术专业等相关交通土建工程类专业学生选作教材使用,亦可为从事城市轨道交通工程建设的技术人员和管理人员提供参考。

图书在版编目(CIP)数据

地铁车站施工 / 战启芳,杨石柱主编. --北京:
人民交通出版社,2011.10
ISBN 978-7-114-09057-8

Ⅰ.①地… Ⅱ.①战… ②杨… Ⅲ.①地下铁道车站
-工程施工-高等职业教育-教材 Ⅳ.①U231

中国版本图书馆 CIP 数据核字(2011)第 200718 号

书　　名:	地铁车站施工
著 作 者:	战启芳　杨石柱
责任编辑:	杜 琛
出版发行:	人民交通出版社股份有限公司
地　　址:	(100011)北京市朝阳区安定门外外馆斜街 3 号
网　　址:	http://www.ccpress.com.cn
销售电话:	(010)59757973
总 经 销:	人民交通出版社股份有限公司发行部
经　　销:	各地新华书店
印　　刷:	北京市密东印刷有限公司
开　　本:	720×960　1/16
印　　张:	15.25
字　　数:	283 千
版　　次:	2011 年 10 月　第 1 版
印　　次:	2024 年 1 月　第 13 次印刷
书　　号:	ISBN 978-7-114-09057-8
定　　价:	30.00 元

(有印刷、装订质量问题的图书由本公司负责调换)

前言 Preface

城市轨道交通具有运量大、速度快、安全、环保等特点,随着我国城市化进程的加速,城市轨道交通建设正迎来黄金发展期。地铁车站是城市轨道交通路网中的重要建筑物,它在城市轨道交通运营安全中起着重要作用,也是城市轨道交通工程的关键环节。目前,我国地铁车站无论在结构设计、施工技术上都接近或部分达到国际先进水平。与此同时,我国高职高专教育城市轨道交通工程技术专业开设多年,至今尚无适用于该专业的系列教材。本教材正是在这样的背景下,在中国职教学会轨道交通专业委员会统一指导下组织编写的。

"地铁车站施工"是城市轨道交通工程技术专业的主干专业课,本教材按照城市轨道交通工程技术专业的教育标准、培养方案和本课程教学的基本要求组织编写。在编写中力求符合高等职业技术教育注重实践性和实用性的特点,采用我国城市轨道交通最新设计规范和施工规范,比较全面、系统地介绍了地铁车站的构造和施工的基本知识,广泛吸取了国内外地铁车站施工的新技术、新方法、新工艺。为满足高职院校项目教学等教学模式的需要,教材采用了分项目按单元的编写模式,每个单元都配有实际工程案例。

本书由战启芳、杨石柱任主编。具体编写分工如下:第一单元由石家庄铁路职业技术学院战启芳编写,第二单元由石家庄铁路职业技术学院杨石柱编写,第三单元由石家庄铁路职业技术学院骆宪龙编写,第四单元由陕西铁路工程职业技术学院毛红梅、石家庄铁路职业技术学院杨石柱编写,第五单元由石家庄铁路职业技术学院付迎春编写。

中铁六局集团公司副总工程师杨会军、成都铁路局副总工程师王立川共同为本书做了主审工作,提出了很多宝贵的意见,在此表示由衷的感谢。

本书在编写过程中,参考了有关的文献资料,在此亦谨向相关作者表示衷心感谢。

由于编者水平有限,书中错漏之处在所难免,恳请广大读者批评指正。

编　者
2011 年 8 月

目录 Contents

单元一 绪论 1
一、地铁车站概述 1
二、地铁车站分类 4
三、地铁车站施工方法简述 11
四、地铁车站施工发展方向 14
五、地铁车站施工岗位分析及所需能力概括 15
练习题 18

单元二 地铁车站明挖法施工 19
一、概述 19
二、围护结构施工 21
三、基坑开挖支护与防护 62
四、基坑降水(防排水施工) 75
五、主体结构施工 83

单元三 地铁车站盖挖施工 99
一、概述 99
二、盖挖顺作法施工 100
三、盖挖逆作法施工 104
四、盖挖半逆作法施工 124

单元四 地铁车站浅埋暗挖法施工 151
一、概述 151
二、超前支护与地层预处理施工 152

三、开挖作业 ·· 159
　四、初期支护施工 ·· 172
　五、主体结构支护施工 ·· 199
　六、监控量测 ·· 207

单元五　地铁车站钻爆法施工 ·································· 222
　一、钻爆开挖 ·· 222
　二、其他工序施工 ·· 235
　练习题 ·· 235

参考文献 ·· 236

单元一　绪　论

地铁是一座城市现代化水平的标志,也是城市公共交通体系之一。地铁车站是城市轨道交通路网中一类重要的建筑物,是地铁工程亮点所在。它联系着地面与地下的交通,是供旅客乘降、换乘和候车的场所,应保证旅客安全、迅速地进出车站,并有良好的通风、照明、卫生、防火设备等,给旅客提供舒适、清洁的环境。同时车站内又集中设置了地铁运营中很大一部分技术设备和运营管理系统。地铁车站里的辅助设备包括:自动扶梯、直升电梯、卷帘门、防洪门、旅客引导、照明、售检系统、车站设备自控系统等。因此,车站在保证地铁安全运行中起着很关键的作用。所以,车站位置的选择、环境条件的好坏、设计的合理与否,尤其是施工方法选择是否得当、施工方案合理与否等,都会直接影响地铁的社会效益、环境效益和经济效益。

一、地铁车站概述

1 地铁车站的特征

地铁车站是建在城市地下的车站,它具有以下地下建筑的特征:①为了使结构安全、施工方便并节约投资,它的形体必须简单、完整;②没有自然光线,必须全部靠人工采光;③为保证地下空间环境的安全和舒适,设有庞大的空调、通风设施;④为保证客流安全、顺畅、快捷集散,设有众多鲜明的指示标牌和消防设施;⑤地面出入口通过地下通道与地下车站连接,出入口地下部分要采取人防措施,在地面上设有风亭建筑。

在地铁车站设计中设计时,要根据车站的功能和要求在设计前分析各种设计要素,尤其是有利的和不利的因素,以在设计中体现人性化和满足规范的要求。地铁车站的不利因素一般有以下六个方面:①空间封闭、狭长、结构类同;空间封闭给人们带来闭塞和压抑的感觉,往往使乘客的识别能力降低;②站内噪声大;由于站内空间封闭,建筑装修材料吸声系数较小,声反射强度大;③站内湿度大;④发生火灾等灾害后扑救困难;⑤采用机械通风、人工照明;⑥施工比较复杂。地铁车站的有利因素一般有以下两个方面：①节约城市用地；②有良好的防护功能，战时可考虑作为避难场所。

2 地铁车站布设与设计应遵循的原则

（1）车站布设应方便乘客使用。地铁车站的站位应该为乘客提供最大可能的方便，使多数乘客的步行距离最短。

（2）尽量通过短的出入口通道。将旅游景点、游乐中心、住宅密集区、办公密集区等与车站相通，为乘客提供无太阳晒、无雨淋的乘车条件。

（3）对于突发性的大型客流集散点（如大型的体育场），一般有突发性客流的地铁车站的位置不宜离得太近，防止集中客流对地铁车站的冲击。车站出入口距离体育场出入口一般在300m以上，若是突发性客流的强度较大，距离还应该设置得更大一些。如沈阳地铁二号线的奥体中心车站距离奥体中心体育馆出口约为800m。

（4）车站布设应与城市道路网及公共交通网络密切结合，应符合轨道交通网络规划和城市总体规划的要求，应与城市总体规划和车站所在地区的城市规划相互协调。如沈阳地铁二号线的奥体中心车站的2号出入口与公交车站新华社站距离大约为50m。地铁路线的密度和车站的数目均比不上地面公交线路网，必须依托地面公交路线网络，使其能最大限度地吸引客流，为地铁车站往返运输乘客，使地铁成为快速大运量的骨干交通动脉。一般将地铁车站设在道路交叉口处，公交路线应在地铁车站周围设置车站，方便公交和地铁之间的换乘。

（5）车站布设应与旧城改造和新区土地的开发相结合。车站分布应方便施工、减少拆迁、降低造价，并注重城市轨道交通建设与周边经济发展的互动效应，为可持续发展创造条件。换乘站在结合周围环境特点布置站位的时候，不仅需要考虑近期车站的功能实施，还须兼顾远期站位换乘方案的便捷和远期实施的可操作性，并应根据远期客流要求、工程分期实施的条件，合理选择车站形式、换乘方式及控制近、远期车站建设规模，使近期车站的方案具备最大化的适应性和合理性。

（6）车站分布应兼顾各个车站间距离的均匀性。乘客到大型的商业区购买物品，要货比三家，一般不计较时间和步行距离，地铁车站站位距离商业区中心应不超过500m。

（7）车站设计规模应根据远期高峰小时预测客流集散量和车站行车管理、设备用房的需要来确定，要与站厅、站台、出入口通道、楼扶梯以及售检票等部位的通过能力相匹配，同时满足事故发生时乘客紧急疏散的需要。

3 地铁车站的布局形式及结构类型

(1)地铁车站的设计从建筑布局的形式,可分为浅埋式和深埋式。浅埋式车站由于车站的埋置深度浅,带来一系列的经济效益,如土方减少、技术难度减小、出入口通道客流上下高度减小等,大大节省车站在地下的建设投资。选择这种车站的前提是,地面下没有各种城市管线通过,也不在城市主要道路下,并符合地铁线路走向。深埋式车站因受周边环境的影响和线路走向的制约,必须较深地建于地下,随之而来的是深基坑等各项技术难度加大、土方增加、投资较大和客流上下高度的增加等问题。

(2)地铁车站设计从结构的类型,可分为矩形箱式地下建筑和圆形或拱形的隧道式建筑。矩形箱式车站基本上都是采用地下连续墙后大开挖的现浇钢筋混凝土结构,施工时对周边的环境影响较大,土方量也大,对地面交通影响也大。而圆形或拱形的隧道或暗挖车站建筑,基本可采用暗挖、盾构等掘进的方式,土方量减少,同时对周边环境的影响也大大减少,但带来的技术要求则较高且需更大的盾构掘进等机械和设备。地铁车站一般宜设在线路直线段上,车站的形式选择应根据线路条件和所处环境特点,因地制宜地进行比选确定,结合建筑造型、结构类型和施工方法,合理地利用城市建筑空间,做到与周围建筑结合好、拆迁少,对地面交通干扰小,对地下管线影响小、改移方便。换乘车站需对换乘形式、使用功能以及综合经济指标等多方面进行比较。换乘节点应根据远期线网的情况分别采用同步实施或是预留接口的实施条件。

地铁车站是人流相对集中的交通建筑,所以在设计中必须考虑有序地组织人流进站和出站,并方便地铁换乘,满足客流高峰时所需的各种面积规定及楼梯、通道等的宽度要求,上下楼梯位置的设置能均匀地接纳客流。另外,要有足够的设备用房和管理用房,以满足技术设备的布置及运行管理的要求,使车站具有与之要求配套的使用功能。

4 地铁车站的组成

地铁车站建筑设计,主要由车站主体(站台,站厅,生产、生活用房)建筑设计、车站附属建筑设计(出入口及通道,通风道及地面通风亭等)两大部分组成。

地铁车站主体的组成基本上分为两大部分。一是乘客使用空间;二是涉及车站运营的技术设备用房及管理用房。乘客使用空间是直接为乘客服务的场所,主要包括:站厅层公共区、站台层公共区、售票处、检票口、问讯、公用电话、小卖部、楼梯、自动扶梯及垂直电梯、公共卫生间、无障碍公厕等,车站公共区应划分为付费区与非付费区。站厅层要有足够的公共区域面积,满足高峰时段客流的集散,要有足够数量的售检票设备和其他为公共服务的设施。站台层要有足够的站台宽度,要有分布均匀的楼梯、自动扶梯和满足列车编组停靠的有效站台长度。设备用房及管理用房是为了保证车站具有正常运营条件和营业秩序而设置的办公用房,主要包括:车站综合控制室、站长室、值班室、公安安全室、安全门设备室、公共通信机房、通信设备室、信号设备室、AFC机房、AFC票务室、公安消防设备室、消防泵房、污水泵房、废水泵房、工务用房、气瓶间、变电所、照明配电室、风机监控室、环控机房、小系统通风机房、会议交接班室等。它们一般分设于站厅层和站台层的两端部。

车站附属建筑设计的地面站房、出入口以及风亭,均需结合所在地区城市规划。其地面部分的立面设计要做到简洁、大方,与周围环境相协调。出入口应考虑兼顾市政过街功能。出入口的数量应根据车站情况并按照车站远期预测客流量计算确定,一般不宜少于4个,当车站客流量较小时,可酌情减少,但不能少于2个。车站出入口通道总宽,应以车站远期预测超高峰小时乘降量进行计算确定,与自动扶梯或楼梯相连的通道宽度必须与其通过能力相匹配,兼作城市过街通道的,其宽度应根据过街客流量加宽,同时确保在灾害情况下紧急疏散的要求。车站出入口分布要力求合理,最大程度吸引各方向客流,方便乘客乘降和换乘。车站出入口和风亭应尽量与周围建筑相结合,充分考虑城市景观的要求,出地面的出入口、风亭的体积尽量减小,造型力求美观,与周围的建筑风格相协调。

二、地铁车站分类

地铁车站可根据所处位置、埋深、运营性质、结构横断面形式、站台形式、换乘方式的不同分别进行分类。

1 按车站与地面相对位置分类

按照车站与地面相对位置不同可以分为三类,见表1-1。

地铁车站按与地面相对位置分类　　　　表1-1

序号	名称	图示	特征
1	地下车站		车站结构位于地面以下

续上表

序号	名称	图示	特征
2	地面车站	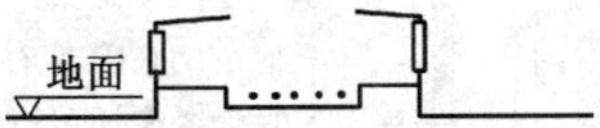	车站位于地面
3	高架车站	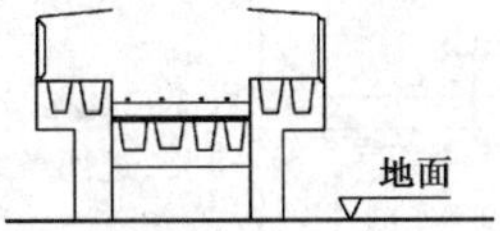	车站位于地面高架桥上

② 按车站埋深分类

按照埋置深度不同可以分为：

(1)浅埋车站：车站结构顶板位于地面以下的深度较浅。

(2)深埋车站：车站结构顶板位于地面以下的深度较深。深埋车站一般设在地面以下稳定地层或坚固地层内。

所谓深埋或浅埋，并非单纯指洞顶地层厚度，还应结合上覆地层的工程地质条件及水文地质条件综合判定，包括围岩结构构造特征、风化、破碎、断层等影响的程度，结构强度，松散状况及地下水等因素。城市地铁结构断面变化较大，一般通过覆跨比确定深埋、浅埋。覆跨比 H/D，即拱顶覆土厚度(H)与隧道跨度(D)之比，当 $0.4 < H/D < 1$ 时，为浅埋。

③ 按车站运营性质分类

按照车站运营性质不同，可分为六种(表1-2)。

按车站运营性质分类　　　　表1-2

序号	名称	图示	特征
1	中间站	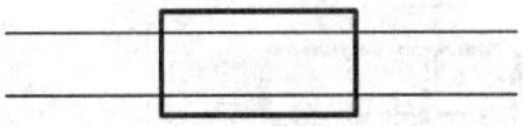	仅供乘客上、下车之用。功能单一，是地铁最常用的车站
2	区域站（即折返站）	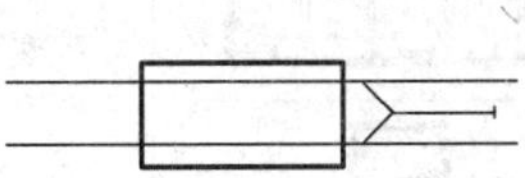	设在两种不同行车密度交界处的车站；站内设有折返线和设备，可根据客流量大小，合理组织列车运行，在两个区域站之间的区段上增加或减少行车密度。区域站兼有中间站的功能

续上表

序号	名称	图示	特征
3	换乘站	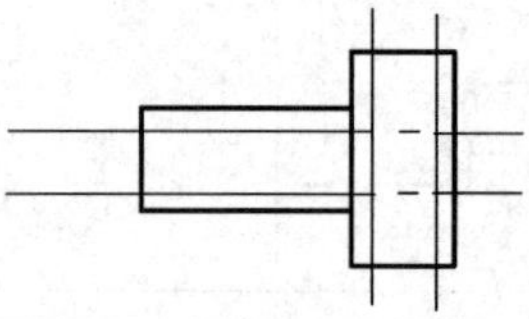	是位于两条及两条以上线路交叉点上的车站。它除具有中间站的功能外,更主要的是客流还可以从一条线路上通过换乘设施转换到另一条线路上
4	枢纽站	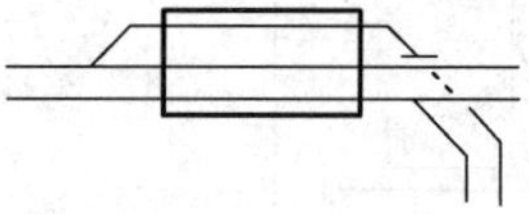	是由此站分出另一条线路的车站。该站可接、送两条线路以上客流
5	联运站	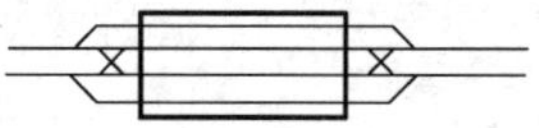	是指车站内设有两种不同性质的列车线路进行联运及客流换乘。联运站具有中间站及换乘站的双重功能
6	终点站	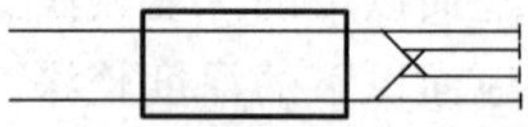	是设在线路两端的车站。就列车上、下行而言,终点站也是起点站(或称始发站),终点站设有可供列车全部折返的折返线和设备,也可供列车临时停留检修。如线路远期延长后,则此终点站即变为中间站

④ 按车站结构横断面形式分类

车站结构横断面形式主要根据车站埋深、工程地质/水文地质条件、施工方法、建筑艺术效果等因素确定。在选定结构横断面形式时,应考虑到结构的合理性、经济性、施工技术和设备条件。

车站结构横断面形式主要有四种,见表1-3。

按车站结构横断面分类　　　　表1-3

序号	名称		图示	特征
1	矩形断面	双跨框架侧式	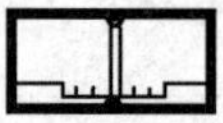	车站中常选用的形式,一般用于浅埋车站。车站可设计成单层、双层或多层;跨度可选用单跨、双跨、三跨或多跨的形式
		三跨框架岛式		
		五跨框架一岛一侧式		
		双层单跨框架重叠侧式	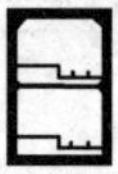	

续上表

序号	名称		图示	特征
1	矩形断面	双层双跨框架相错侧式	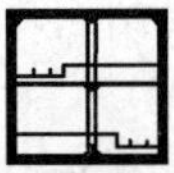	
		双层三跨框架重叠岛式	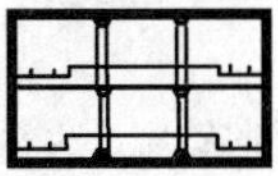	
2	拱形断面	单拱一岛二侧式	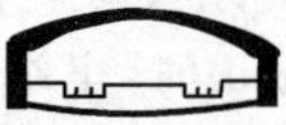	多用于深埋车站,有单拱和多跨连拱等形式。单拱断面由于中部起拱,高度较高,两侧拱脚处相对较低,中间无柱,因此建筑空间显得高大宽阔,如建筑处理得当,常会得到理想的建筑艺术效果
		双拱双岛式		
3	圆形断面	三拱立柱岛式		主要用于深埋或盾构法施工的车站
		三拱塔柱岛式	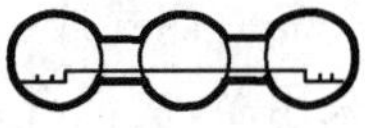	
		单圆侧式		
4	其他类型断面	椭圆岛式	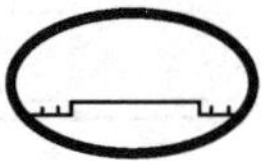	主要有马蹄形、椭圆形等
		钟形式		
		马蹄形式		

5 按车站站台形式分类

车站站台形式,主要有以下三类。

(1)岛式站台:站位于上、下行行车线路之间,这种站台布置形式称为岛式站台。具有岛式站台的车站称为岛式站台车站(简称岛式车站,下同)。岛式车站是常用的一种车站形式。

有喇叭口(常用作车站设备用房)的岛式车站在改建扩建时,延长车站是很困难的。

(2)侧式站台:站台位于上、下行行车线路的两侧,这种站台布置形式称为侧式站台。具有侧式站台的车站称为侧式站台车站(简称侧式车站,下同)。侧式车站也是常用的一种车站形式。

侧式站台根据环境条件可以布置成平行相对式、平行错开式、上下重叠式及上下错开式等形式。

侧式车站站台面积利用率、调剂客流、站台之间联系等方面不及岛式车站,因此,侧式车站多用于客流量不大的车站及高架车站。

当车站和区间都采用明挖法施工时,车站与区间的线间距相同,故无需喇叭口,可减少土方工程量。改建扩建时,延长车站比较容易。

(3)岛、侧混合式站台:岛、侧混合式站台是将岛式站台及侧式站台同设在一个车站内,具有这种站台形式的车站称为岛、侧混合式站台车站(简称岛、侧混合式车站,下同)。

岛、侧混合式站台,可同时在两侧的站台上、下车,也可适应列车中途折返的要求。

岛、侧混合式站台,可布置成一岛一侧式或一岛两侧式。

西班牙马德里地铁车站中多采用岛、侧混合式车站。

以上三种车站类型对比见表1-4。

按车站站台形式分类　　　　　　　表1-4

序号	名　称		图　示	特　征
1	岛式站台			岛式车站具有站台面积利用率高、能灵活调剂客流、乘客使用方便等优点。因此,一般常用于客流量较大的车站
2	侧式站台	平行相对式侧式站台		侧式车站站台面积利用率、调剂客流、站台之间联系等方面不及岛式车站。因此,侧式车站多用于客流量不大的车站及高架车站。当车站和区间都采用明挖法施工时,车站与区间的线间距相同,故无需喇叭口,可减少土方工程量,改建扩建时,延长车站比较容易
		平行错开式侧式站台		
		上下重叠式侧式站台		
		上下错开式侧式站台		

续上表

序号	名称	图示	特征
3	岛、侧混合式站台		岛、侧混合式站台可同时在两侧的站台上、下车,也可适应列车中途折返的要求;岛、侧混合式站台可布置成一岛一侧式或一岛两侧式

6 按车站间换乘形式分类

车站间换乘可按换乘方式及换乘形式进行分类。不论采用何种分类,均应符合下列换乘的基本要求:

(1)尽量缩短换乘距离,做到线路明确、简捷、方便乘客。
(2)尽量减少换乘高差,避免高度损失。
(3)换乘客流宜与进、出站客流分开,避免相互交叉干扰。
(4)换乘设施的设置,应满足换乘客流量的需要,宜留有扩、改建余地。
(5)换乘规划时,应周密考虑选择换乘方式及换乘形式,合理确定换乘通道及预留口位置。
(6)换乘通道长度不宜超过100m;超过100m的换乘通道,宜设置自动步道。
(7)节约投资。

车站间换乘分为两类:

(1)按乘客换乘方式分类

①站台直接换乘:站台直接换乘有两种方式,一种是指两条不同线路分别设在一个站台的两侧,甲线的乘客可直接在同一站台的另一侧换乘乙线,如香港地铁的太子、旺角站;另一种方式是指乘客由一个车站通过楼梯或自动扶梯直接换乘到另一个车站的站台的换乘方式,这种换乘方式多用于两个车站相交或上下重叠式的车站。当两个车站位于同一个水平面时,可通过天桥或地道进行换乘。

站台直接换乘的换乘线路最短,换乘高度最小,没有高度损失,因此对乘客来说比较方便,并节省了换乘时间。换乘设施工程量少,比较经济。

换乘楼梯和自动扶梯的总宽度应根据换乘客流量的大小通过计算确定。其宽度过小,则会造成换乘楼梯口部人流集聚,容易发生安全事故,宜留有余地。

②站厅换乘:站厅换乘是指乘客由某层车站站台经楼梯、自动扶梯到达另一个车站站厅的付费区内,再经楼梯、自动扶梯到达另一线车站站台的换乘方式。这种换乘方式大多用于相交的两个车站。

站厅换乘的换乘路线较长,提升高度较大,有高度损失,需设自动扶梯。

③通道换乘：两个车站不直接相交时,相互之间可采用单独设置的换乘通道进行换乘,这种换乘方式称为通道换乘。

通道换乘的换乘线路长,换乘的时间也较长,特别对老弱妇幼使用不便。由于增加通道,造价较高。

换乘通道的位置尽量设在车站中部,可远离站厅出入口,避免与出入站人流交叉干扰,换乘客流不必出站即可直接进入另一车站。

(2)按车站换乘形式分类

按两个车站平面组合的形式分为五类,见表1-5。

按两个车站平面组合的形式分类　　　表1-5

序号	名称	图示	特征
1	一字形换乘	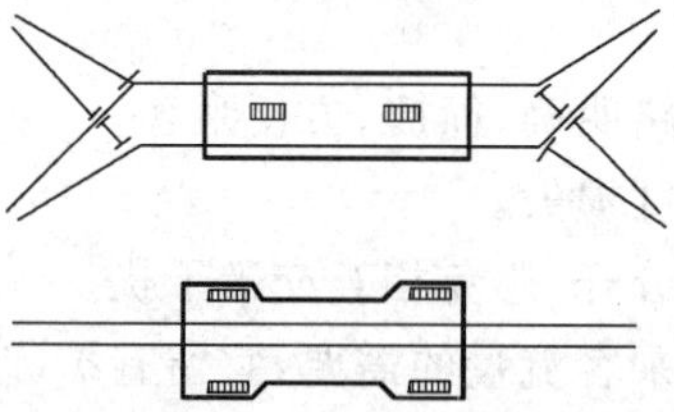	两个车站上下重叠设置则构成一字形组合；站台上下对应,双层设置,便于布置楼梯、自动扶梯,换乘方便
2	L形换乘	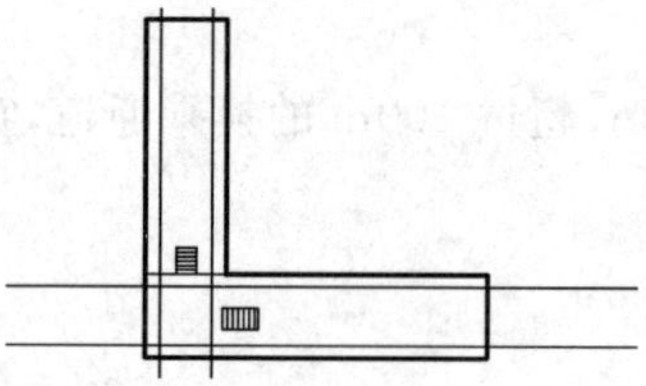	两个车站上下立交,车站端部相互连接,在平面上构成L形组合。相交的角度不限；在车站端部连接处一般设站厅或换乘厅；有时也可将两个车站相互拉开一段距离,使其在区间立交,这样可减少两站间的高差,减少下层车站的埋深
3	T形换乘	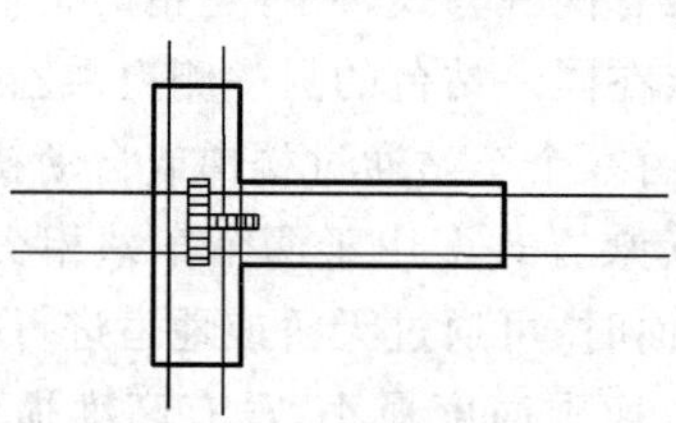	两个车站上下立交,其中一个车站的端部与另一个车站的中部相连接,在平面上构成T形组合。相交的角度不限；可采用站厅换乘或站台换乘；两个车站也可相互拉开一段距离,以减少下层车站的埋深
4	十字形换乘	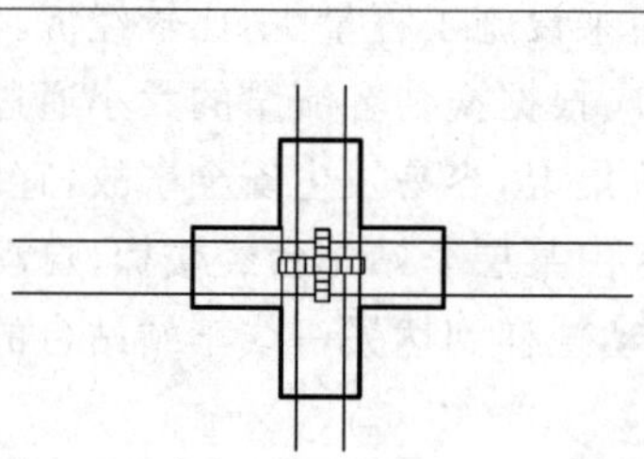	两个车站中部相立交,在平面上构成十字形组合；相交的角度不限；十字形换乘车站采用站台直接换乘的方式

续上表

序号	名称	图示	特征
5	工字形换乘	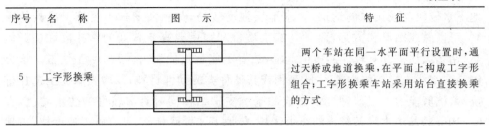	两个车站在同一水平面平行设置时,通过天桥或地道换乘,在平面上构成工字形组合;工字形换乘车站采用站台直接换乘的方式

三、地铁车站施工方法简述

地铁车站是地铁中一个很重要的部分,其施工方法目前有明挖法、盖挖法(盖挖顺筑法、盖挖逆筑法、盖挖半逆筑法)、明暗挖混合法、浅埋暗挖法等。本节重点阐述修建地铁车站各施工方法的原理、施工流程、优缺点和适用的车站形式。

对于车站的施工方法而言,原则上应优先选择浅埋暗挖法,其次是盖挖法,盖挖法中应优先选择盖挖逆筑法、盖挖半逆筑法,最后则是明挖法。采用暗挖法施工的车站当中,柱洞法、侧洞法应用较多,而大断面施工应遵守大洞变小洞的施工原则。开挖方法应按以下次序优选:正台阶开挖、CD法开挖、CRD法开挖、双侧壁导洞开挖(眼睛工法)。

近年来,我国也在研究采用盾构法修建地铁车站的技术,主要集中在以下两种方法,一是采用多圆断面盾构一次建成地铁车站,另一种是采用区间盾构修建地铁车站。它的优势在于可以充分、有效地利用盾构设备,提高地铁工程的建设质量、缩短建设周期,达到总体上降低工程造价的目的。

① 明挖法

明挖法主要有放坡明挖和围护结构内的明挖(即基坑开挖)两种方法。明挖顺筑法技术上的进步主要反映在基坑的开挖方法和围护结构上。适应于不同的土层,基坑的围护结构主要有地下连续墙、人工挖孔桩、钻孔灌注桩、SMW工法桩、钢板桩等。上海地铁总结出在软弱地层中开挖、支撑和结构施工的一套方法。首先,采用大口井进行基坑降水,以提高基地被动土的强度;然后,对基坑实施分段开挖,随挖随支撑,控制坑底暴露时间(或对底板地层进行预加固),适时地浇注底板结构;同时,对基坑、周边管线和建筑进行严密监测,发现问题及时采取措施。

在基坑围护方面的主要施工技术有3种:①地下连续墙。该结构适合于饱水沙层、饱和淤泥土层等饱水软弱地层,既可以控制土压力,又可以有效地阻隔地下水,同时还可以作为车站结构的一部分。②人工挖孔桩和钻孔灌注桩。这两种施工方法均是采用排桩墙来挡土和防水,实现基坑的围护。其中,人工挖孔桩适合于地下水位较深或无水的地层,要求地层强度较高,其断面形式不受施工机具的限制,可以做成圆形和方形,而且其施工质量和强度要高于普通的钻孔灌注桩。但是,钻孔灌注桩具有较广的适用范围,二者不能替代使用。③SMW工法桩。该方法是在水泥土搅拌桩内插入H型钢或其他种类的劲性材料,以增强水泥土搅拌桩抗弯、抗剪能力。用这种方法做成的基坑支护结构同时具有较好的防水功能,在6~10m的基坑中具备较强的技术优势,与地下连续墙相比,具有施工速度快、占地少、无污染、防水效果好和造价低廉等优点。

② 盖挖逆筑法

盖挖逆筑法同样适用于地铁车站的修筑,与明挖法相比,其优势在于减少交通封堵时间,减轻施工对于环境的干扰,其区别在于主体结构的施工顺序上。

该方法的主要施工技术措施为:①支撑桩采用以H型钢为柱芯的钢管或钻孔灌注桩,满足了沉降的控制要求。②采用地下连续墙低注浆的方法,增强基底持力层的刚性,使地下连续墙与临时支撑柱共同承受上部荷载,以减小差异沉降。③逆作法开挖支撑施工工艺中,利用混凝土板对地下连续墙的变形起约束作用,在暗挖过程中采用一撑两用的合理方法,大大减少了工程量,加快了工程进度,控制了墙体位移。

③ 浅埋暗挖法

浅埋暗挖法是针对城市地下工程的特点发展起来的。城市浅埋地下工程的特点主要是:覆土浅、地质条件差(多数是未固结的土砂、黏性土、粉细砂等)、自稳能力差、承载力小、变形快,特别是初期增长快,稍有不慎极易产生坍塌或过大的下沉,而且在地下工程附近往往有重要的地面建筑物或地下管网,给施工提出了严格的要求。浅埋暗挖法是以超前加固、处理软弱地层为前提,采用初期支护和二次衬砌为基本支护结构的一种用于软土地层近地表地下工程的暗挖施工方法。它以施工监测为手段,指导设计与施工,保证施工安全,控制地表沉降。在应用范围上,可用于多跨、多层大型车站的修建;在结构形式上,不仅有圆拱曲墙、大跨度平拱直墙,还有平顶直墙等形式;在与其他施工方法的结合上,有浅埋暗挖法与盖挖法的结合,还有与半断面插刀盾构的结合。

与其他施工方法相比,浅埋暗挖法具有如下特点:

(1)适用于各种地质条件和地下水条件。

(2)具有适合各种断面形式(单线、双线及多线车站等)和变化断面(过渡段、多层断面等)的高度灵活性。

(3)通过分部开挖和辅助施工方法,可以有效地控制地表下沉和坍塌。

(4)与盾构法相比较,在较短的开挖地段使用,也很经济。

(5)与明挖法相比较,可以极大地减轻对地面交通的干扰和对商业活动的影响,避免大量的拆迁。

从综合效益观点出发,浅埋暗挖法是比较经济的一种施工方法。

4 地铁施工中的辅助工法

城市地铁施工中,辅助工法是一项必不可少的重要技术,有时甚至涉及工程的成败。采用辅助工法的主要目的是为工程主体顺利施工创造条件,或出于工程安全考虑,或为保护建筑物、构筑物等。

目前采用的辅助工法主要如下。

1)降水(和回灌)

有井管降水、真空降水、电渗降水等。北京及北方地区多采用基坑外地面深井降水和回灌,也有采用洞内轻型井点降水;上海及南方地区则多采用基坑内井管降水,也有采用真空或电渗降水。

2)注浆

主要用于止水或加固地层,以防坍陷或结构治水。注浆方式主要有:深孔注浆、小导管注浆、大管棚注浆、TSS管注浆、帷幕注浆等。注浆材料有:普通水泥、超细水泥、水泥水玻璃、改性水玻璃、化学浆等。

3)高压旋喷或搅拌加固

主要用于地层加固,如采用浅埋暗挖法或矿山法施工的隧道局部特别软弱的地层或有重要建筑物、构筑物需要特殊保护时采用,盾构法隧道的始发和到达端头常用高压旋喷或搅拌加固,联络通道也常用此法加固地层。近年来也开发了隧道内施作的水平旋喷或搅拌加固技术。

4)钢管棚

用于暗挖隧道的超前加固,布置于隧道的拱部周边,常用的规格主要有:$\phi 38 \sim \phi 50$mm、3.5~6m长和$\phi 108 \sim \phi 159$mm、20~40m长两种方法,前者采用风镐顶进,后者则用钻机施作。近几年来也有采用300~600mm直径的钢管棚,采用定向钻或夯锤施作。管棚一般都要进行注浆,以获得更好的地层加固效果。

5)锚索或土钉预应力锚索

主要用于基坑围护结构的稳定,以便提供较大的基坑内作业空间。

6) 冷冻法

主要用于止水和加固地层，多用在盾构隧道出发端头、到达端头、联络通道和区间隧道局部具流塑或流沙地层的止水与加固。

四、地铁车站施工发展方向

我国已有 40 多年的地铁修建史，尤其是近十多年来的快速发展，丰富和创新了我国地铁规划、设计、施工、管理运用、防灾救灾、设备维修等方面的技术方法及工作制度。由于我国地域广大、地质情况多样，地铁修建技术也必然极具复杂性和较高难度。就目前来讲，我们已有的技术手段可以应付除西部和东北地区以外的大部分区域的城市地铁修建任务，更为可贵的是已经锻炼和造就了一大批有经验的、有高度责任感的地铁建设工作者和能吃苦耐劳、有风险精神及创新智慧的设计、施工队伍。

展望未来，为使我国地铁修建技术日臻完善，保证地铁工程质量，实现地铁的社会经济效益最大化，我国尚需在以下几个方面努力。

1）尽快统一设计、施工、验收等技术标准

尽快统一地铁和轻轨修建的设计、技术标准、施工技术规范和工程验收技术标准，以便使我国地铁和轻轨工程设施和设备产品规范化、系列化，对国产化也十分有利。

2）组织力量对地铁施工设备进行系统研制开发

国家应对研制企业单位给予政策扶持，这对地铁的施工速度、安全、质量和成本影响重大，而我国在这方面显得很落后。如盾构主机我们还不能自主生产，基本上依赖进口技术或产品，消耗大量外汇，成本昂贵，设备适应性差。浅埋暗挖法虽为地铁施工的主要手段之一，但机械化程度太低，基本上靠手工操作，速度慢、工效差，最终核算成本也很高。

3）加强地下工程施工辅助工法的研究开发和创新

在地铁施工中，安全、质量事故往往是由于辅助工法不善而引起的。近些年，我国的地铁施工工艺方法方面，虽然围护结构工程有了较大的进步，但是，改良地层实施疏水、止水的工法起色不大，有些工法由于使用条件难以掌握，风险很大，稍有不慎易酿成大祸。目前，地铁施工队伍普遍存在着专业不专、技术不精的问题，应该在施工资质上严格限制和要求，以利于专业队伍的组建和成长。

4）加大地下工程防水施工工艺、新材料、新技术等方面研究的力度和进程

国产防水材料品种不多、品质不高，很难满足地铁工程的要求。地铁衬砌结构

防排水的研究和开发,特别是防裂、防渗的课题日渐突出,应在材料上下功夫。

5) 强化环保意识

地铁的修建较大地改变了城市区域地层的地应力和水文地质的原始状态,尤其是水土流失会造成生态环境的改变,甚至会形成灾害隐患。国家应指定有关科研单位就地铁修建的环保问题开展研究工作,制订相应的工程措施,以确保城市人居条件的不断改善和地铁设施的安全运营。

五、地铁车站施工岗位分析及所需能力概括

❶ 地铁车站施工主要岗位分析

地铁车站施工现场的各类施工技术岗位主要有施工员、质检员、安全员、测量员、试验员等,下面分别就各岗位的主要职责要求作一简要介绍。

1) 施工员职责

施工员是基层的技术组织管理人员。

施工员岗位职责:

(1) 在项目经理的直接领导下开展工作,贯彻"安全第一、预防为主"的方针,按规定搞好安全防范措施,把安全工作落到实处,做到讲效益必须讲安全,抓生产必须首先抓安全。

(2) 认真熟悉施工图纸,编制各项施工组织设计方案和施工安全、质量、技术方案,编制各单项工程进度计划及人力、物力计划和机具、用具、设备计划。

(3) 制订学习计划,组织职工按期学习,合理安排、科学引导、顺利完成本工程的各项施工任务。

(4) 协同项目经理,认真履行《建设工程施工合同》条款,保证施工顺利进行,维护企业的信誉和经济利益。

(5) 编制文明工地实施方案,根据本工程施工现场合理规划布局现场平面图,安排、实施、创建文明工地。

(6) 编制工程总进度计划表和月进度计划表及各施工班组的月进度计划表。

(7) 搞好分项总承包的成本核算(按单项和分部分项)单独及时核算,并将核算结果及时通知承包部的管理人员,以便及时改进施工计划及方案,争创更高效益。

(8) 向各班组下达施工任务书及材料限额领料单,配合项目经理工作。

(9) 督促施工材料、设备按时进场,并处于合格状态,确保工程顺利进行。

(10) 参加工程竣工交验,负责工程完好保护。

(11)合理调配生产要素,严密组织施工,确保工程进度和质量。

(12)组织隐蔽工程验收,参加分部、分项工程的质量评定。

(13)参加图纸会审和工程进度计划的编制。

2)土建质检员岗位职责

(1)认真贯彻执行国家及省市的质量政策、规程、标准及有关加强质量管理工作的规定和要求。

(2)负责工程的质量监督和检查验收工作。

(3)隐蔽工程必须会同建设单位现场代表共同检查、验收并做好记录。对各工种的分部、分项工程应跟班进行质量检查和验收,发现问题及时处理,严格控制工程质量。

(4)监督检查各班组做好自检、互检、交接检,随时查验施工班组的各项质量检查记录和质量分析会记录。

(5)真实填写质检内业,建立工程质量档案,及时提供施工班组当月的分项工程质量检查资料,作为发放工资和奖金的依据。

(6)及时收集各班组的工程质量检查资料,作为竣工验收的依据。

(7)及时反映施工质量问题,对违章作业有权停工、返工。

(8)协助和指导施工班组定期组织召开现场质量例会,研究分析所出现质量问题的原因,制订预控及整改措施。

3)安全员岗位职责

(1)在项目经理的领导下,全面负责工地的安全工作,建立健全安全生产组织机构。

(2)学习安全管理有关规定,领会安全管理的精神,制订出具体的安全措施。

(3)实行安全生产责任制,根据实际情况设立相应的安全检查人员,并定期对施工生产中的安全设施进行监督检查,保证工程的顺利进行。

(4)组织施工人员进行安全教育,并做好工程安全交底工作,填报相应的资料。

(5)定期组织施工技术人员进行安全学习,并做好学习记录。

(6)负责工地的安全保卫工作,完成领导交给的临时任务。

4)测量员岗位职责

(1)紧密配合施工,坚持实事求是、认真负责的工作作风。

(2)测量前需了解设计意图,学习和校核图纸;了解施工部署,制订测量放线方案。

(3)会同建设单位一起对红线桩测量控制点进行实地校测。

(4)测量仪器的核定、校正。

(5)与设计、施工等方面密切配合,并事先做好充分的准备工作,制订切实可行的与施工同步的测量放线方案。

(6)须在整个施工的各个阶段和各主要部位做好放线、验线工作,并要在审查测量放线方案和指导检查测量放线工作等方面加强工作,避免返工。

(7)验线工作要从审核测量放线方案开始,在各主要阶段施工前,对测量放线工作提出预防性要求,真正做到主动、认真、防患于未然。

(8)准确地测设高程。

(9)负责垂直观测、沉降观测,并记录整理观测结果(数据和曲线图表)。

(10)负责及时整理完善基线复核、测量记录等测量资料。

5)试验员岗位职责

(1)认真学习贯彻执行各项操作规程,并能熟练操作各种仪器设备。

(2)检测操作人员,应熟练检测任务,掌握被测对象和所有检测仪器设备的性能,操作人员必须考核合格后持证上岗。

(3)掌握从事检测项目的有关技术标准,必须本着严肃认真、一丝不苟、实事求是的态度,凡出具的报告字迹端正、整洁,不准任意涂改和出具伪证,以资料说话,不受行政或其他方面影响干扰。

(4)严格按照程序文件和质量手册规定的各项试验要求执行,做好本岗位和质量体系运行工作。

(5)负责本项目工程的试验及现场原材料的取样送检工作并上报监理审批。

(6)负责标定、维修、保养,保管各项仪器设备和各种工具器皿,保持良好的试验状态和环境。

(7)内业资料要做到条理化、规范化,及时整理归档。

(8)完成领导交办的其他工作。

❷ 地铁车站施工技术能力概括

地铁车站施工现场岗位众多,但是各种岗位之间又存在着千丝万缕的联系。欲胜任这些岗位须很好地掌握各种类型的施工技术。以施工员的岗位技能要求为主体,适应质检员、安全员、测量员、试验员等岗位群的要求,其工作能力概括为如下几个方面。

(1)看:看懂图纸、看清现场、看懂规范、看清任务。

(2)做:掌握怎么做、何时做以及用什么做、谁来做——施工方案、技术交底。

(3)检:测量、检测、试验、监控、评定等。

(4)算:工程量计算、材料核算、人工与机具耗用计算、工效检算。

(5)记:施工日记、质量验评、材料清单、检测试验记录等。

练习题

1. 地铁车站如何进行分类?
2. 如何合理选择地铁车站施工方法?
3. 如何成为一名优秀的施工技术人员?

单元二　地铁车站明挖法施工

【知识目标】
　　1. 了解明挖法地铁车站结构和构造；
　　2. 熟悉明挖法地铁车站施工程序；
　　3. 掌握明挖法围护结构施工技术要点、基坑开挖施工方法和监测内容、主体结构施工关键技术。

【能力目标】
　　1. 会识读地铁车站施工图与绘制关键部位结构施工图；
　　2. 能对明挖法车站施工方案进行拟订；
　　3. 能够独立完成地铁车站主要施工工序技术交底书的编写。

　　明挖法施工，就是首先开挖地面土体，形成基坑；然后在基坑中修筑隧道衬砌的方法。明挖法具有以下特点。
（1）优点
①施工方法简单，技术成熟。
②工程进度快，根据需要可以分段平行流水作业。
③施工造价较低。
④安全风险容易控制。
（2）缺点
①外界气象条件对施工影响较大。
②施工对城市地面交通和居民地正常生活有较大影响，且易造成噪声、粉尘及废弃泥浆等的污染。
③需要拆除工程影响范围内的建筑物和地下管线。

一、概　　述

　　明挖法又可分为敞口明挖和有围护结构的明挖。敞口明挖也称为无支护结构基坑明挖，适用于地面开阔，周围建筑物稀少，地质条件好，土质稳定且在基坑周围无较大荷载，对基坑周围的位移和沉降无严格要求的情况。一般采用大型土方机械施工和深井泵及轻型井点降水。而具有围护结构的明挖适用于施工场地狭窄，土质自立性较差，地层松软，地下水丰富，建筑物密集的地区。采用该方法施工时可以较好地控制基坑周围的变形和位移，同时可以满足基坑开挖深度大的要求。目前在我国地铁车站的修建中多采用有围护结构的基坑明挖方法，并取得了很好的经济效益。

明挖顺作法的施工步骤如图 2-1 所示。

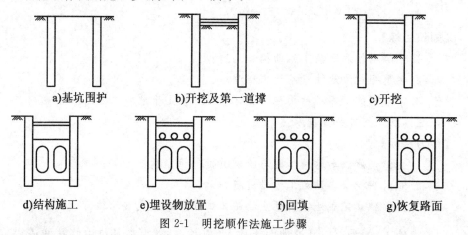

图 2-1　明挖顺作法施工步骤

明挖法施工中的基坑可以分为：敞口放坡基坑和有围护结构的基坑两类，在这两类基坑施工中，又采用不同的维护基坑边坡稳定的技术措施和围护结构，如图 2-2 所示。

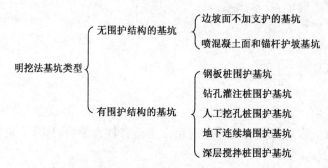

图 2-2　维护基坑边坡稳定的技术措施和围护结构

在选择基坑类型时，应根据隧道所处位置、隧道埋深、工程地质和水文地质条件，因地制宜地确定。若基坑所处地面空旷，周围无建筑物或建筑物间距很大，地面有足够空地能满足施工需要，又不影响周围环境，则采用敞口放坡基坑施工。因为这种基坑施工简单、速度快、噪声小、无需作围护结构。如果基坑很深、地质条件差、地下水位高，特别是处于城市繁华的市区、地面建筑物密集、交通繁忙、无足够空地满足施工需要，没有条件采用敞口放坡基坑时，则可采用有围护结构的基坑。

二、围护结构施工

【知识目标】
1. 了解明挖法地铁车站围护结构的特点及分类；
2. 熟悉明挖法地铁车站围护结构施工程序；
3. 掌握明挖法地铁车站围护结构施工技术要点、施工过程中应注意的事项。

【能力目标】
1. 能够根据地铁车站施工所处的地质条件等因素，结合各类围护结构的特点，选择合适的围护结构形式；
2. 能指导地铁车站各类围护结构施工；
3. 能够独立完成地下连续墙主要施工工序技术交底书的编写。

目前，地铁车站施工中，所采用的围护结构种类很多，其施工方法、工艺和所用的施工机械也各不相同。因此，应根据基坑深度、工程地质和水文地质条件、地面环境等，特别要考虑到城市施工这一特点，综合比较后确定。围护结构的类型及其特点见表2-1。

围护结构的特点 表2-1

类型	定义	特点
桩板式墙	由桩及桩间的挡土板两部分组成，利用桩深埋部分的锚固段的锚固作用和被动抗力维护围护结构的稳定	(1) H钢间距在1.2~1.5m； (2) 造价低，施工简单，有障碍时可改变间距； (3) 止水性差，地下水位高及坑壁不稳的地方不适用； (4) 开挖深度上海达到6m左右，无支撑；而日本用于开挖深度10m以内的基坑(有支撑)
钢板桩墙	板桩墙是用于抵抗侧向土压力的直立板条状构件形成的挡土结构物	(1) 成品制作，可反复使用； (2) 施工简便，但施工有噪声； (3) 刚度小，变形大，与多道支撑结合，在软弱土层中也可采用； (4) 止水性尚好，如有漏水现象，需增加防水措施
钢管桩	钢管桩，由钢管、企口榫槽、企口榫销构成，钢管直径的左端管壁上竖向连接企口槽，企口槽的横断面为一边开口的方框形，在企口槽的侧面设有加强筋，钢管直径的右端管壁上且偏半径位置竖向连接有企口销，企口销的槽断面为工字形	(1) 截面刚度大于钢板桩，在软弱土层中开挖深度可增大，在日本开挖深度达30m； (2) 需有防水措施

续上表

类 型	定 义	特 点
预制混凝土板桩	是在工厂或施工现场制成的混凝土板桩,用沉桩设备将桩打入、压入或振入土中	(1)施工简便,但施工有噪声; (2)需辅以止水措施; (3)自重大,受起吊设备限制,不适合大深度基坑。国内用 10m 以内的基坑,法国用到 15m 深基坑
灌注桩	直接在所设计的桩位上开孔,其截面为圆形,成后在孔内加放钢筋笼,灌注混凝土而成	(1)刚度大,可用在深大基坑; (2)施工对周边地层、环境影响小; (3)需与止水措施配合使用,如搅拌桩、旋喷桩等
地下连续墙	在地面以下用于支承建筑物荷载、截水防渗或挡土支护而构筑的连续墙体	(1)刚度大,开挖深度大,可适用于所有地层; (2)强度大,变位小,隔水性好,同时可兼作主体结构的一部分; (3)可临近建筑物、构筑物使用,环境影响小; (4)造价高
SMW 工法	SMW 工法亦称劲性水泥土搅拌桩法,即在水泥土桩内插入 H 型钢等(多数为 H 型钢,亦有插入拉森式钢板桩、钢管等),将承受荷载与防渗挡水结合起来,使之成为同时具有受力与抗渗两种功能的支护结构的围护墙	(1)强度大,止水性好; (2)内插的型钢可拔出反复使用,经济性好; (3)上海地区用得不多。"上海环球世界"使用时,开挖深度 8.65m。具有较好发展前景
水泥搅拌桩挡墙	利用水泥作为固化剂的主剂,是软基处理的一种有效形式,利用搅拌桩机将水泥喷入土体并充分搅拌,使水泥与土发生一系列物理化学反应,使软土硬结而提高基础强度	(1)无支撑,墙体止水性好,造价低; (2)墙体变位大

1 地下连续墙围护结构施工

地下连续墙是一种较为先进的地下工程结构形式和施工工艺。它是利用成槽机械,沿着开挖工程的周边(如地下结构的边墙),在泥浆(又称稳定液,如膨润土泥浆)护壁的情况下,开挖一定长度(一个单元槽段)的沟槽,待开挖至设计深度并清除沉淀下来的泥渣后,再将制作好的钢筋笼放入槽段内,采用导管法进行水下混凝土浇注,形成一个单元的墙段,各墙段之间采用特定的接头方式(如用接头管或接头箱做成的接头)相互连接,形成一道连续的地下钢筋混凝土墙。地下连续墙围护结构呈封闭状,基坑开挖后,地下连续墙可以挡土和止水,为主体结构的施工提供了方便和保证,若采用了"二墙合一"技术,则地下连续墙除可作围护结构外,还可作为主体结构的外墙。

地下连续墙工艺具有如下优点:
①墙体刚度大、整体性好,因而既可用于基坑围护也可用于主体结构。
②适用各种地质条件。
③可减少工程施工时对环境的影响。地下连续墙施工时,振动小,噪声低。
④可进行逆筑法施工,有利于加快施工速度,缩短工期。

但是地下连续墙施工方法也有一些不足之处,主要表现在:
①对泥浆废液的处理,不但会增加工程费用,而且如果泥水分离技术不完善或处理不当,会造成新的环境污染。
②槽壁坍塌问题,如地下水位急剧上升,护壁泥浆液面急剧下降,土层中有软弱疏松的砂性夹层,泥浆的性质不符合要求或已经变质,施工管理不善等,均可能引起槽壁坍塌,引起地面沉降。
③地下连续墙如果仅用作施工时的临时挡土结构,则造价可能较高,不够经济。

一般来说,当在软土地质条件下基坑开挖深度大于10m,基坑周围建筑或地下管线对位移和沉降要求较高,或用作主体结构的一部分,或工期紧、拟采用逆筑法施工时,可采用地下连续墙。

1)地下连续墙分类

地下连续墙按其填筑的材料分为:土质墙、混凝土墙、钢筋混凝土墙(又有现浇和预制之分)和组合墙(预制钢筋混凝土墙板和现浇的混凝土的组合,或预制钢筋混凝土墙板和自凝水泥膨润土泥浆的组合);按其成墙方式分为:排桩式、壁板式、桩壁组合式;按其用途分为:临时挡土墙、防渗墙、用作主体结构兼做临时挡土墙的地下连续墙、用作多边形基础兼作墙体的地下连续墙。

所谓排桩式地下连续墙,实际上就是把钻孔灌注桩并排连接所形成的地下连续墙。其施工工艺与钻孔灌注桩相同。壁式连续墙指在专用挖槽机械挖成的狭长槽段中(一般充满护壁泥浆),现浇钢筋混凝土而成的平面形墙,各幅墙体之间用锁口管或钢筋钢板搭接,连接成整体。

预制钢筋混凝土连续墙是在挖好的沟槽内,相互连续地依次插入预制的钢筋混凝土墙板,然后用特殊的固化泥浆将其固定在沟槽内而成的。这种固化泥浆所固有的固化性能为:成槽时充满沟槽以维持槽壁的稳定性,但不能对挖槽造成障碍,也不允许妨碍预制墙板的插入。待预制墙板安装就位后,沟内泥浆逐渐硬化,但在下一个相邻槽段开挖时,不能过硬以致妨碍成槽作业。也就是说,经过一定时间后,随着固化泥浆强度的逐渐增加,才能将墙板固定在槽内。由此可知,预制地下连续墙成败的关键是对固化泥浆的管理,这是法国 Soletanche 公司的专利。

目前,我国应用最多的还是现浇钢筋混凝土壁板式连续墙,也是本节介绍的主要内容。

2)地下连续墙施工方法简述

地下连续墙采用逐段施工方法,且周而复始地进行。每段的施工方法大致可分为5步(图2-3):

①利用专用挖槽机械开挖地下连续墙槽段,在进行挖槽过程中,沟槽内始终充满泥浆,以保证槽壁的稳定。

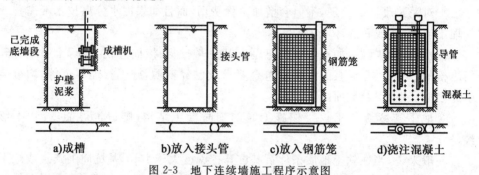

图 2-3 地下连续墙施工程序示意图

②当槽段开挖完成后,在沟槽两端放入接头管(又称锁口管)。

③将事先加工好的钢筋笼插入槽段内,下沉到设计高度。当钢筋笼太长,一次吊沉有困难时,须将钢筋笼分段焊接,逐段下沉。

④待插入用于水下灌注混凝土的导管后,即可进行水下混凝土灌注。

⑤待混凝土初凝后,及时拔去接头管。这样,便形成一个单元的地下连续墙。

3)地下连续墙的结构与构造

地下连续墙,按其受力特性,又可分为四种形式:a.仅用来挡土的临时围护结构;b.既是临时围护结构又作为永久结构的边墙,即所谓单层墙;c.作为永久结构边墙一部分的重合墙;d.作为永久结构边墙一部分的复合墙。由于地下连续墙的作用不同,所以它和主体结构的连接方式也就不同,如图2-4所示。

(1)现浇钢筋混凝土壁板式连续墙

连续墙厚度视地质条件、基坑深度、挖槽设备而定,有 40cm、60cm、80cm、120cm 等多种。

国内多采用普通钢筋混凝土结构,为了保证混凝土在钢筋间自由流动,其间距应不小于 80mm,保护层通常设计成:临时墙大于 60mm,永久性墙体大于 100mm。为了增加连续墙的抗弯能力,可采用预应力钢筋混凝土墙体。

(2)预制钢筋混凝土连续墙

预制墙板一般都是预应力钢筋混凝土,其形状和尺寸应符合墙的使用要求。其形状虽有多种变化,但其尺寸则受吊装能力限制。

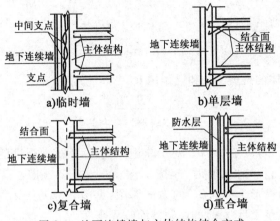

图2-4 地下连续墙与主体结构结合方式

4)地下连续墙稳定性分析

地下连续墙的稳定性分析包括两部分:其一是泥浆槽壁的稳定性分析,以保证在成槽和灌注混凝土过程中不致发生槽壁坍塌;其二是基坑稳定性分析,以保证在基坑施工中不发生基坑失稳和坍塌,这是保护周围岩土环境的基本工作。

(1)泥浆槽壁的稳定性分析

泥浆护壁的基本原理:首先是泥浆在槽壁上形成不透水的膜,将泥浆与周围土隔开,防止泥浆流失,亦能挡住地下水流入到槽内。其次是泥浆对槽壁产生静液压力,通过不透水膜对壁面起支护作用,以平衡外侧的水、土压力。最后是电渗力的作用,被不透水膜隔开的泥浆与土之间会产生电位差,促进膨润土颗粒向壁面移动,电渗力也能对槽壁起支承作用。

沟槽开挖后,尽管有泥浆护壁,但壁面仍会产生变形,而且由于土的流变性,壁面变形会随时间而增长。壁面变形的大小与方向视地层性质与泥浆参数而异,但其中向槽内的变形是不利的,若施工中泥浆管理不周或设计不合理时,这种变形就有可能发展成槽壁坍塌。

由上述可知,影响泥浆槽壁稳定性的因素不外乎地层性质、槽内泥浆液位高度、泥浆比重、地下水位、槽边荷载、一次成槽长度、槽的深度等。为了保证槽壁的稳定性,就需要找出上述各因素间的定量关系,这就是泥浆槽壁的稳定性分析。

① 二维楔形分析法

在这个方法中,槽壁的稳定条件可按楔形土体滑动的假定来分析。在图2-5a)中,AC 为沟槽壁面,AB 为与水平面成一定角度的滑动面,φ 为土的内摩擦角。

现研究楔形土体 ABC 的平衡状态,作用在它上面的力有:

a. 自重（包括上部荷载）W

$$W = \frac{1}{2}\gamma H^2 \tan\left(45° - \frac{\varphi}{2}\right) + qH\tan\left(45° - \frac{\varphi}{2}\right) \tag{2-1a}$$

b. AC 面上泥浆的静液压力

$$P_f = \frac{1}{2}\gamma_f H^2 \tan\left(45° - \frac{\varphi}{2}\right) \tag{2-1b}$$

c. AB 面上土体的抗剪力 c 和反作用 R

$$c = \frac{S_u H}{\cos\left(45° - \frac{\varphi}{2}\right)} \tag{2-1c}$$

对于饱和黏土，可假定 $\varphi=0$。对于非饱和黏土，其抗剪强度随含水率而变，从天然地基中取样进行单轴试验时，应按 $\varphi=0$，$S_u=q_u/2$ 考虑。其误差偏于安全。故对黏性土即画出楔形土体 ABC 的力平衡图，见图 2-5b），按 $\sum X=0$ 和 $\sum Y=0$，可求得在一定的泥浆重度 γ_f 时的泥浆液面临界高度 H_{cr}

$$\frac{1}{2}\gamma H_{cr}^2 - 2S_u H_{cr} + qH_{cr} - \frac{1}{2}\gamma_f H_{cr}^2 = 0 \tag{2-2}$$

上部有荷载时

$$H_{cr} = \frac{4S_u - 2q}{\gamma - \gamma_f} \tag{2-3}$$

上部无荷载时

$$H_{cr} = \frac{4S_u}{\gamma - \gamma_f} \tag{2-4}$$

式中：γ——土的重度；

q——基坑边荷载；

S_u——土的不排水抗剪强度。

其他符号意义见图 2-5。

对于无黏结力的砂性土，若地下水比泥浆液面低，则槽壁平衡条件如下式

$$\frac{\gamma_f}{\gamma_w} = \frac{\left(\frac{h}{H}\right)^2 \cdot \cos\theta \cdot \tan\varphi + \left(\frac{\gamma}{\gamma_w}\right) \cdot \cot\theta \cdot (\sin\theta - \cos\theta \cdot \tan\varphi)}{\cos\theta + \sin\theta \cdot \tan\varphi} \tag{2-5}$$

式中：γ_w——水的重度。

其他符号意义同前，如图 2-6 所示。

当安全系数为 1 时，与其他参数已知后，即可求得使式（2-5）右端为最大值的 θ 角值，从而确定槽壁稳定（安全系数为 1）的 γ_f 值。

②考虑拱效应的三维分析法

实际上滑动楔形土体的形状不可能是正楔形体（可以简化为平面问题），由于受沟槽两端面的约束作用，在槽壁外的土体中会产生拱效应，土体是沿着三维曲面

滑动的。拱效应有利于槽壁稳定,在分析中必须予以考虑。

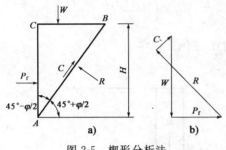

图 2-5　楔形分析法

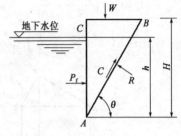

图 2-6　符号含义

考虑拱效应的简化方法很多,这里介绍一种较常用的方法。分析分两种情况进行:

a. 槽段长度 L 大于两倍开挖深度 $D(L>2D)$

可假定滑动土体形状如图 2-7a)所示,地下水位在地表以下。

滑动土体 $abcdfg$ 的体积为 $\left(\dfrac{D^2L}{2}-\dfrac{D^3}{3}\right)\tan\left(45°-\dfrac{\varphi}{2}\right)$

滑动面 $cdfg$ 的面积为 $D(L-D)\sec\left(45°-\dfrac{\varphi}{2}\right)$

滑动土体的剖面和作用力如图 2-7b)所示。

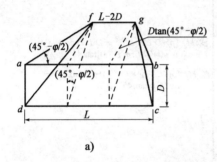
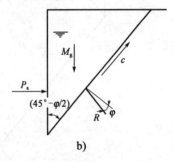

图 2-7　滑动土体拱效应分析($L>2D$)

b. 槽段长度 L 小于两倍的开挖深度 $D(L<2D)$

可假定滑动土体形状如图 2-8a)所示,地下水位在地表以下。

滑动土体 $abcdef$ 的体积为 $\left(\dfrac{D^2L}{4}-\dfrac{L^3}{24}\right)\tan\left(45°-\dfrac{\varphi}{2}\right)$

滑动面 cdf 的面积为 $\dfrac{L^2}{4}\sec\left(45°-\dfrac{\varphi}{2}\right)$

滑动土体的剖面和作用力如图 2-8b)所示。

作出上述两种情况的力平衡图,如图 2-9 所示,即可求出土体的水平下滑力 P_a。

浅槽

$$P_a = \left[\gamma\left(\frac{D^2L}{2} - \frac{D^3}{3} - \frac{m^2D^2L}{2} + \frac{m^3D^3}{3}\right) + \gamma'\left(\frac{m^2D^2L}{2} - \frac{m^3D^3}{3}\right)\right] \times$$
$$\tan^2\left(45° - \frac{\varphi}{2}\right) - 2cD(L-D)\tan\left(45° - \frac{\varphi}{2}\right) \tag{2-6a}$$

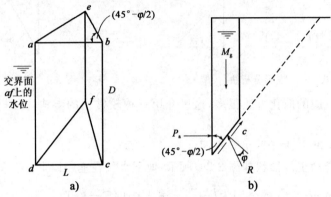

图 2-8 滑动土体拱效应分析($L<2D$)

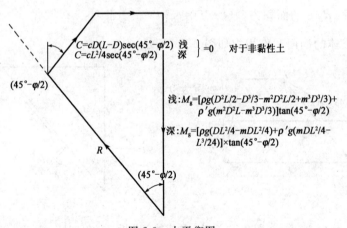

图 2-9 力平衡图

深槽

$$P_a = \left[\gamma\left(\frac{D^2L}{4} - \frac{mDL^2}{4}\right) + \gamma'\left(\frac{mDL^2}{4} - \frac{L^3}{24}\right)\right] \times$$
$$\tan^2\left(45° - \frac{\varphi}{2}\right) - \frac{2cL^2}{4}\tan\left(45° - \frac{\varphi}{2}\right) \tag{2-6b}$$

式中：γ——土体的天然重度；

γ'——土体的浸水重度；

m——地下水位至楔形土体的高度与楔形土高度的比值；

c——土体不排水的视黏结力,对于砂性土,$c=0$;
φ——土体不排水的视内摩擦角。

定义槽壁的安全系数为

$$K = \frac{P_f - P_w}{P_a} \qquad (2-7)$$

式中:P_f——泥浆的静水压力;
P_w——泥浆与土体接触面上的地下水压力。

若 $K \geq 1.5$,槽壁为稳定的。

应该指出,上面所述的稳定条件,在一般情况下可为槽壁的稳定条件提供依据。但实际工程中,也可能出现不一致的情况。根据经验,泥浆的静液压力,似乎仅占槽壁稳定力的 70%~90%,因为泥浆还有一定的抗剪力,故分析结果偏于安全。若安全系数相差太多,只可采用诸如加大泥浆比重,在分析中考虑泥浆的抗剪力等方法。

(2)基坑的稳定性分析

基坑在施工过程中的失稳现象可分为:坑底隆起、流沙、管涌和土基隆起等。在前面围护结构设计中已有叙述,这里就不再赘述了。

5)成槽设备

成槽机具设备是地下连续墙施工的主要设备。由于地质条件变化很多,目前还没有一种可以适合所有地质条件的成槽机。因此,根据不同的土质条件和现场情况,选择不同的成槽机是极为重要的。

目前使用的成槽机,按成槽机理可分为抓斗式、回转式和冲击式三种。主要的成槽机的分类见表 2-2。

主要成槽机分类　　　　表 2-2

分　类	操　作　方　式			代表性机种
	成槽装置	挖土操作	升降方式	
抓斗式	蛤式抓斗	机械式、油压式	钢索、钢索导杆	重力式抓斗
回转式	垂直多轴头 水平多轴头	反循环式	钢索	BW 型 多头钻牙轮钻
冲击式	重锤凿具	正反循环	钢索导杆	自制简易锤

(1)抓斗式成槽机

抓斗式成槽机,以其斗齿切削土体,将土渣收容在斗体内,从沟槽内提出到地面,开斗放出土渣,再返回到挖土位置,重复往返动作,完成挖槽作业,这种机械是最简单的成槽机械。

(2)回转式成槽机

以回转的钻头切削土体进行挖掘,钻下的土渣随循环的泥浆排出地面。钻头回转方式与挖槽面的关系有直挖和平挖两种；按钻头数目来分，有单钻头和多钻头之分，单钻头多用来钻导孔，多钻头多用来挖槽。

多钻头是由日本一家公司研制并生产出来的，称为 BW 钻机。我国参考 BW 钻机结合我国实际，设计制造了 SF 型多钻头钻。这种钻头是一种采用动力下放、泥浆反循环排渣、电子测斜纠偏和自动控制钻进成槽的机械，具有一定的先进性。

回转式成槽机的排土方式，一般均为反循环形式，排泥泵为潜水式，功率较高，钻机用钢索吊住，边排泥边下放，泵的能力可以选择，大的可以将卵石、漂石吸出，挖槽的速度是极快的。与其他挖槽机相比，这类机械的机械化程度较高，零部件很多，维修保养要求较高，需要有熟练的操作技术。

(3)冲击式成槽机

冲击式成槽机有各种形式的钻头，通过上下运动或变换运动方向，冲击破碎地基土，借助泥浆循环把土渣带出槽外。

冲击钻机是依靠钻头的冲击力破碎地基土，所以不但对一般土层适用，对卵石、砾石、岩层等地层也适用。另外，钻头的上下运动保持垂直，所以挖槽精度也可保证。

6)地下连续墙的施工方法

地下连续墙的施工有诸多工序组成，其中修筑导墙、泥浆的制备和处理、钢筋笼的制作与吊装以及水下混凝土浇注是主要的工序。

(1)导墙施工

①导墙的作用

导墙作为地下连续墙施工中必不可少的构筑物，具有以下作用：

a. 控制地下连续墙施工精度。导墙与地下连续墙中心相一致，规定了沟槽的位置走向，可作为量测挖槽高程、垂直度的基准。

b. 成槽时起挡土作用。由于地表土层受地面超载影响，容易塌陷，导墙起到挡土作用。为防止导墙在侧向土压作用下产生位移，一般应在导墙内侧每隔1～2m 架设上下两道支撑。

c. 重物支承台。施工期间承受钢筋笼、灌注混凝土用的导管、接头管以及其他施工机械的静、动荷载。

d. 维持稳定泥浆液面的作用。导墙内存储泥浆，为保证槽壁的稳定，要使泥浆液面始终保持高于地下水位1m 左右。

②导墙的形式

导墙一般采用现浇钢筋混凝土结构。但也有钢制的或预制钢筋混凝土的装配式结构，目的是能多次重复使用。但根据工程实践，采用现场浇注的混凝土导墙容易做到底部与土层贴合，防止泥浆流失。而其他预制式导墙较难做到这一点。图2-10 所示为各种形式的现浇钢筋混凝土导墙。

其中形式如图 2-10a)和图 2-10b)的导墙断面最简单,它适用于表层土质良好(如密实的黏性土等)和导墙上荷载较小的情况。

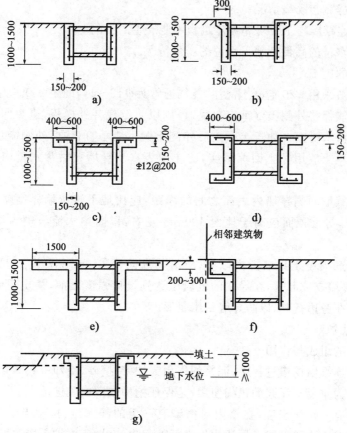

图 2-10 各种形式的导墙(尺寸单位:mm)

形式如图 2-10c)和图 2-10d)的导墙为应用较多的两种,适用于表层土为杂填土、软黏土等承载能力较弱的土层。

形式如图 2-10e)的导墙适用于作用在导墙上的荷载很大的情况,可根据荷载大小计算确定其伸出部分长度。

形式如图 2-10f)的导墙适用于有邻近建筑物的情况,有相邻建筑物的一侧应适当加强。

当地下水位很高而又不采用井点降水时,为确保导墙内泥浆液面高于地下水位 1m 以上,需将导墙上提而高出地面。在这种情况下,需在导墙周边填土,可采用形式如图 2-10g)的导墙。

在确定导墙形式时,应考虑如下因素:

a. 表层土的特性。如表层土是密实的还是松散的,是否为回填土,土体的物理性质如何,有无地下障碍物等。

b. 荷载情况。如成槽机械的重量与组装方法,钢筋笼的重量,挖槽与浇注混凝土时附近的静载与动载情况;

c. 地下连续墙施工时对邻近建筑物可能产生的影响。

d. 地下水位的高低及地下水位的变化情况。

③导墙的施工

导墙一般采用C20混凝土浇注,配筋通常为Φ12~14,间距200。当表土,在导墙施工期间能保持外侧土壁垂直自立时,则以土壁代替外模板,避免回填土,以防槽外地表水渗入槽内。如表土开挖后外侧土壁不能垂直自立,外侧需设模板。导墙外侧的回填土应用黏土回填密实,防止地表水从导墙背后渗入槽内,引起槽段塌方。

地下连续墙两侧导墙内表面之间的净距,应比地下连续墙厚度略宽,一般为40mm左右。导墙顶面应高于地面100mm左右,以防雨水流入槽内稀释及污染泥浆。

现浇钢筋混凝土导墙拆模以后,应沿其纵向每隔1m左右设上、下两道木支撑,将两片导墙支撑起来,在导墙的混凝土达到设计强度之前,禁止任何重型机械和运输设备在旁边行驶,以防导墙受压变形。

(2)泥浆护壁

①泥浆的组成与作用

在地下连续墙挖槽过程中,泥浆的作用为护壁、携砂、冷却机具和切土润滑,其中以护壁最为重要。泥浆的正确使用,是保证挖槽成败的关键。

泥浆具有一定的密度,在槽内对槽壁有一定的静水压力,相当于一种液体支撑。泥浆能渗入土壁形成一层透水性很低的泥皮,有助于维护土壁的稳定性。

泥浆具有较高的黏性,能在挖槽过程中将土渣悬浮起来。这样就可使钻头时刻钻进新鲜土层,避免土渣堆积在工作面上影响挖槽效率,又便于土渣随同泥浆排出槽外。

泥浆即可降低钻具因连续冲击或回转而上升的温度,又可减轻钻具的磨损消耗,有利于提高挖槽效率并延长钻具的使用时间。

挖槽筑墙所用的泥浆不仅要有良好的固壁性能,而且要便于灌注混凝土。如果泥浆的膨润土浓度不够、密度太小、黏度不大,则难以形成泥皮、难以固壁、难以保证其携沙作用。但如黏度过大,也会发生泥浆循环阻力过大、携带在泥浆中的泥沙难以除去、灌注混凝土的质量难以保证以及泥浆不易从钢筋笼上驱除等弊病。泥浆还应有一定的稳定性,保证在一定时间内不出现分层现象。

目前在我国,地下连续墙用的护壁泥浆主要是膨润土泥浆,其成分为膨润土、水和一些掺和物,配合比见表 2-3。

膨润土泥浆的通常配合比 表 2-3

成 分	材料名称	通常用量(%)
固体材料	膨润土	6~8
悬溶液	水	100
增黏剂	CMC(甲基纤维素)	0~0.05
分散剂	Na_2CO_3、FCI	0~0.5
加重剂	重晶石粉	必要时才用
防漏材料	石、锯末、化纤短料	必要时才用

②泥浆的性能指标

泥浆对地下连续墙的施工影响很大,新配置的泥浆和循环泥浆的性能及质量控制指标应满足表 2-4 的要求。

泥浆性能指标表 表 2-4

指标名称	新制备的泥浆	测定方法	使用过的循环泥浆	测定方法
黏度	19~21s	500/700ml 漏斗法	19~25s	500/700ml 漏斗法
密度	<1.05	泥浆重度计	<1.20	泥浆重度计
失水量	<10ml/30min	失水量计	<20ml/30min	失水量计
泥皮厚度	<1mm	失水量计	<2.5mm	失水量计
稳定性	100%	500ml 量筒	—	—
pH 值	8~9	pH 试纸	11	pH 试纸

③泥浆的制备和处理

a. 泥浆的需要量

地下连续墙施工中所需的泥浆量,决定于一次同时开挖槽段的大小、泥浆的各种损失及制备和回收处理泥浆的机械能力。一般是参考类似工程的经验决定。作为参考可用下列经验公式估算

$$Q = \frac{V}{n} + \frac{V}{n}\left(1 - \frac{K_1}{100}\right)(n-1) + \frac{K_2}{100}V \tag{2-8}$$

式中:Q——泥浆总需要量(m^3);

V——设计总挖土量(m^3);

n——单元槽段数量;

K_1——浇注混凝土时的泥浆回收率(%),一般为 60%~80%;

K_2——泥浆消耗率(%),一般为 10%~20%,包括泥浆循环、排土、形成泥皮、漏浆等泥浆损失。

b. 泥浆的制备

地下连续墙施工时所采用的泥浆多用搅拌方法制备,而高速回转式搅拌机是常用的搅拌机械,它是通过高速回转(200~1000r/min)叶片,使泥浆产生激烈涡流,从而把泥浆搅拌均匀。

c. 泥浆的再生处理

在地下连续墙施工中,泥浆与地下水、泥土和混凝土接触,因此,泥浆中的膨润土、掺合料等成分会被消耗,而且还会混入一些土渣和电解质离子等,使泥浆污染而质量恶化。应根据泥浆的恶化程度,决定舍弃或进行再生处理。

被污染的泥浆,应根据具体情况进行处理,而处理方法主要有重力沉淀处理和机械处理,最好是两种方法组合使用。先经重力沉降处理,利用渣土和泥浆的密度差使土渣沉淀,再使用振动筛和旋流器,将粒径和密度较大的颗粒分离出去。经处理后符合标准的泥浆可重复使用,其渣土应废弃。

重力沉降处理是利用泥浆和土渣的密度差使土渣沉淀的方法。沉淀池的容积愈大或停留时间愈长,沉淀分离的效果愈显著。所以最好采用大沉淀池。其容积一般为一个单元槽段的有效容积的2倍以上,沉淀池设在地上或地下均可,要考虑循环、再生、舍弃、移动等操作方便,再结合现场条件进行合理配置。

机械处理方法通常是使用振动筛和旋流器。振动筛是通过强力振动将土渣与泥浆分离的设备。经过振动筛除去较大土渣的泥浆,尚带有一定量的细小砂粒。旋流器是使泥浆产生旋流,使砂粒在离心力作用下聚集在旋流器内壁,再在自重作用下沉落排渣。给浆压力一般控制在 $2.5\sim3.5\text{kg/cm}^2$。旋流器的尺寸取决于泥浆的处理量、黏度、密度、土颗粒的混入率等,通过底部阀门来调节处理效果。

无法再回收使用的废弃泥浆,在运走以前,应对泥浆进行预处理,通常是进行泥水分离。

废弃泥浆的泥水分离是在现场或在指定地方通过化学方法和机械方法,将含水率较大的废弃泥浆分离成水和泥渣两部分,水可排入河流或下水道,泥渣可用作填土,从而减少废弃泥浆的运输量。

(3) 成槽

成槽是地下连续墙施工中的关键工序,因为槽壁形状基本上决定了墙体外形,所以挖槽的精度又是保证地下连续墙施工质量的关键之一,特别是垂直度,必须保证设计要求。我国地铁设计规范中规定,连续墙墙面倾斜度不宜大于1/150,局部突出也不宜大于100mm,且墙体不得侵入主体结构隧道净空。同时成槽约占地下连续墙施工工期的一半,因此,提高其成槽效率也能加快施工进度。

① 槽段长度的确定

地下连续墙施工时,预先沿墙体长度方向把墙体划分为若干个某种长度的施工单元,这种施工单元称为单元槽段。

在实际施工中,确定单元槽段长度时应综合考虑以下因素:

a. 地质条件。当土层不稳定时,为减少槽壁坍塌,应减少槽段长度,以缩短成槽时间。

b. 地面荷载。如附近有高大建筑物和较大的地面荷载时,也应缩减槽段长度,以缩小槽壁的开挖面和暴露时间。

c. 起重机械的起重能力。根据起重机的起重能力估算钢筋笼的尺寸和质量,以此推算槽段的长度。

d. 单位时间内供应混凝土的能力。一般情况下一个槽段长度内的混凝土,宜在4h内浇注完毕,即槽段长度(m)等于4h混凝土的最大供应量与单位槽段长度所需混凝土之比。

e. 泥浆池(罐)的容积。一般情况下泥浆池(罐)的容积应不小于每一槽段容积的2倍。

f. 工地所占用场地面积以及能够连续作业的时间。如在交通繁忙而又狭窄的街道上施工,或仅允许在晚上进行作业的情况,为缩短每道工序施工时间,不得不减小槽段的长度。

此外,槽段的划分,也应考虑槽段之间的接头位置,一般情况下接头应避免设在转角处及地下连续墙与内部结构的连接处,以保证地下连续墙有较好的整体性。槽段的长度多取3~8m,但也有取10m甚至更长的情况。

②槽壁的稳定

地下连续墙施工时,应始终保持槽壁的稳定,自成槽开始到浇注混凝土完毕不应发生槽壁坍塌。槽壁稳定主要靠泥浆的静水压力,在目前只能用泥浆的静水压力和理论计算的土压力值比较,以此来判断槽壁的稳定。

泥浆护壁仍是目前地下连续墙施工中保持槽壁稳定的主要方法。选用适当的材料和配合比,能得到良好性能的泥浆,保持与外压平衡,可保持槽壁稳定。但实际上随着泥浆在沟槽内搁置的时间的延长,其性质会发生变化。因此,尽管地基土压力和地下水压力没有发生变化,如长时间搁置,泥浆压力也会减少,泥浆和外压之间的平衡也将丧失。

在地下连续墙施工安排中,不可忽视泥浆在槽内放置的时间,所谓放置的时间指成槽结束到浇注混凝土前的这段时间,一般条件下为2~3d左右。在这段时间内无需采取特别措施。但是要控制泥浆的性质、泥浆液面的高度以及地下水位的变化等。如需搁置较长的时间,应增加膨润土的掺量,增加密度。同时应防止因为沉淀使密度减小,以便使泥浆形成良好的泥皮或渗透沉积层。在搁置时间内仍需进行泥浆质量控制,注意泥浆液面和地下水的变化,防止雨水的流入。

a. 泥浆相对密度

泥浆相对密度是泥浆的一项极为重要的指标,必须严格控制。泥浆密度宜每 2h 测定一次。一般新制备的泥浆相对密度应小于 1.05;在成槽过程中由于泥浆混入泥土,比重上升,但为了能顺利的浇注混凝土,希望在成槽结束后,槽内泥浆的相对密度不大于 1.15,槽底部不大于 1.25。泥浆相对密度过大,不但影响混凝土的浇注,而且由于其流动性差而使泥浆循环设备的功率消耗增大。

b. 泥浆的黏度

泥浆要有一定的黏度,才可确保槽壁稳定。黏度可用漏斗形黏度计进行测定。不同的土质,有无地下水、挖槽方式、泥浆循环方式等对泥浆的黏度有不同的要求。砂质土中的黏度应大于黏性土,地下水丰富的土层应大于无地下水层。泥浆静止状态下的成槽,尤其是用大型抓斗上下提拉的成槽方式,因为容易使槽壁坍塌,故黏度要大于泥浆循环成槽时的数值。下面分别将静止状态下使用的泥浆黏度实例和循环状态下使用的实例列表 2-5 和表 2-6,供参考(当地下水丰富或槽壁放置时间较长时,要取较大值)。

泥浆漏斗黏度　　　　　　　表 2-5

地基条件	泥浆性能	对　策	漏斗黏度经验值(mm^2/s)
$N>0\sim2$,软弱的黏土、粉土层(N——标惯击数,下同)	需增大泥浆密度或水不能侵入的性能	用高含量高密度的陶土泥浆,掺加重晶石	100 以上
N 值较高,全部是黏土或粉土	保持最低的黏度和失水量,仅使黏土或粉土不被冲洗掉即可	泥浆浓度为 5%~6%,掺加少量的 CMC	25~33
一般粉土层或含砂粉土层	黏度、凝胶强度和失水量都不用过高	泥浆浓度为 7%~8%,掺加较少的 CMC	30~38
一般砂层	黏度、凝胶强度和失水量都用标准值	泥浆浓度 8%~10%,掺加 CMC	35~50
全部地层 N 值较低,黏土质粉土较多	泥浆浓度较低,增多 CMC	泥浆浓度为 7%~9%,掺加较多的 CMC	40~50
有地下水流出或潜流,预计有坍塌层	增大泥浆密度,提高黏度	泥浆浓度 10%~12%,掺加 CMC、重晶石及其他外加剂	80 以上

注:CMC(羧甲基纤维素)溶于水能显著增加溶液黏度,具有增稠、分散、乳化、悬浮保护胶体等作用。

泥浆漏斗黏度(泥浆循环状态)　　　　表 2-6

土质分类	漏斗黏度(mm^2/s)	土质分类	漏斗黏度(mm^2/s)
含砂粉土层	25~30	砂层	30~38
砂质粉土层	25~30	砂砾层	35~44
砂质粉土层	27~34		

③成槽要领

在成槽过程中,要特别注意以下几个方面的问题,以保证成槽顺利进行。

a. 确保场地的平整以及地表层的地基承载力。

b. 确保作业场内的各种施工机械能够正常运转。

c. 随时调整并确保成槽机的垂直度。

d. 及时供应质量可靠的护壁泥浆。

e. 预先钻孔导向。

f. 加强槽底清淤工作。目前在我国多用置换法进行清底。

(4)钢筋混凝土施工要点

①钢筋笼的加工和吊放

根据地下连续墙墙体钢筋的设计尺寸,再按照槽段的具体情况,来决定钢筋笼的制作图。钢筋笼最好是尽量按照单元槽段组成一个整体。

组装钢筋笼时,要预先确定好插入导管的位置,留有足够的空间。由于这部分空间要上下贯通,因而周围须增设箍筋、连接筋以资加固。另外,为了使钢筋不卡住导管,应将纵向主筋放在内侧,而横向副筋放在外侧。纵筋放在槽内时,因距槽底 0.1～0.2m,纵筋底端应向里弯曲,钢筋间最小间距应保持在 100mm 以上。

为了保证保护层达到规定厚度,可在钢筋笼外侧焊上用扁钢弯成的定位块,用以固定钢筋笼的位置。定向块应设置在里外两侧,在水平方向上设置两个以上,在竖直方向上约 5m 设置一个。

钢筋笼长度除特殊情况外,一般不超过 10m,倘若钢筋笼过长,要增加剪力斜撑加固。

钢筋笼与其他结构相连接时,预留筋应先弯曲并用塑料布盖住,待混凝土浇注完毕后,以及将来的土体开挖后再定位。

在地下连续墙拐角处的钢筋必须做成 L 形,接头不应当留在拐角处而应放置在直墙部位。

下钢筋笼之前一定要将孔底残渣清除干净,稳定液的各项指标要符合规定。

起吊钢筋笼时,顶部要用一根横梁,其长度和钢筋笼尺寸相适应。钢丝绳必须吊住四个角,为使钢筋笼在起吊时不产生弯曲变形,一般用两台吊车同时操作。为使钢筋笼不在空中晃动,钢筋笼下端可系绳索用人力控制。

钢筋笼插入槽段时最重要的是对准单元槽段的中心。必须注意不要因为起重机的操作不当或风的吹动,使笼子摆动而损坏槽壁壁面。

②混凝土浇注要点

地下连续墙的墙体混凝土浇注是采用直升导管法浇注水下混凝土方法浇注的。导管与导管采用丝扣连接,也可采用消防用橡皮管的快速接头,以便于在钢筋笼中顺利升降。

槽段的混凝土是利用混凝土和泥浆的密度差浇注下去的,故必须保证密度差在1.1以上。混凝土的密度是2.3,槽内泥浆的密度应小于1.2,若大于1.2就会影响浇注质量。混凝土要有良好的和易性且不发生离析。

导管的数量与槽段长度有关,槽段长度小于4m时,可使用一根导管;大于4m时,应使用两根或两根以上的导管。导管间距应根据导管直径确定,使用150mm导管时,间距为2m;使用200mm导管时,间距为3m。导管应尽量靠近接头。导管埋入混凝土的深度最小要大于1.5m,最大要小于9m,仅在当混凝土浇注到地下连续墙墙顶附近时,导管内的混凝土不容易流出的时候,一方面要降低浇注速度,一方面可将导管的埋入深度减为1m左右。如果混凝土再灌注不下去,可将导管作上下运动,但是上下运动的幅度不能超过30cm。在浇注过程中,导管不能够做横向运动,否则会使沉渣或泥浆混入混凝土内。在灌筑过程中不能使混凝土溢出或流进槽内。

混凝土要连续灌注,不能长时间中断,一般可允许中断5~10min,最大只允许中断20~30min,以保持混凝土的均匀性。混凝土搅拌好之后,1.5h灌注完毕为宜。在夏天由于混凝土凝结较快,所以必须在拌好之后1h内尽快浇完,否则应掺入适当的缓凝剂。

在浇注过程中,要经常量测混凝土灌注质量和上升高度。量测混凝土上升高度可用测锤。由于混凝土上升面一般都不是水平的,所以要在三个以上的位置进行量测。

(5)接头处理

为了使地下连续墙槽段和槽段之间很好的连接,保证有良好的止水性和整体性,应根据地下连续墙的目的来选择适当的接头形式。下面介绍两种常用的接头施工方法。

①接头管(连锁管)接头

这是最常用的槽段接头施工方法,其施工顺序如图2-11所示。

图2-11 用接头管接头的施工方法图

1-导墙;2-已完工的混凝土地下墙;3-正在开挖的槽段;4-未开挖槽段;5-接头管;6-钢筋笼;7-正完工的混凝土地下墙;8-接头管拔出后的孔洞

为了使施工时每一个槽段纵向两端受到的水、土压力大致相等,一般可沿地下连续墙纵向将槽段分为一期和二期两类槽段。先开挖一期槽段,待槽段内土方开挖完成后,在该槽段的两端用起重设备放入接头管,然后吊放钢筋笼和浇注混凝土。这时两端的接头管相当于模板的作用,将刚浇注的混凝土与还未开挖的二期槽段的土体隔开。待新浇混凝土开始初凝时,用机械将接头管拔起。这时,已施工完成的一期槽段的两端和还未开挖土方的二期槽段之间分别留有一个圆形孔。继续二期槽段施工时,与其两端相邻的一期槽段混凝土已经结硬,只需开挖二期槽段内的土方。当二期槽段完成土方开挖后,应对一期槽段已浇注混凝土半圆形端头表面进行处理。

在接头处理后,即可进行二期槽段钢筋笼吊放和混凝土的浇注。这样,二期槽段外凸的半圆形端头和一期槽段内凹的半圆形端头相互嵌套,形成整体。

除了上述将槽段分成一期和二期跳格施工外,也可按序逐段进行各槽段的施工。这样每个槽段的一端与已完成的槽段相邻,只需在另一端设置接头管,但地下连续墙槽段两端会受到不对称水、土压力的作用,所以两种处理方法各有利弊。

接头管的直径一般要比墙厚小 50mm。管身壁厚一般为 19～20mm。每节长度一般为 5～10m,在施工现场的高度受到限制的情况下,管长可适当缩短。

接头管大多为圆形的,此外还有缺口圆形的、带翼的、带凸榫的等(图 2-12)。接头管的外径应不小于设计混凝土墙厚的 93％以上。除特殊情况外,一般不用带翼的接头管。因为使用这种接头管时,泥浆容易淤积在翼的旁边影响工程质量。带凸榫的接头管也很少使用。

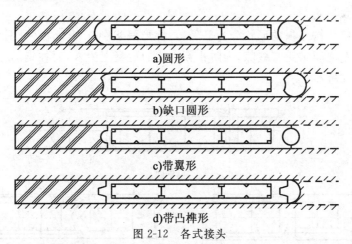

a)圆形
b)缺口圆形
c)带翼形
d)带凸榫形
图 2-12 各式接头

为便于今后接头管的起拔,管身外壁必须光滑,还可以在管身上涂抹黄油,然后用起重机吊放入槽孔内。开始灌注混凝土 2h 后,旋转半圆周,或提起 10cm。一般在混凝土浇注后 3～5h 开始起拔。具体起拔时间,应根据水泥品种、强度等级、混凝土初凝时间等来确定。起拔时一般用 30t 起重机。开始时约每隔 20~30min 提拔一次,每次上拔 30~100cm。较大工程应另备 100t 或 200t 千斤顶提升架,为应急之用。

接头管拔出后,已浇注好的混凝土半圆表面上,附着有水泥浆与稳定液混合而成的胶凝物,这必须除去,否则接头处止水性很差。

②接头箱接头

采用接头箱接头可使地下连续墙形成整体接头,接头的刚度较好。

接头箱接头施工方法与接头管施工方法相似,只是以接头箱代替接头管,如图 2-13 所示。一个单元槽段成槽挖土结束后,吊放接头箱,再吊放钢筋笼。由于接头箱的开口面被焊在钢筋笼端部的钢板封住,因而浇注的混凝土不能进入接头箱。混凝土初凝后,与接头管一样逐步吊出接头箱,待后一个单元槽段再浇注混凝土时,由于两相邻单元槽段的水平钢筋交错搭接,而形成整体接头。

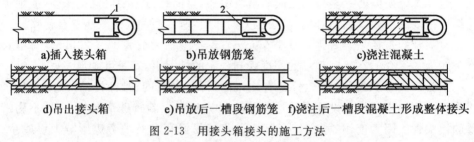

图 2-13 用接头箱接头的施工方法
1-接头箱;2-焊在钢筋笼端部的钢板

③隔板式接头

隔板式接头按隔板的形状分为平隔板、榫形隔板和 V 形隔板(见图 2-14)。由于隔板与槽壁之间难免有缝隙,为防止新浇注的混凝土渗入,要在钢筋笼的两边铺贴维尼龙等化纤布。

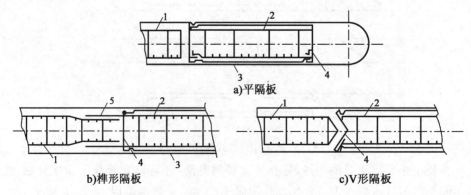

图 2-14 隔板式接头
1-钢筋笼(正在施工地段);2-钢筋笼(完工地段);3-用化纤布铺盖;4-钢制隔板;5-连接钢筋

带有接头钢筋的榫形隔板式接头,能使各单元墙段连成一个整体,是一种受力较好的接头方式。但插入钢筋笼较困难,施工时须特别注意。

❷ 深层搅拌桩施工

深层搅拌桩是加固软土地基的一种新方法,它是利用水泥、石灰等材料做固化剂,通过搅拌机械,将软土和固化剂(浆液或粉体)强制搅拌,利用固化剂和软土之间所产生的一系列物理—化学反应,使软土硬结成具有整体性、水稳定性和一定强度的桩体。

搅拌桩适用于各种饱和软黏土,包括淤泥、淤泥质土、黏土和粉质黏土等。目前国内最大深度可达20m左右。一般认为含有高岭石、多水高岭石与蒙脱石等黏土矿物的软土加固效果较好,含有伊里石、氯化物等黏性土以及有机质含量高、酸碱度较低的黏性土加固效果较差。

1)搅拌桩施工方法

搅拌桩施工可采用湿法(喷浆)及干法(喷粉)施工,目前在我国湿法使用较多。搅拌桩的施工过程大致可分为:

(1)桩机定位及保证垂直度

搅拌机到达指定桩位,对中。当场地高程不符合设计要求或起伏不平时,应先进行开挖、整平,施工时桩位偏差应小于5cm,桩的垂直度误差不超过1%。

(2)预搅下沉

待搅拌桩的冷却水循环正常后,启动搅拌机电动机,放松起重机钢丝绳,使搅拌机沿导向架搅拌切土下沉,下沉速度可由电动机的电流表控制。工作电流不应大于70A。如果下沉速度太慢,可从输浆系统补给清水以利于钻进。

(3)制备水泥浆

按照设计要求的配合比拌制水泥浆,待压浆前将水泥浆倒入集料斗中。

(4)提升、喷浆并搅拌

搅拌机下沉到设计深度后,开启灰浆泵将水泥浆压入地基土中,并且边喷浆边旋转,同时严格按照设计确定的提升速度提升搅拌头。

(5)重复搅拌或重复喷浆

搅拌头提升至设计加固深度的顶面高程时,集料斗中的水泥浆正好排空。为使软土和水泥浆搅拌均匀,可再次将搅拌头边旋转边沉入土中,至设计加固深度后再将搅拌头提升出地面。

有时可采用复搅、复喷方法。在第一次喷浆至顶面高程,喷完总量的60%,将搅拌头边搅拌边沉入土中,至设计深度后,再将搅拌头边提升边搅拌,并喷完余下的40%。

喷浆搅拌时搅拌头的提升速度不应超过 0.5m/min。

(6)移位

桩机移至下一桩位施工。

2)质量控制与检验

搅拌桩的施工质量,可通过施工记录、强度试验和轻便触探,进行间接或直接的判断。

(1)成桩施工期的质量检查

包括力学性能、原材料质量、掺和比的检查等。成桩时逐根检查桩位、桩底高程、桩顶高程、桩身垂直度、喷浆提升速度、外掺剂掺量、喷浆量均匀度、搭接厚度及搭接施工间歇时间等。

(2)施工记录

施工记录是现场隐蔽工程的施工实录,反映了施工工艺的执行情况和施工中发生的各种问题。施工记录应详尽、完善、如实进行并由专人负责。按施工前预定的施工工艺进行对照,很容易判断施工操作是否符合要求。对工程中发生的如停电、机械故障、断浆等问题通过分析记录,也容易判断事故的处理是否得当。

(3)强度检验

在施工操作符合预定工艺要求的情况下,桩身强度是否满足设计要求是质量控制的关键。

(4)基坑开挖期的检测

观察桩体软硬、墙面平整度和桩体搭接及渗漏情况,如不能符合设计要求,应采取必要的补救措施。

③ 排桩支护

基坑开挖时,对不能放坡或由于场地限制不能采用搅拌桩支护,即可采用排桩支护。排桩支护可采用钻孔灌注桩、人工挖孔桩、预制钢筋混凝土板桩、钢板桩等。

排桩支护结构可分为:柱列式排桩支护、连续排桩支护、组合式排桩支护三种。

①柱列式排桩支护。当边坡土质较好、地下水位较低时,可利用土拱作用,以稀疏的钻孔灌注桩或挖孔桩支挡土坡,如图 2-15a)所示。

②连续排桩支护(图 2-15b)。在软土中一般不能形成土拱,支护桩应该连续密排。密排的钻孔桩可以互相搭接,或在桩身混凝土强度尚未形成时,在相邻桩之间做一根素混凝土树根桩把钻孔桩排连起来,如图 2-15c)所示。也可以采用钢板桩、钢筋混凝土板桩,如图 2-15d)和图 2-15e)所示。

③组合式排桩支护。在地下水位较高的软土地区,可采用钻孔灌注桩排桩与水泥土桩防渗墙组合的形式,如图 2-15f)所示。

1)钻孔灌注桩的施工

(1)钻孔灌注桩干作业成孔施工

对于地下水位以上的一般黏性土、砂土及人工填土地基的钻孔灌注桩,可采用干作业成孔法施工,即非泥浆无循环钻进法。

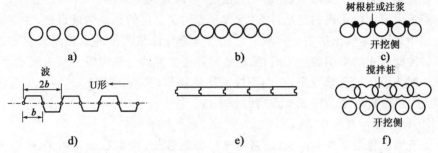

图 2-15 排桩支护的类型

一般采用螺旋钻孔机进行成孔。螺旋钻孔机由主机、滑轮、螺旋钻杆、钻头、出土装置等部分组成。主要利用螺旋钻头切削土体,被切出的土块随钻头旋转,并沿螺旋叶片上升而被推出孔外。该类钻机结构简单,使用可靠,成孔作业效率高、质量好,无振动、无噪声,最宜用于匀质黏性土,并能较快穿透砂层。

干作业成孔中,螺旋式成孔应用最多,其施工工艺流程如图 2-16 所示。为了保证最终成桩后的质量,在施工中应注意以下问题:

①在钻机就位检查无误后,使钻杆慢慢向下移动,当钻头接触土面时,再开动电动机,且开始的钻速要慢,以减少钻杆的晃动,又易于校正桩位及垂直度。

②如发现钻杆不正常的摆动或难于钻进时,应立即提钻检查,排除地下块石或障碍物,避免设备损坏或桩位偏斜。

③遇硬土层时,应慢速钻进,以保证孔型及垂直度。

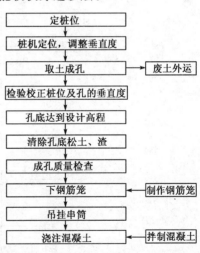

图 2-16 干作业法成孔施工工艺流程图

④钻到设计高程时,应在原深度处空转清土,停钻后,提出钻杆弃土,空转清土时,不可进钻,提钻弃土时,不可回转钻杆。

⑤钻取出的土不可堆放在孔口边,应及时清运。

⑥吊放钢筋笼时,应防止变形和碰撞孔壁。钢筋笼外侧应设有预制的混凝土垫块,以保证混凝土保护层厚度。

⑦经检查合格的孔,应及时浇注混凝土。混凝土从吊持的串桶内注入,一般深度大于6m时,靠混凝土自身重力下冲压实,小于6m时,应以长竹竿人工插捣,当只剩下2m时,用混凝土振捣器捣实。常采用的混凝土坍落度为:一般黏性土宜用5~7cm,砂类土宜用7~9cm,黄土为6~9cm。混凝土强度等级不低于C15。

⑧桩顶高程低于地面时,孔口应有盖板,以防人、物坠落。

最近引起国内重视的是从日本、意大利等国家引进的钻斗钻进设备,主要适用于土层中,特别是软土层中。其最大的优点是避免泥浆大量外运和泥浆造成的污染。钻斗既是土的切削破碎工具,又是暂时存土的容器。钻进时不采用泥浆循环,但钻进时为了保护孔壁稳定,孔内要注满优质泥浆(又叫稳定液)。钻斗机对黏性土、粉土、部分砂性土及淤泥有很高的效率。

(2)钻孔灌注桩湿作业成孔施工

钻孔灌注桩的湿作业成孔法,适用于一般黏性土、淤泥和淤泥质土、砂性土和碎石类土,尤其适用于地下水位较高的土层中。

灌注桩湿作业成孔施工工艺流程如图2-17和图2-18所示。

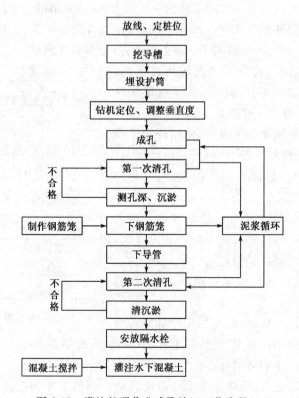

图2-17 灌注桩湿作业成孔施工工艺流程

湿作法主要施工过程如下：

①成孔施工。成孔工艺应根据工程特点、地质条件和设计要求合理选择。成孔直径必须达到设计桩径，钻头应有保径装置。钻头直径应根据施工工艺和设计桩径合理选定。在成孔施工过程中应经常检查钻头尺寸，必要时应进行修理。

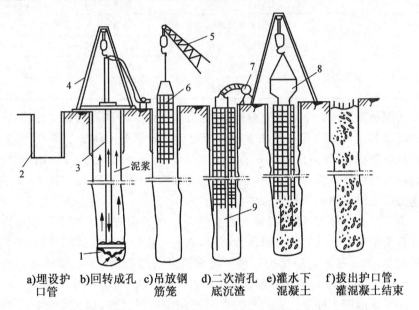

图 2-18　钻孔桩成桩施工工艺图
1-钻头；2-护口管；3-钻杆；4-钻机；5-吊车；6-钢筋笼；7-高压泵；8-漏斗；9-导管

在正式施工前应进行试成孔，数量不少于2个。核对地质资料，检验所选的设备、机具、施工工艺以及技术要求是否适宜。如孔径、垂直度、孔壁稳定和沉淤等检测指标不能满足设计要求时，应拟订补救技术措施，或重新选择成孔工艺。

成孔施工应一次不间断地完成，成孔完毕至灌注混凝土的间隔时间不应大于24h。

护壁泥浆可采用原土造浆或人工造浆。根据不同的成孔工艺和地质情况，在表2-7范围内选定。

成孔至设计深度后，应对孔径、孔深、垂直度及泥浆密度进行检查，确认符合要求后，方可进行下一道工序施工。

②清孔。清孔应分二次进行，第一次清孔在成孔后立即进行；第二次在下钢筋笼和安装导管后进行。

常用的清孔方法有正循环清孔、泵吸反循环清孔和压缩空气法清孔，通常随成孔时采用的循环方式而定。清孔过程中应测定泥浆指标，清孔后的泥浆相对密度应小于1.15。清孔结束时应测定孔底沉淤，孔底沉淤厚度对支护桩一般应小于

30cm。第二次清孔结束后孔内应保持水头高度,并应在 30min 内灌注混凝土。若超过 30min,灌筑混凝土前应重新测定孔底沉淤厚度,并满足规定要求。

注入排出孔口泥浆技术性能指标　　　　表 2-7

项次	项　目		注入泥浆指标	排出泥浆指标
1	泥浆相对密度	正循环成孔	≤1.15	≤1.30
		反循环成孔	≤1.10	≤1.15
2	泥浆黏度	正循环成孔	18″~22″	20″~26″
		反循环成孔	16″~18″	18″~22″

③钢筋笼施工。钢筋笼宜分段制作,分段长度应按成笼的整体刚度、来料钢筋的长度及起重设备的有效高度等因素来确定。为了保证保护层厚度,钢筋笼上应设保护层垫块,设置数量每节钢筋笼不应少于 2 组,长度大于 12m 的,中间应增设一组。每组块数不得少于 3 块,且应均匀的分布在同一截面的主筋上,保护垫块可采用混凝土滑轮块或扁钢定位体。

钢筋笼在起吊、运输和安装过程中应采取保护措施防止变形。起吊点宜设在加强箍筋部位。钢筋笼用分段沉放法时,纵向主筋的连接必须用焊接,要特别注意焊接质量,同一截面上的接头数量不得大于纵筋数量的 50%,相邻接头间距不小于 500mm。对于非均匀配筋的钢筋笼,在安装时应注意方向性。

④水下混凝土施工。正式拌制混凝土前应进行试配,试配的混凝土强度比设计桩身强度高 15%~25%,坍落度 16~20cm,含砂率 40%~50%,水泥用量不得少于 370kg/m³,最多用量不宜大于 500kg/m³。应具有良好的和易性和流动度。坍落度损失应满足灌注要求。混凝土初凝时间应为正常灌注时间的 2 倍。

水下混凝土浇注是确保成桩质量的关键工序,浇注前应做好一切准备工作,以保证混凝土浇注连续紧凑的进行。单桩混凝土浇注时间不宜超过 8h。混凝土浇注桩的充盈系数不得小于 1,也不宜大于 1.3。

混凝土浇注用的导管内径应按照桩径和每小时灌注量确定,一般为 200~250mm,壁厚不小于 3mm。导管第一节底管应大于 4.0m,导管标准节长度以 3m 为宜。浇注水下混凝土所用的隔水塞可采用混凝土浇制,混凝土强度不低于 C20。外形应规则光滑并配有橡胶垫片。

混凝土浇注时,导管应全部安装入孔,安装位置应居中。导管底口距孔底高度以能放出隔水塞和混凝土为宜,一般控制在 50cm 左右。隔水塞应采用铁丝悬挂于导管内。混凝土浇注前应先在灌斗内灌入 0.1~0.2m³ 的 1:1.5 水泥砂浆,然后再灌入混凝土。等初灌混凝土足量后,方可截断隔水塞的系结铁丝将混凝土灌至孔底。混凝土初灌量应能保证混凝土入灌后,导管埋入混凝土深度为不少于 0.8m,导管内混凝土柱和管外泥浆柱压力平衡。

在水下混凝土灌注中导管埋入深浅对于浇注能否顺利进行从而保证成桩质量至关重要。导管埋入过浅，操作稍一疏忽会将导管拔出混凝土面，或因孔深压力差大，导管埋入浅可能发生新灌入混凝土冲翻顶面，造成夹泥甚至断桩事故。导管埋入过深，会发生或因顶升阻力大而产生局部涡流造成夹泥，或因混凝土出管上泛阻力大，上部混凝土长时间不动流动度损失而造成浇注不畅或其他质量问题。因此，混凝土浇注过程中导管应始终埋在混凝土中，严格控制导管不能提出混凝土面。导管埋入混凝土面的深度以 3～10m 为宜，最小埋入深度不得小于 2m。导管应勤提勤拆，一次提管拆管不得超过 6m。

混凝土浇注中应防止钢筋笼上浮。

混凝土实际浇注高度应比设计桩顶高程高出一定高度。高出的高度应根据桩长、地质条件和成孔工艺因素确定，其最小高度不宜小于桩长的 5%，且应保证支护结构圈梁底高程处及以下的桩身混凝土强度满足设计要求。

当然，用浇注桩作为排桩支护，桩体排列应是一条直线，以便开挖后坑壁整齐。桩的施工一般应间隔两根，按桩号的次序先是 1、4、7、10 号，然后是 2、5、8、11 号。

2）挖孔桩的施工

挖孔桩作为基坑支护结构与钻孔浇注桩相似，是由多个桩组成桩墙而起到挡土作用。挖孔桩可使用简单的机具进行开挖，不受设备和工作面限制，可若干个孔同时开挖。施工时无振动、无噪声、无泥浆，对周围环境不会产生污染；适用于建筑物、构筑物拥挤的地区，对邻近结构和地下设施的影响小，场地干净，造价较经济。

挖孔桩适用于无水或少水的较密实的土质中，对流动性淤泥、流沙和地下水较丰富的地区不宜采用。桩的直径（或边长）不宜小于 1.4m，最大可达到 5.0m，孔深一般不宜超过 20m。

挖孔桩施工，必须在保证安全的基础上不间断的快速进行。每一桩孔开挖、提升出土、排水、支撑、立模板、吊装钢筋骨架、浇注混凝土等作业都应事先准备好，紧密配合，及时完成。

人工挖孔桩是采用人工挖掘桩孔土方，随着桩孔的下挖，逐段浇捣钢筋混凝土护壁，直到所需深度，如图 2-19 所示。土层好时，也可不用护壁，一次挖至设计高程，最后在护壁内一次浇注混凝土。主要施工程序如下。

（1）开挖桩孔

一般采用人工开挖，开挖之前应清理、整平场地，做好孔口四周临时围护和排水措施。孔口应采取措施防止土石掉入孔内，并安排好排土提升设备

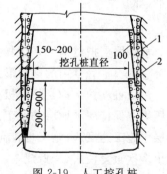

图 2-19 人工挖孔桩
（尺寸单位:mm）

1-混凝土护圈；2-连接底直钢筋 $\phi 8 \sim \phi 12$

(卷扬机或绞车等），布置好运土通道及弃土地点，必要时孔口应搭雨棚。挖孔过程中要随时检查桩孔尺寸和平面位置，防止误差。应注意施工安全，下孔人员必须配戴安全帽和安全绳，提取土渣的机具必须经常检查。孔深超过 10m 时，应经常检查孔内二氧化碳浓度，如超过 0.3% 应增加通风措施。孔内如用爆破施工，应采用浅眼爆破法，且在炮眼附近要加强支护，以防止振坍孔壁。桩孔较深时，应采用电引爆，爆破后应通风排烟，经检查孔内无毒后施工人员方可下孔。

(2) 护壁和支撑

挖孔桩开挖过程中，开挖和护壁两个工序，必须连续作业，以确保孔壁不坍。挖孔桩能否顺利施工，护壁起决定性作用。应根据地质、水文条件、材料来源等情况因地制宜选择支撑及护壁方法。当遇桩孔较深，地质较差、出水量较大或流沙等情况时，宜采用就地浇注混凝土护壁，每下挖 1~2m 浇注一次，随挖随支。护壁厚度一般采用 0.15~0.20m，混凝土强度等级为 C15~C20，必要时可配置少量的钢筋，也可采用下沉预制钢筋混凝土圆管护壁。如土质较松散而渗水量不大时，可考虑用木料作框架式支撑或在木框架后面铺架木板作支撑。

(3) 排水

孔内渗水量不大，可采用人工排水；渗水量较大，可用高扬程抽水机或将抽水机吊入孔内抽水。遇到混凝土护壁坍塌或漏水时，用水泥干拌堵塞，效果良好。

(4) 吊装钢筋骨架及灌注桩身混凝土

挖孔到达设计深度后，应检查和处理孔底、孔壁。清除孔壁及孔底浮土，孔底必须平整，符合设计条件及尺寸，以保证桩身混凝土与孔壁及孔底密贴，受力均匀。遇到地下水较难抽干，但可清孔干净时，可采用先铺砌条石、块石封底或采用水下混凝土封底。浇注桩身混凝土时应一次浇注完毕，不留施工缝。

挖孔桩在挖孔过深（超过 15~20m），或孔壁土质易于坍塌，或渗水量较大的情况下，都应慎重考虑。

3) 板桩施工

板桩墙支护结构中，常用的板桩类型有：

①钢板桩。常用的截面形式为 U 形、Z 形和直腹板式，如图 2-20 所示。

钢板桩支护结构是将钢板桩打入土层，设置必要的支撑或拉锚，抵抗土压力和水压力并保持周围地层的稳定。钢板桩支护的优点是：板桩材料质量可靠，在软弱土层中施工速度快，施工也较简单，并且有较好的挡水性，临时性结构的钢板桩可拔出多次重复使用，降低成本。

②钢筋混凝土板桩。如图 2-21 所示，钢筋混凝土板桩常采用矩形截面槽榫结合形式，桩尖部分做成三面斜坡以利于打入并使桩能挤紧。这种板桩的槽和榫不能做到全长紧密结合，因为在打入土中时，往往有小块泥沙在槽口内嵌紧，迫使桩

逐步分离。因此在实际工作中,榫只能在桩脚上部做1.5～2.0m高度,其余部分槽口留出空隙,使两块板桩合拢后形成孔洞;孔洞内可压水泥浆等填塞。钢筋混凝土板桩施工简易,造价相对低廉,往往在工程结束后不再拔出,不致因拔桩对附近建筑物产生影响和危害,但打桩时对邻近建筑物的影响必须充分考虑。

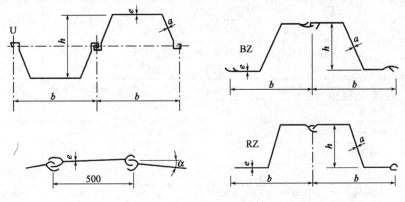

图 2-20　常用钢板桩截面形式

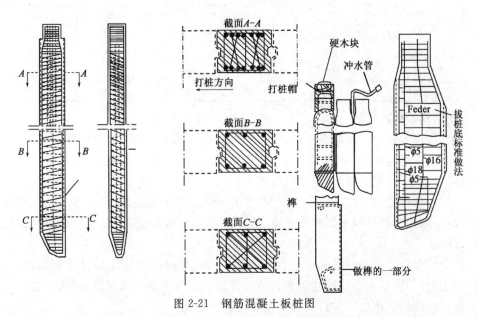

图 2-21　钢筋混凝土板桩图

目前在基坑支护中,多采用钢板桩,下面以钢板桩为例介绍板桩施工的主要程序。

(1)钢板桩的施工机具

钢板桩施工机具有冲击式打桩机(包括自由落锤、柴油锤、蒸汽锤等)和振动打桩机(可用于打桩及拔桩),此外,还有静力压桩机等。

为使钢板桩施工顺利进行，应选择合适的施工机械。其主要依据是钢板桩的重量、长度及数量；土质情况，应有利于钢板桩的打入和拔出；满足噪声、振动等公害控制要求。表 2-8 为各种机械的适用情况。

各类打桩机的适用情况　　　　　　　　　　　表 2-8

机械类别		冲击式打桩机			振动锤	油压式压桩机
		柴油锤	蒸汽锤	落锤		
钢板桩	形式	除小型板桩外所有板桩	除小型板桩外所有板桩	所有形式板桩	所有形式板桩	除小型板桩外所有板桩
	长度	任意长度	任意长度	适宜长度	很长桩不合适	任意长度
地层条件	软弱粉土	不适	不适	合适	合适	可以
	粉土黏土	合适	合适	合适	合适	合适
	砂层	合适	合适	不适	可以	可以
	硬土层	可以	可以	不可以	不可以	不适
施工条件	辅助设施	规模大	规模大	简单	简单	规模大
	噪声	高	较高	高	小	几乎没有
	振动	大	大	少	大	无
	贯入能量	大	一般	小	一般	一般
	施工速度	快	快	慢	一般	一般
费用		高	高	便宜	一般	一般
工程规模		大工程	大工程	简易工程	大工程	大工程

(2) 钢板桩的打入

钢板桩的设置位置应在基础最突出的边缘外，留有支模、拆模的余地，便于基础施工。在场地紧凑的情况下，也可利用钢板作底板或承台侧模，但必须配以纤维板（或油毛毡）等隔离材料，以利钢板桩拔出。

钢板桩在使用前应进行检查整理，尤其对多次利用的板桩，在打拔、运输、堆放过程中，容易受外界因素影响而变形，在使用前均应进行检查，对表面缺陷和挠曲进行矫正。

为确保施工后的板桩轴线应设置导向装置。导向桩或导向梁可采用型钢，也可用木材代替，导向梁间的净距即板桩墙宽度。导向装置在用完后，可拆出移至下一段连续使用。钢板桩的打入方法主要是：

①单根桩打入法：是将钢板桩一根根地打入至设计高程。这种施工法速度快，但容易倾斜，当打设要求精度较高、长度较长（大于 10m）时，不宜采用。

②屏风式打入法：将 10～20 根钢板桩成排插入导架内，使之成屏风状，然后桩机来回施打，并使两端先打到要求深度，再将中间部分的板桩顺次打入。这种屏风施工法可防止板桩的倾斜与转动，对要求闭合的围护结构常用此法，缺点是施工速

度比单桩施工法慢且桩架较高。

(3) 钢板桩的拔除

钢板桩拔出时的拔桩阻力由土对桩的吸附力与桩表面的摩擦阻力组成。拔桩方法有静力拔桩、振动拔桩和冲击拔桩三种。不论何种方法都是从克服拔桩阻力着眼。

钢板桩拔除的难易,多数场合取决于打入时顺利与否,如果在硬土或密实砂土中打入板桩,则板桩拔除也很困难,尤其当一些板桩的咬口在打入时产生变形或垂直度很差,在拔除时会碰到很大阻力。此外,在开挖基坑时,支撑不及时,使板桩变形很大,拔除也很困难。

①拔桩起点和顺序:可根据沉桩时的情况确定拔桩起点,必要时也可以用间隔拔的方法。拔桩的顺序最好与打桩时相反。

②拔桩过程中必须保持机械设备处于良好工作状态。加强受力钢索检查,避免突然断裂。

③当钢板桩拔不出时,可用振动锤或柴油锤再复打一次,来克服土的黏着力或将板桩上的铁锈等消除,以便顺利拔出。

④拔桩会带出土粒形成空隙,并使土层受到扰动,特别在软土地层中,会使基坑内已施工的结构或管道发生沉降,并引起地面沉降而严重影响附近建筑和设施的安全,对此必须采取有效措施,对拔桩造成的土的空隙要及时用中粗砂填实,或用膨润土浆液填充,当控制土层位移有较高要求时必须采取在拔桩时跟踪注浆等填充法。

4) 工字钢桩

作为基坑围护结构的工字钢桩,一般采用50号、55号和60号的大型工字钢,基坑开挖前,在地面用冲击式打桩机沿基坑设计边线逐根打入地下,桩间距一般为1.0～1.2m。若地层为饱和淤泥等松软土层,也可采用静力压桩机和振动打桩机进行沉桩。基坑开挖时,随挖土方随在桩间插入5cm厚的水平木背板,以挡住桩间土体。基坑开挖至一定深度后,若悬臂工字钢的强度和刚度不够则需要加设腰梁、横撑或锚杆(索),腰梁多采用大型槽钢、工字钢制成,横撑则可采用钢管或组合钢梁,其支撑截面形式如图2-22所示。

工字钢桩围护结构适用于黏性土、砂性土和

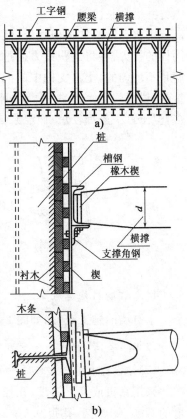

图 2-22 工字钢桩围护结构支护

粒径不大于10cm的砂卵石地层,当地下水位较高时,必须配合人工降水措施。而且打桩时,施工噪声一般较大,大大的超过了环保法规定的限值,因此,这种围护结构只宜用于郊区距居民点较远的基坑施工。

4 土钉墙围护结构

土钉墙围护结构,又称为深基坑的喷锚网支护结构。所谓土钉就是置于基坑边坡土体中,以较密间距排列的细长金属杆。土钉依靠它与土体接触面上的黏结力或摩擦力,将喷混凝土面板锚固在深层稳定的土体上,以保持基坑边坡的整体稳定性。

这种围护结构,近年来,在国内使用较多,取得了较好的效果。

土钉墙围护结构用于基坑开挖的做法如下:从上到下分段开挖土方,每段高度一般为1~2m,并随开挖随在开挖面上设置土钉,然后挂网喷混凝土;也可先挂网喷混凝土,后设置土钉,视土质而定。土钉可击入土体,但通常都先钻孔,然后插入土钉并沿全长注浆。

土钉和锚杆有相似之处,但是作用机理却不同。除锚固段外,锚杆沿全长受到同样的拉力,并将这些拉力通过锚座传给面部的挡土墙或桩。但土钉受力沿其长度是不均匀的,土钉支护中的混凝土面层不属于主要受力构件。土钉间距小而数量多,锚杆间距大而数量少,如图2-23所示。当然,土钉与灌浆锚杆相同之处很多,但土钉一般都较短,而灌浆锚杆则较长。

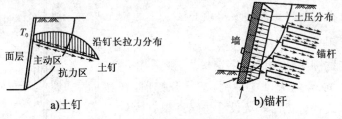

图2-23 土钉及锚杆工作示意

1)土钉墙的施工流程

土钉墙的施工流程,如图2-24所示。

2)施工方法

(1)钻设钉孔

采用钻机或人工钻设,孔径一般为100~150mm,孔深根据地质一般为基坑深度的70%~100%,孔距0.5~2m,倾斜度13°~20°。

(2)喷射第一层混凝土

喷一层薄薄的混凝土,以封闭开挖面。

(3)加工并安装钉杆

土钉可采用螺纹钢筋,孔口处留有弯钩,以便与墙体网片焊接,钉杆与注浆管要绑扎牢固。为保证钉杆置于孔中心,每隔2m左右设置一支撑环,钉孔钻好后即可安装钉杆。

(4)注浆

土钉安装完毕,即可进行注浆,浆液可采用水泥浆或水泥砂浆,其强度不低于20MPa,水灰比为0.4~0.5,并根据需要,可掺早强剂、微膨胀剂等外加剂,注浆压力保持在0.4~0.6MPa。

(5)施加预应力

水泥砂浆达到设计强度后对土钉施加设计荷载10%~20%的预加应力。

(6)挂钢筋网并喷射混凝土

挂钢筋网并将纵向加强筋与钢筋网和土钉之间焊接牢固。以上工作做好后即可喷射混凝土。其强度不低于20MPa,厚度为7~10cm。

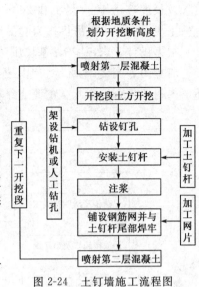

图2-24 土钉墙施工流程图

5 案例:某地铁车站地下连续墙施工方案

1)工程概况

某地铁车站用地面积7003m²,主体工程总建筑面积33970m²,基坑深31.150m。基坑周边围护结构采用地下连续墙,地下连续墙墙厚1200mm,混凝土设计强度等级为水下C30,抗渗等级S10,相邻槽段之间采用止水钢板接头。墙顶设置1m×1.2m的冠梁,冠梁梁顶距地面0.2m,连续墙嵌固深度9.05m。

本工程地下连续墙共66幅槽段,标准槽段长6m,分W-1、W-2、…、W-11共11种槽段形式,其中配有异形槽段9种,共370m。

其中,槽段厚度均为1200mm,槽段普遍有效长度38.80m,W-1共47幅,W-2共7幅,W-3共2幅,W-4、W-5各1幅,W-6、W-7各2幅,W-8、W-9、W-10、W-11各1幅。本工程设置导墙高度为1.5m,墙顶各向外宽出0.8m,厚0.2m。

根据本工程的地质特征和地下连续墙的成槽要求,先选用一台HD-843和一台SG-35液压抓斗机作为本工程的成槽设备,具体技术参数分别如下:HD-843发动机功率325kW·h,生产能力为25m³/h,挖槽宽度600~1200mm;SG-35发动机功率275kW·h,生产能力为20m³/h,挖槽宽度600~1200mm。

根据设计图纸,钢筋笼最重槽段为W-1槽段,总质量约45t。考虑到钢筋笼的质量及长度选用100t吊机和200t吊机各一台,其中一台200t吊机作为起吊钢筋笼的主机,一台100t吊机作为起吊钢筋笼的副机。

根据设计要求,某车站基坑围护结构采用C30、S8防水混凝土地下连续墙,其工艺流程图如图2-25所示。地下连续墙不仅在施工初期起围护作用,在施工后期还与内衬墙复合形成永久的受力结构。

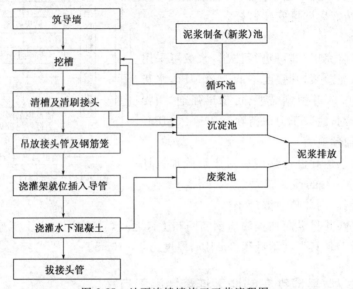

图2-25 地下连续墙施工工艺流程图

地下连续墙采用液压抓斗成槽机与回转成槽机施工,泥浆护壁。

在车站围护施工时,地下连续墙分幅分批次进行。每一幅墙的施工过程中,导墙施工、成槽施工、清浆、钢筋笼制作安装、水下混凝土浇注各工序依次进行,完成多幅后进行冠梁施工。

2) 导墙的施工

(1) 导墙设计

根据施工区域地质情况,导墙做成"┓ ┏"形现浇钢筋混凝土结构,内侧净宽度比连续墙宽50mm,如图2-26所示:

导墙在遇到特殊地段如软土、沙土等地段,根据施工现场情况可采用增大导墙尺寸和深度及增加配筋等手段,以保证地下连续墙的各项技术指标。

(2) 导墙施工

用全站仪放出地墙轴线,并放出导墙位置,导墙开挖采用小型挖掘机开挖,人工配合清底。基底夯实后,铺设7cm厚1:3水泥砂浆,混凝土浇注采用钢模板及木支撑,插入式振捣器振捣。导墙顶高出地面不小于10cm,以防止地面水流入槽内,污染泥浆。导墙顶面做成水平,考虑地面坡度影响,在适当位置做成10~15cm

台阶。模板拆除后,沿其纵向每隔1m加设上下两道10cm×10cm方木做内支撑,将两片导墙支撑起来,在导墙的混凝土达到设计强度前,禁止任何重型机械和运输设备在其旁边通过。导墙施工缝与地下墙接缝错开。其施工顺序如图2-27所示。

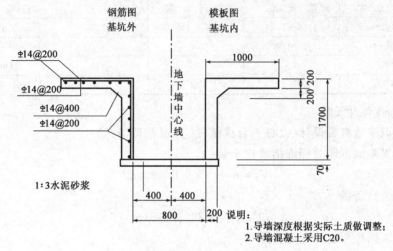

图2-26 导墙示意图(尺寸单位:mm)

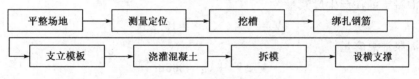

图2-27 导墙施工顺序图

(3)导墙施工的技术要求

①内墙面与地墙纵轴线平行度误差为±10mm。

②内外导墙间距误差为±10mm。

③导墙内墙面垂直度误差为5‰。

④导墙内墙面平整度为3mm。

⑤导墙顶面平整度为5mm。

3)泥浆制备与管理

泥浆主要是在地墙挖槽过程中起护壁作用,泥浆护壁技术是地下连续墙工程基础技术之一,其质量好坏直接影响到地墙的质量与安全。

(1)泥浆配合比

根据地质条件,泥浆采用膨润土泥浆,针对松散层及砂砾层的透水性及稳定情况,泥浆配合比(每立方米泥浆材料用量 kg)如下:膨润土 70kg,纯碱 1.8kg,水 1000kg,CMC0.8kg。

上述配合比在施工中根据试验槽段及实际情况再适当调整。
制备泥浆的性能指标见表 2-9。

泥 浆 性 能 表　　　　　表 2-9

泥浆性能	新配制	循环泥浆	废弃泥浆	检验方法
比重(g/cm³)	1.06～1.08	<1.15	>1.35	比重法
黏度(s)	25～30	<35	>60	漏斗法
含砂率(%)	<4	<7	>11	洗砂瓶
pH 值	8～9	>8	>14	pH 试纸

(2) 泥浆池设计
① 泥浆池容量设计(以每一台成槽机挖 6m 槽段设计)
该工程地下墙的标准槽段挖土量
$$V_1 = 6 \times 45 \times 0.8 = 230 \text{m}^3$$

新浆储备量
$$V_2 = V_1 \times 80\% = 184 \text{m}^3$$

泥浆循环再生处理池容量
$$V_3 = V_1 \times 1.5 = 345 \text{m}^3$$

混凝土灌注产生废浆量
$$V_4 = 6 \times 4 \times 0.8 = 19.2 \text{m}^3$$

泥浆池总容量
$$V \geqslant V_3 + V_4 = 365 \text{m}^3$$

② 泥浆池结构设计
泥浆池可以情况采用砌体结构或者钢筋混凝土结构,视现场情况选用,设计方法参见《砌体结构设计规范》(GB 50003—2011)或《混凝土结构设计规范》(GB 50010—2010)。

(3) 泥浆制备
泥浆搅拌采用 5 台 2L-400 型高速回转式搅拌机。制浆顺序如图 2-28 所示。

图 2-28　制浆顺序图

具体配制细节:先配制 CMC 溶液静置 5h,按配合比在搅拌筒内加水,加膨润土,搅拌 3min 后,再加入 CMC 溶液。搅拌 10min 后,再加入纯碱,搅拌均匀后,放入储浆池内,待 24h 后,膨润土颗粒充分水化膨胀,即可泵入循环池,以备使用。

(4) 泥浆循环
① 在挖槽过程中,泥浆由循环池注入开挖槽段,边开挖边注入,保持泥浆液面距离导墙面 0.2m 左右,并高于地下水位 1m 以上。

②混凝土灌注过程中,上部泥浆返回沉淀池,而混凝土顶面以下 4m 内的泥浆排到废浆池,原则上废弃不用。

(5)泥浆质量管理

①泥浆制作所用原料符合技术性能要求,制备时符合制备的配合比。

②泥浆制作中每班进行二次质量指标检测,新拌泥浆应存放 24h 后方可使用,补充泥浆时须不断用泥浆泵搅拌。

③混凝土置换出的泥浆,应进行净化调整到需要的指标,与新鲜泥浆混合循环使用,不可调净的泥浆排放到废浆池,用泥浆罐车运输出场。泥浆调整、再生及废弃标准见表 2-10。

泥浆调整、再生及废弃标准　　　　表 2-10

泥浆的试验项目	需 要 调 整	调整后可使用	废 弃 泥 浆
密度	1.13 以上	1.1 以下	1.15 以上
含砂率	8% 以上	6% 以下	10% 以上
黏度	35	24~35	40
失水量	25 以上	25 以下	35 以上
泥皮厚度	3.5 以上	3.0 以下	4.0 以上
pH 值	10.75 以上	8~10.5	7.0 以下或 11.0 以上

注:表内数字为参考数,应由开挖后的土质情况而定。

④泥浆检测频率见表 2-11。

泥浆检验时间、位置及试验项目　　　　表 2-11

序号	泥　浆	取样时间和次数	取样位置	试验项目
1	新鲜泥浆	搅拌泥浆达 100m³ 时取样一次,分为搅拌时和放 24h 后各取一次	搅拌机内及新鲜泥浆池内	稳定性、密度、黏度、含砂率、pH 值
2	供给到槽内的泥浆	在向槽段内供浆前	优质泥浆池内泥浆送入泵吸入口	稳定性、密度、黏度、含砂率、pH 值(含盐量)
3	槽段内泥浆	每挖一个槽段,挖至中间深度和接近挖槽完了时,各取样一次	在槽内泥浆的上部受供给泥浆影响之处	同上
		在成槽后,钢筋笼放入后,混凝土浇灌前取样	槽内泥浆的上、中、下三个位置	同上
4	混凝土置换出泥浆 判断置换泥浆能否使用	开始浇混凝土时和混凝土浇灌数米内	向槽内送浆泵吸入口	pH 值、黏度、密度、含砂率
	再生处理	处理前、处理后	再生处理槽	同上
	再生调制的泥浆	调制前、调制后	调制前、调制后	同上

4）成槽施工

地下连续墙成槽主要内容为单元槽段划分、成槽机械的选择、成槽工艺控制及预防槽壁坍塌的措施。

(1)槽段划分

槽段划分时采用设计图纸的划分方式。但在各转角处考虑成槽机的开口宽度及入岩施工方便,另外,划分一部分非标准槽段。

(2)成槽机械的选择

根据车站区域的地质情况,采用4台GB24型液压抓斗和1台BMN80120型回钻成槽机成槽。

(3)成槽工艺控制

连续墙施工采用顺序法,根据槽段长度与成槽机的开口宽度,确定出首开幅和闭合幅,保证成槽机切土时两侧邻界条件的均衡性,以确保槽壁垂直。成槽后以超声波检测仪检查成槽质量。

①成槽

液压抓斗的冲击力和闭合力足以抓起各土层,在成槽过程中,严格控制抓斗的垂直度及平面位置,尤其是开槽阶段。仔细观察监测系统、X轴和Y轴。

任一方向偏差超过允许值时,立即进行纠偏。抓斗贴临基坑侧导墙入槽,机械操作要平稳,并及时补入泥浆,维持导墙中泥浆液面稳定。

②防止槽壁坍塌措施

成槽过程中,如遇到软土层和砂层就易产生坍塌,针对此地质条件,制定以下措施:

a.减轻地表荷载。槽壁附近堆载不超过$20kN/m^2$,起吊设备及载重汽车的轮缘距离槽壁不小于3.5m。

b.控制机械操作。成槽机械操作要平稳,不能猛起猛落,防止槽内形成负压区,产生槽坍。

c.强化泥浆工艺。采用优质膨润土制备泥浆,并配以CMC增黏剂形成致密而有韧性的泥浆止水护壁,并以重晶石适当提高泥浆比重,保持好槽内泥浆水头高度,并高于地下水位1m以上。

d.缩短裸槽时间。抓好工序间的衔接,使成槽至浇灌完混凝土时间控制在24h以内。

e.对于"Z"、"T"、"L"形槽段易塌的阳角部位,采用预先注浆处理。

③塌槽的处理措施

在施工中,一旦出现塌槽后,要及时填入砂土,用抓斗在回填过程中压实,并在槽内和槽外(离槽壁1m处)进行注浆处理,待密实后再进行挖槽。

④成槽质量标准

a.垂直度不得大于0.5%。

b.槽深允许误差：+100～-200mm。

c.槽宽允许误差：0～50mm。

5)清底换浆

成槽以后，先用抓斗抓起槽底余土及沉渣，再用泥浆泵反循环吸取槽底沉渣，并用刷壁器清除已浇墙段混凝土接头处的凝胶物，在灌注混凝土前，利用导管采取泵吸反循环进行二次清底并不断置换泥浆，清槽后测定槽底以上0.2～1.0m处的泥浆比重应小于1.2，含砂率不大于8%，黏度不大于28S，槽底沉渣厚度小于100mm。

6)槽段接头清刷

用吊车吊住刷壁器对槽段接头混凝土壁进行上下刷动，以清除混凝土壁上的杂物。刷壁器形式如图2-29所示。

7)钢筋笼制作与安装

钢筋笼采用整体制作、整体吊装入槽，缩短工序时间。

(1)钢筋笼制作

①现场设置钢筋笼加工平台，平台具有足够的刚度和稳定性，并保持水平。

②钢筋加工符合设计图纸和施工规范要求，钢筋加工按以下顺序：先铺设横筋，再铺设纵向筋，并焊接牢固，焊接底层保护垫块，然后焊接中间桁架，再焊接上层纵向筋中间联结筋和面层横向筋，然后焊接锁边筋、吊筋，最后焊接预埋件(同时焊接中间预埋件定位水平筋)及保护垫块。

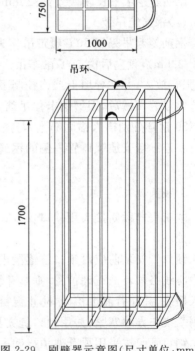

图2-29 刷壁器示意图(尺寸单位：mm)

③除图纸设计纵向桁架外，还应增设水平桁架(每隔3m设置一道)，并增设钢筋笼面层剪力筋，避免横向变形。对"⌐"形、"⊤"形、"Z"形钢筋笼外侧每隔2m加2道水平剪力筋，入槽时打掉。

④钢筋笼制作过程中，预埋件、测量元件位置要准确，并留出导管位置(对影响导管下放的预埋筋、接驳器等适当挪动位置)，钢筋保护层定位块用4mm厚钢板，作成"⌐ ⌐"状，焊于水平筋上，起吊点满焊加强。

⑤由于预埋钢板及预埋筋位置要求精度高,在钢筋笼制作过程中,根据吊筋位置,测出吊筋处导墙高程,确定出吊筋长度,以此作为基点,控制预埋件位置。在接驳筋后焊一道水平筋,以便固定接驳筋,水平筋与主筋间通过短筋连接。预埋钢板或预埋筋处钢筋笼的水平筋及中间加设的固定水平筋按3‰坡度设置,以确预埋钢板及预埋筋的预埋精度。

⑥钢筋笼制作偏差符合以下规定。

a. 主筋间距误差:±10mm。

b. 水平筋间距误差:±20mm。

c. 两排受力筋间距误差:—10mm。

d. 钢筋笼长度误差:±50mm。

e. 钢筋笼保护层误差:+5mm。

f. 钢筋笼水平长度误差:±20mm。

(2)钢筋笼吊装

钢筋笼起吊采用50T履带吊作为主吊,30T汽车吊做副吊(行车路线离槽边不小于3.5m),直立后由50T吊车吊入槽内。在入槽过程中,缓缓放入,不得高起猛落,强行放入,并在导墙上严格控制下放位置,确保预埋件(预埋钢板)位置准确。

钢筋笼入槽后,用槽钢卡住吊筋,横担于导墙上,防止钢筋笼下沉,并用四组(8根)φ50钢管分别插入锚固筋上,与灌注架焊接,防止上浮。

在连续墙安放锁口管一侧的钢筋笼端头,安放注浆管,成墙以后进行注浆防水施工。

8)接头施工

本工程槽段间接头用锁口管方式进行连接,接头缝预留注浆孔,必要时采用旋喷桩处理。

锁口管安装前应对锁口管逐段进行清理和检查,用汽车吊吊装并在槽口连接。管中心线必须对准正确位置,垂直并缓慢下放,当距槽底50cm左右时,快速下入,插入槽底,并在背面填粗砂,防止混凝土从底部及侧部流到锁口管背面。锁口管上部用木楔与导墙塞紧,并用锁口管夹具夹住锁口管。

锁口管起拔采用顶升架顶拔和吊车提拔相结合。起拔时间和拔升高度根据混凝土浇灌时间、浇灌高度以及混凝土初凝和终凝时间而定,依次拔动,一般2~3h开始顶拔,具体采取轻轻顶拔和回落方法,每次顶拔10cm左右,拔到0.5~1.0m时,如果接头管内无涌浆等异常现象,每隔30min拔出0.5~10m,最后根据混凝土顶端的凝结状态全部拔出,冲洗干净。

9)混凝土灌注

混凝土采用商品混凝土,设计强度为C30、S8,坍落度控制在18~22cm。

导管直径为 300mm。在"一"形和"冂"形槽段设置 2 套导管,在"Z"形的槽段设置 3 套导管,两套导管间距不宜大于 3m,导管距槽端头不宜大于 1.5m,导管提离槽底大约 25~30cm 之间。导管在钢筋笼内要上下活动顺畅,灌注前利用导管进行泵吸反循环二次清底换浆,并在槽口上设置挡板,以免混凝土落入槽内而污染泥浆。

灌注混凝土时,以充气球胆作为隔水栓,混凝土罐车直接把混凝土送到导管上的漏斗内,浇灌速度控制在 3~5m/h。灌注时各导管处要同步进行,保持混凝土面呈水平状态上升,其混凝土面高差不得大于 300mm。灌注过程中,要勤测量混凝土面上升高度,控制导管埋深在 2~6m 之间,灌注过程要连续进行,中断时间不得超过 30min,灌到墙顶位置要超灌 0.3~0.5m。每个槽段要留一组抗压试块,每五个槽段留一组混凝土抗渗试块,并根据规定进行抽芯试验。

10)冠梁施工

冠梁将地下连续墙连接成为一个整体,使其形成一个封闭框架。

(1)混凝土凿除

地下墙灌注完毕后,即可排除其上部泥浆,待混凝土终凝后,即将超灌部分凿除,预留 10cm,待冠梁施工时再凿除,并将锚固筋上砂浆除去。

(2)钢筋绑扎

钢筋采用集中加工,现场绑扎,并应符合设计和规范要求。

(3)支模

模板采用组合钢模,模板要经过除锈、打磨,支撑要牢固。

(4)混凝土浇灌

采用商品混凝土浇灌,插入式振捣器振捣,按操作要求控制振捣器插点间距和振捣时间,保证混凝土振捣密实。留施工缝时应与地下墙接头错开,并及时洒水养护。

11)地下连续墙验收标准

基坑开挖后应进行地下连续墙验收,并符合下列规定:

①混凝土抗压强度和抗渗压力应符合设计要求,墙面无露筋、露石和夹泥现象。

②墙体结构允许偏差应符合表 2-12 的要求。

12)实训要求

①编写地下连续墙成槽施工技术交底书。

②编写地下连续墙冠梁施工技术交底书。

地下连续墙各部位允许偏差值(单位:mm)　　　　表2-12

项目 允许偏差	复合墙体	项目 允许偏差	复合墙体
平面位置	+30,0	预埋件	30
平整度	30	预埋连接钢筋	30
垂直度(‰)	3	变形缝	±20
预留孔洞	30		

三、基坑开挖支护与防护

【知识目标】

1. 了解明挖法地铁车站基坑开挖方法;
2. 熟悉明挖法地铁车站围护结构支护形式及施工程序;
3. 掌握明挖法地铁车站基坑开挖与支护施工技术要点及施工过程中应注意的事项。

【能力目标】

1. 能够根据地铁车站施工所处的地质条件和施工单位设备情况等因素,结合结构的特点,选择适当的开挖方案;
2. 能指导地铁车站基坑开挖与支护施工;
3. 能够独立编写基坑开挖与支护的施工方案。

1 基坑开挖

1)基坑土方开挖

(1)基坑土方开挖应具备的条件

a. 已有按要求经过审查的开挖施工实施方案。

b. 基坑内地下水水位已降至开挖面以下0.5m以上。

c. 弃(存)土地点已经落实。

d. 地下管线已经改移或做好加固处理。

e. 运输道路及行走线路已经确定并且取得了有关管理部门的同意和认可。

f. 现场拆迁工作已经完成,场地清洁干净,排除地面水并做好量测工作。

g. 施工机械、车辆已维修保养好。

h. 相关准备工作已经完成。

(2)基坑开挖常用的机械设备和车辆

一般常用的机械设备有推土机、挖掘机、铲运机和大型翻斗运输车等。

(3)土方开挖

土方开挖应分层开挖,每层开挖深度一般不超过 3m,如果采用有围护结构的基坑,土方开挖尚需要与支撑、锚(钉)杆的施工相配合。为防止基底挠动和超挖,当机械挖至设计高程以上 10~20cm 时,应采取人工清底。

基本开挖原则是:

a. 采用分段、分块、分层、对称开挖,均匀开挖且不得超挖。

b. 尽量缩短基坑开挖卸荷后无支撑暴露时间。

c. 每步开挖所暴露的部分地下墙体宽度宜控制在 3~6m,每层开挖深度不大于 3m,严禁在一个工况条件下,一次开挖到底。

基坑开挖时应注意以下几点:

a. 纵向放坡开挖时,在坡顶外设置截水沟,防止地表水冲刷坡面和基坑外排水再回流渗入坑内。

b. 基坑开挖到坑底高程后,总体基坑纵向坡度控制为 1:3,并在坡底设置 300mm×300mm 的排水沟,防止坑底积水。

c. 机械挖土至基坑垫层 300mm 时,进行基坑验收,并采用人工挖除剩余土方,挖至设计高程后应及时平整基坑,疏干坑内积水,施做泄水盲管及接地网,防止坑底土扰动,并及时施做垫层。

d. 采用人工开挖时,两人操作间距应大于 3.0m,不得对头挖土;挖土面积较大时,每人工作面应不小于 $6m^2$。

e. 每开挖至支撑位置时,先按要求设置支撑,待支撑全部加固完毕后,再向下开挖,以确保基坑稳定。

f. 经常对平面控制桩、水准点、高程、基坑平面尺寸等进行复测。及时安装基坑支护结构的横撑,防止基坑变形。

基坑两侧 20m 范围内不得存土。

g. 冬季施工应及时用保温材料覆盖,基底不得受冻;基底超挖、扰动、受冻、水浸或发现异物、杂土、淤泥、土质松软及软硬不均等现象时,应做好记录,并会同有关单位研究处理。

(4)基坑验收允许偏差与检验方法

具体见表 2-13,经检查合格后应及时施工混凝土垫层。

2)基坑开挖安全保证措施

①开挖基坑时,如对邻近建(构)筑物或临时设施有影响,要采取安全防护措施,并按照有关机械操作规定和特定信号,由专人指挥。

基坑验收允许偏差与检验方法表　　　　表 2-13

序号	项目	允许偏差(mm)	检验频率 范围	检验频率 点数	检查方法
1	中线偏位	30	10m	1	用经纬仪检测
2	基底高程	0,−20	10m 一个断面	3	用水准仪检测
3	宽度	不小于设计规定			钢尺检查
4	基底平整度	20			2m 靠尺检查

②采用人工开挖时，两人操作间距应大于 3.0m，不得对头挖土；挖土面积较大时，每人工作面应不小于 $6m^2$。

③机械挖土严禁无关人员进入场地内，挖掘机工作半径范围内不得站人或进行其他作业。卸土应待整机停稳后进行，不得将铲斗从运输汽车驾驶室顶部越过。

④在基坑内进行电焊作业时，严禁将电线及用电设备浸泡在水里面，以防漏电。

⑤基坑顶部边缘严禁堆置重物。挖掘机或其他机械在坑顶进行挖基作业时，距坑边的安全距离一般不小于 1m，零星材料及小型机具堆放距坑边的安全距离不小于 0.8m。

⑥吊车、挖掘机司机作业时要提高警惕，严禁碰撞支撑。

⑦做好基坑边坡的稳定测量工作，发现事故苗头及时采取必要的措施。

3) 基坑回填

基坑回填前，应选好土料（砂性土为宜）、清理基底、做好质量控制等准备工作。

基坑回填应分层并从低处开始逐层回填并压实。基坑边坡与主体结构之间狭窄之处，应采取人工回填。地下管线处应从两侧用细土均匀回填。特殊部位处理好之后，再采用机械进行大面积回填。为确保回填密实度，在回填过程中，应根据相关规定进行密实度检查，合格后方可回填上层土。

❷ 基坑支护施工

基坑围护体系由两部分组成，即围护结构和内支撑系统。它们与围护结构一起，增强支护结构的整体稳定性，不仅直接关系到基坑的安全和土方开挖，对基坑的工程造价和施工速度的影响也很大。

作用在围护结构上的水、土压力可以由内支撑有效的传递和平衡，也可以由坑外设置的土锚维持其平衡，它们能减少支护结构的位移。

内支撑可以直接平衡两端围护结构上所受的侧压力，构造简单，受力明确。土锚设置在围护结构的背后，为挖土、结构施工创造了空间，有利于提高施工效率。

因而，在基坑较宽、横撑刚度不足，或因坑内作业需要不宜采用支撑时，可采用锚拉形式。在我国目前的地铁施工中，基坑钢板桩、钢筋混凝土灌注桩以及地下连续墙等围护结构，应用比较多的是使用横撑和锚杆加以支撑。围护结构的支撑点作用在紧贴桩的水平腰梁上，腰梁一般采用工字钢或槽钢背靠背并排制成。

区间较窄的基坑的横撑，一般采用型钢加焊缀板制成；而车站或较宽的基坑的横撑，常采用多节串联并且两端长短可以调整、使用灵活的钢管或钢桁架代替。

1) 内支撑

目前内支撑系统主要包括围檩(亦称腰梁)、支撑、立柱及其他附属构件，支撑可以分为钢管支撑、型钢支撑、钢筋混凝土支撑。

钢结构支撑具有自重小，安装和拆除方便，而且可以重复使用的优点。根据土方开挖进度，钢支撑可以做到随挖随撑，并可以施加预应力。因此，在一般情况下应该优先考虑使用钢支撑。但是钢支撑也具有整体刚度较差，安装节点较多，当节点构造不合理，或施工不当不符合设计要求时，往往容易造成因节点变形导致钢支撑变形，进而造成基坑过大的水平位移。有时甚至由于节点破坏，造成断一点而破坏整体的后果。对此应通过合理设计、严格现场管理和提高施工技术水平等措施加以控制。

现浇钢筋混凝土结构支撑具有较大的刚度，适用于各种复杂平面形状的基坑。现浇节点不会产生松动而增加墙体位移。工程实践表明，在钢结构支撑施工技术水平不高的情况下，钢筋混凝土支撑具有更高的可靠性。但是混凝土支撑有自重大、材料不能重复使用、安装和拆除需要较长工期的缺点。当采用爆破方法拆除支撑时，会出现噪声、振动以及碎石飞出等危害，在市区施工时应充分注意这个问题。

(1) 内支撑体系的结构形式

① 单跨压杆式支撑。当基坑平面形状为窄长条式，短边的长度不是很大时，采用这种形式具有受力明确、施工安装方便等优点，图 2-30 为这种形式的示意图。

② 多跨压杆式支撑。当基坑宽度较大时，就需要在支撑杆件中部设置中间立柱，组成了多跨压杆式支撑系统，如图 2-31 所示。

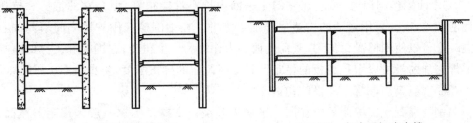

图 2-30　单跨压杆式支撑　　　　　图 2-31　多跨压杆式支撑

(2)支撑布置的基本形式

一般情况下,支撑布置的基本形式有水平支撑、水平斜支撑和竖向斜支撑。

①水平支撑

水平体系由围檩和立柱组成,水平支撑整体性好,水平力传递可靠,平面刚度大,适合于大小深浅不同的各种基坑,适用范围较广。

②水平斜支撑

在基坑的转角处,不宜设置水平支撑时,可沿基坑拐角设置水平斜向(对角)支撑。

③竖向斜支撑

竖向斜支撑体系由围檩、竖向支撑、水平连系杆及立柱等组成,竖向斜支撑体系要求土方采取"盆形"开挖,即先开挖中部土方,沿四周围护墙边预留土坡,待斜支撑安装好之后,再挖除四周土坡。基坑变形受到土坡和斜支撑基础变形的影响,一般适用于环境保护要求不高,开挖深度小于7m的基坑。

(3)支撑结构的构造

①钢支撑的构造

钢围檩的常用截面有H钢、工字钢和槽钢,以及它们的组合截面,如图2-32所示。

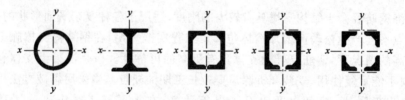

图2-32 钢支撑的常用截面形式

节点构造是钢支撑设计中需要充分注意的一个重要内容,不合适的节点构造容易使基坑产生过大变形。

H钢和钢管的拼接方法有螺栓连接和焊接。焊接连接一般可以达到截面等强度的要求,传力性能较好,但是现场工作量较大。螺栓连接的可靠性不如焊接,但是现场拼装方便。

用H钢作围檩时,虽然在它的主平面内抗弯性能很好,但是它的抗剪和抗扭性能较差,需要采用合适的构造措施加以弥补。在钢围檩和围护墙之间填充细石混凝土可以使围檩受力均匀,避免受偏心力作用和产生扭转;在围檩和支撑的腹板上焊接加劲板可以增强腹板的稳定性和提高截面的抗扭刚度,防止局部压屈破坏。

②现浇钢筋混凝土支撑的构造

钢筋混凝土支撑体系应在同一平面内整浇。支撑及围檩一般采用矩形截面。支撑截面高度应满足受压构件的长细比要求(不大于75)外,还应不小于其竖向平面内计算跨度的 1/20。围檩的截面高度(水平向尺寸)不应小于其水平方向计算跨度的 1/8,围檩的截面宽度(竖向尺寸)不应小于支撑的截面高度。

混凝土围檩与围护墙之间不应留水平间隙。在竖向平面内围檩可采用吊筋与墙体连接,吊筋的间距一般不大于 1.5m,直径可根据围檩及水平支撑的自重,由计算决定。

当混凝土围檩与地下连续墙之间需要传递水平剪力时,应在墙体上沿围檩长度方向预留剪力筋或剪力槽。

③立柱构造

一般情况下,在基坑开挖面以上采用格构式钢柱,以方便主体工程基础底板钢筋施工,同时也便于和支撑构件连接。为防止立柱沉降或坑底土回弹对支撑结构的不利影响,立柱的下端应支承在较好的土层中。在软土地区,设置立柱桩基础。

(4)内撑结构施工要点

内支撑结构设置布置合理后,确保施工质量也是非常重要的。支撑的安装和拆除顺序必须与支护结构的工况相符合,并与土方开挖和主体结构的施工顺序密切配合。所有支撑应在地基上开槽安装,在分层开挖原则下做到先安装支撑,后开挖下部土方。在主体结构底板或楼板完成后,并达到一定的设计强度,可借助底板或楼板构件的强度和平面刚度,拆除相应的支撑,但在此之前必须先在围护墙与主体结构之间设置可靠的传力构造。传力构件的截面应按锁撑工况下的内力确定。当不能利用主体结构锁撑时,应按锁撑工况下的内力先安装好新的支撑系统后,才能拆原来的支撑系统。

对于采用混凝土支撑的基坑,一般应在混凝土强度达到设计强度的 80% 以上后,才能开挖支撑以下的土方。混凝土支撑拆除一般采取爆破方法,爆破作业应事先做好施工组织设计,严格控制药量和引爆时间,并对周围环境和主体结构采取有效的安全防护措施。

支撑的施工,必须制定严格的质量检查措施,保证构件和连接节点的施工质量。

根据现场条件、其中设备能力和具体的支撑布置,尽可能在地面把构件拼装成较长的安装段,以减少在基坑内的拼装节点。对于使用多年的钢支撑,应通过检查确认其尺寸等符合使用要求方能使用。钢围檩的坑内安装段长度不宜小于相邻 4 个支撑点之间的距离。拼装点宜设置在主支撑点位置附近。支撑构件穿越主体工程底板或外墙时,应设计止水片。

钢支撑安装就位后,应按设计要求施加预应力,有条件时应在每根支撑上设置有计量装置的千斤顶,这样可以防止预应力松弛。当逐根加压时,应对邻近支撑预应力采取复校。当支撑长度超过30m时,宜在支撑两端同时加压。支撑预应力应分级施加,重复进行。一般情况下,预应力控制在轴力的50%,不宜过高。当预应力取支撑轴力的80%以上时,应防止围护结构外倾、损坏和对坑外环境的影响。

2)土层锚杆的设计与施工

土层锚杆是在岩石锚杆的基础上发展起来的,在1950年前岩石锚杆就在隧道衬砌结构中应用。1985年德国首先在深基坑开挖中用于挡土墙支护,锚杆进入非黏性土层。

锚杆是一种新型的受拉杆件,它的一端与工程结构物或挡土桩墙连接,另一端锚固在地基的土层或岩层中,以承受结构物的上托力、拉拔力、倾侧力或挡土墙的土压力、水压力,它利用地层的锚固力维持结构物的稳定。

使用锚杆技术的优点有:

①使用锚杆代替内支撑,它设置在围护墙背后,因而在基坑内有较大的空间,有利于挖土施工。

②锚杆施工机械及设备作业空间不大,因此可以为各种地形及场地所选用。

③锚杆的设计拉力可由抗拔试验来获得,因此可保证设计有足够的安全度。

④锚杆施工可采用预加拉力,以控制结构的变形量。

⑤施工时的噪声和振动均很小。

在天然土层中,锚固方法以钻孔灌浆为主,一般称为灌浆锚杆。受拉杆件有粗钢筋、高强钢丝束和钢绞线等不同类型,锚杆层数从一层到多层。

(1)锚杆构造

锚杆支护体系由挡土结构物围檩(或称腰梁)及托架、土层锚杆系统三部分组成。

挡土结构物包括地下连续墙、灌注桩、挖孔桩以及各类型的板桩等。

灌浆土层锚杆系统由锚杆(索)、自由段、锚固段及锚头、垫块等组成。

锚固段的形式有圆柱形、扩大端部形及连续球形。对于拉力不高,临时挡土结构可采用圆柱形锚固体;锚固于砂质土。锚固于硬黏土层并要求较高承载力的锚杆,可采用端部扩大形锚固体;锚固于淤泥质土层并要求有较高承载力的锚杆,可采用连续球形锚固体。

(2)锚杆的施工

土层锚杆的施工过程包括钻孔、安放锚杆、灌浆和张拉锚固。在基坑开挖至锚杆埋设高程时,按施工顺序进行,然后循环进行第二层的施工。

①钻孔

土层锚杆的施工工艺直接影响到土层锚杆的承载能力、施工效率和整个支护工程成本。

土层锚杆钻孔用的钻孔机械,有旋转式钻孔机、冲击式钻孔机和旋转冲击式钻孔机三种。

②锚杆的制作与安放

土层锚杆用的拉杆有:粗钢筋、钢丝束和钢绞线。当土层锚杆承载能力较小时,一般采用粗钢筋;当承载能力较大时,一般选用钢丝束或钢绞线。

用粗钢筋制作锚杆时,为了承受荷载需要采用的锚杆是2根以上的粗钢筋束时,应将所需长度的拉杆点焊成束,间隔2~3m点焊一点。为了使锚杆钢筋能放置在钻孔的中心以便插入,可在锚杆下部焊船形支架,间距1.5~2.0m。为了插入孔时不至于从孔壁带入大量的土体到孔底,可在锚杆尾端放置圆形锚靴。

最上层锚杆的覆土厚度一般不少于4m。锚杆间距通过计算确定,一般上层间距为4~5m,水平间距为1.5~3m。锚杆倾角为13°~35°。位于滑动土体以外的锚固段长度应满足锚固力要求,锚杆长度,为滑动土体长度和滑动体外锚固段长度之和,常用15~30m。

在孔口附近的锚杆应事先涂一层防锈油漆并用两层沥青玻璃布包扎做好防锈层。

国内常用钢绞线锚束,一般钢绞线由3、5、7、9根成束。钢绞线的制作是通过分割器组成,基距离1.0~1.5m。

③灌浆

灌浆材料用水泥或水泥砂浆,浆液配合比可按照表2-14采用。

锚固段注浆应分两次进行,第一次灌注水泥砂浆,第二次应在第一次注浆初凝后进行,压注纯水泥浆,注浆压力不大于上覆压力的2倍,也不大于0.8MPa。

土层锚杆注浆浆液配合比 表2-14

注浆次序	浆液	P.O.32.5硅酸盐水泥	水	砂($d<0.5mm$)	早强剂
第一次	水泥砂浆	1	0.4	0.3	0.035
第二次	水泥浆			0	

④预应力张拉

锚固体强度达到75%的水泥砂浆设计强度后可进行预应力张拉。

为避免相邻锚杆张拉的应力损失,可采用"跳张法",即隔一拉一的方法。

正式张拉前,应取设计拉力的10%~20%,对锚杆预张1~2次,使各个部位接触紧密,杆体与土层紧密,产生初剪。

正式张拉应分级加载,每级加载后应恒载3min记录伸长值。张拉到设计荷载(不超过轴力),恒载10min,再无变化可以锁定。

锁定预应力应以设计轴力的75%为宜。

3 基坑开挖监控量测

地铁位于城市,同时又临近建筑物和交通要道,为确保施工安全及周围环境安全,在施工期间,对地表沉降、建筑物沉降、围护结构变形、基坑变形等进行监测,并绘制出时间—位移曲线,如需要,还可以进行土压力和结构应力测试,以获得综合资料。

1)监测目的

具体来讲施工监测的主要目的如下:

①通过监控量测了解基坑周围土体在施工过程中的动态变化,明确工程施工对原始地层的影响程度及可能产生失稳的薄弱环节。

②通过监控量测了解支护结构的受力和变位状态,并对其安全稳定性进行评价。

③通过监控量测了解工程施工对周围地下管线的影响程度,以确保其处于安全的工作状态。

④通过监控量测了解施工降水效果及对周围地下水位的影响程度。

⑤通过监控量测收集数据,为以后的类似工程设计、施工及规范修改提供参考和积累经验。

2)监测项目及监测仪器

明挖车站施工监测项目及监测仪器见表2-15。

明挖车站监测项目及监测仪器表 表2-15

序号	监测项目	监测目的及要求	监测仪器
1	坑周地表沉降	监测基坑开挖引起的地表沉降,确保安全	水准仪
2	墙体水平位移及沉降	监测围护结构的稳定性	经纬仪
3	墙体挠曲	监测基坑开挖引起的围护结构变位情况	测斜仪
4	钢管支撑轴力	监测钢支撑的受力情况,确保安全	轴力计
5	地下水位、水压	监测水位变化确保邻近构筑物的安全	水位仪、孔隙水压力计
6	立柱隆沉	监测基坑开挖引起的基底土体变位情况	水准仪

3)测点布置及监测频率

(1)地表沉降

①水准基点位置的选择及测点布置

水准基点是沉降观测精度的关键,开挖前在距车站基坑边线5倍开挖深度以外埋设3个水准基点(其中1个为常用基准点,另2个为备用点)。用混凝土固定牢靠,并采取保护措施。点设好后定期按二等水准测量的精度与附近水准点联测,以保证水准基点的可靠性。

基坑周边地面沉降测量测点沿轴线每个施工段布置一组,每组布置如图2-33所示。

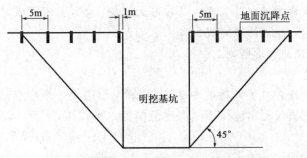

图2-33 基坑周边地面沉降点位布置示意图

②观测方法

地表沉降观测采用水准仪按几何水准法进行观测,精度要求在国家二级水准以上,每次采取往返闭合测量。

开挖前,连续测量3次获以上数值基本一致时,所测得的值作为初读数。

为了提高测量精度,在开始沉降观测前,采用SOKA全站仪测出各段的距离,在置镜点和立尺点设立标志,使每次观测能在同一路线上进行,减少误差。其沉降观测限差要求见表2-16。

沉降观测限差要求　　　　　　　　　　表2-16

等级	视线长度	前后视距差	前后视距累积差	基辅分划读数差	返往较差
二等	<40m	≤0.3m	≤1.0m	0.25mm	$\leqslant 0.3\sqrt{n}$mm

③量测频率

开挖开始后首次观测在12h以内进行,以后每天观测1次,直至结构施工完毕,土方回填完成。

(2)地连墙顶水平位移及沉降

①测点埋设

在地连墙顶沿纵横轴每隔5～15m埋设一个膨胀螺丝作为测点,测点尽量选择在水平支撑间的中部。在基坑外沿轴线方向2～3倍开挖深度的地方每端埋设混凝土定位观测桩2个。

同一测点兼作沉降观测和水平位移观测。

②观测方法

水平位移采用SOKA全站仪测距和观测,观测时,水平角观测6测回,距离2测回,确保精度。

沉降采用全自动电子水准仪进行闭合观测。

③量测频率

开挖前,连续测量至少3次数值基本一致时,所测得的值可以作为初读数。

开挖后首次观测在12h以内,以后每天观测1次,主体完成后每2天观测1次,直至施工完毕,土方回填完成。

(3)地连墙挠曲变形监测

①测点布置

测点均匀分布在基坑各边的中部,车站每个短边设一个测点,长边每40m一个测点。利用测斜仪测出墙体不同深度范围的水平位移,从而可以得到墙体的变形情况。

②测斜管的埋设

地连墙测斜管采用绑扎法埋设,将测斜管绑扎在钢筋笼上,一起沉入地连墙槽内浇注。沉入时注意测斜管应位于基坑内侧。考虑到混凝土的浮力作用以及振捣机械的影响,测斜管的绑扎定位一定要牢固可靠,以免混凝土浇注时,使其发生上浮或侧向移动,影响测试数据的准确性。

由于地连墙较深,测斜管较长,测斜管安装时,要随时注意测斜管的一对槽口与基坑边缘垂直,同时要避免测斜管自身的轴向旋转,以保证测出的数据能真实反映基坑边缘垂直面内的挠曲。在测斜管连接时,必须将上、下管段的滑槽相互对准,使测斜仪的探头能在管内平滑运行。测斜管要高出地连墙顶20cm。图2-34为测斜管埋设示意图。

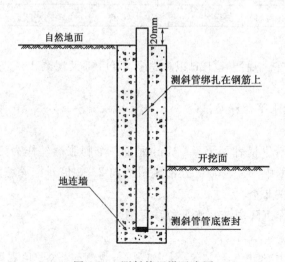

图2-34 测斜管埋设示意图

③测斜方法

测斜仪在使用前应按规定严格标定,以后根据使用情况,每3个月至半年标定一次。

测斜管应在开挖前的3~5d内,重复测量2~3次,待判明测斜管已处于稳定状态后,将测得的值作为初始值,正式开始监测工作。

每次测斜时,先连接测头和测读仪,检查密封装置,电池及仪器工作是否正常,然后将测头导轮对准所测位移方向一致的槽口,缓缓插入测斜管底,待探头与管内温度一致、显示仪器读数稳定后开始测量。

测量时以管口作为计程标志,自孔底开始,自下而上沿导槽全长每隔0.5m测读一次,每次测读时必须将测头稳定在某一位置上,才能进行读数。

测量完毕后,将测头提转180°插入同一对导槽重复测量一次,两次读数应是数值接近符号相反。

(4)钢支撑轴力监测

①测点布置及量测方法

选取具有代表性的数根支撑,在其端头上下两侧布置轴力计测定钢支撑轴力。每施工段至少布置一组。

测点布置在轴力较大的地方,或起关键作用的杆件上,如端头井角部斜撑等。布置时注意避免对称布置,以节约投资。

②轴力计安装方法

钢支撑轴力监测的核心问题就是轴力计的安装。必须保证轴力计中心线与钢支撑中心线在同一直线上,以保证轴力计测出的轴力能真实地反映钢支撑所承受的轴力大小。轴力计安装步骤如下:

a.钢围檩安装好后,根据设计高程以及平面位置在钢围檩上及钢支撑端部挡板上画出钢支撑十字中心线。

b.根据轴力计截面半径大小、中心线位置,在钢围檩上及钢支撑端部的挡板上画出轴力计安装位置。

c.根据已画好的轴力计位置,在钢围檩上及钢支撑端部的挡板上采用电焊方式各焊一个高6cm,内径比轴力计外径大5mm左右的限位圆环。

d.将轴力计插入钢围檩上限位圆环内,然后将钢支撑端部的限位圆环套在轴力计上。

e.轴力计安装时,要对轴力计的引出电缆作好保护工作。

为了确保轴力计处于正确位置,在钢牛腿上焊两个半圆形基座,轴力计安装在其上面。另一钢支撑安装时,中部应稍向上起拱,以保钢支撑支架拆除后,使其不因重力下垂而影响轴力计测试数据的准确性。

③量测频率

每层支撑施工间隔时间内每天观测3次,开挖至设计深度时,每周观测3次,直至支撑撤除为止。

(5)地下水位监测

①水位孔布置

水位孔布置在车站多个大口井之间。

②水位孔施工

水位孔采用小型钻机成孔,成孔深度应在设计最低水位之下。当水位管采用ϕ50mm时,水位孔采用ϕ100mm孔径。

当钻进成孔至设计高程后,放入裹有滤网的水位管。管壁与孔壁之间用净砂回填至离地表0.5m处。再用黏土封填,以防地表水流入。

③监测频率

围护结构施工中,每1次/(2~3)d,土方开挖1次/d,主体施工中每1次/(2~3)d。

(6)地下水压监测

①测点布置

孔隙水压力计每个车站每一边布置一个,在有地下管线和多层建筑的地方增设。

②孔隙水压计的埋设

孔隙水压力计采用弹入法埋设。该法通过弹力装置将孔隙水压力计弹入土层中。施工时将装有压力盒的机械装置焊接在地连墙钢筋笼上,利用限位插销存储被压缩弹簧的弹性势能,待钢筋笼吊入槽内后,在地面通过牵引铁丝将限位插销拔除,由弹簧压力将压力和推向土层侧壁。

③监测频率

围护结构施工中,每1次/(2~3)d,土方开挖1次/d,主体施工中每1次/(2~3)d。

4 案例:车站主体基坑土方开挖简易方案

(1)施工组织

基坑开挖充分利用时空效应组织施工,按"纵向分段、竖向分层、台阶法作业、由上至下、先支护后开挖"的原则进行作业。纵向分段长度取20m左右。

表层3~4m土主要采用普通挖掘机进行开挖,4~6m土层主要采用长臂挖掘机开挖,下部土层采用将小型挖掘机吊至基坑底部进行开挖,出土由架设在基坑上方的10T龙门吊完成,配备4m^3的装土斗。

(2)开挖和支护施工主要步骤

①第一步土方的开挖方法:开挖至第一道钢支撑下50cm。利用普通挖掘机直接装车。每个车站安排两个施工队伍,由车站两端盾构井作为施工起点,向车站中心逼近。

②第二步土方的开挖方法:再在第一步开挖的基础上,进行第一道钢支撑安装施工。而后,继续向下开挖至第二道钢支撑下50cm。开挖时,首先开挖基坑纵向中间部分土体,两侧留出1m左右工作平台作为下一步土体开挖,以防止机械对地连墙的破坏。

③第三步土方的开挖方法:开挖地连墙附近的保护土体,进行第二道钢支撑安装施工。而后,继续开挖至第三道钢支撑下50cm。开挖土方由龙门吊出土,自卸车运走。

④第四步土方的开挖方法:开挖地连墙附近的保护土体,进行第三道钢支撑安装施工。而后,继续开挖至第四道钢支撑下50cm。其土方由龙门吊出,自卸车运走。

⑤第五步土方的开挖方法:开挖地连墙附近的保护土体,进行第四道钢支撑安装施工。而后,继续开挖土体至基底以上30cm。土方由龙门吊出,自卸车运走。

⑥第六步土方开挖方法:人工清底剩余的30cm厚土体到基底高程,完成基坑土方开挖。

(3)实训要求

①找出施工中遇到的难点和关键技术。

②找到解决问题的办法并提出相应的施工建议。

四、基坑降水(防排水施工)

在深基坑和地下构筑物的开挖过程中往往会遇到地下水位高于施工作业面的情况,地下水的涌入及流沙的产生等会影响施工进度和质量,甚至无法施工。人工降低地下水位的常用方法可分为基坑明排和井点降水两类。具有一定规模的地下构筑物或深基础工程在地下水位以下的含水层施工时,如果采用大开口开挖施工,基坑明沟排水,常会遇到大量地下水渗入或出现较严重的边坡滑塌和流沙问题,使基坑或地下构筑物无法施工,甚至影响邻近建筑物的安全。遇此情况,一般须采用井点(垂直)和水平井点(包括辐射井)降水法进行降水。井点(垂直)常沿基坑外围布设,水平井点则尚可穿越于基坑底部,井点深度大于基坑深度,通过井点抽水降低地下水位,保证工程顺利施工。

当降排水工程距离已有建筑物很近时,将引起邻近建筑物的沉降,危及安全时,应采取防治措施,可应用同样的井点施工工艺,在已有建筑物附近布设井点,进行回灌,保持已有建筑物下部原有的地下水位,从而降低或防止建筑物沉降。

井点降水在基础工程与地下工程中的作用日益得到重视与发展,为了充分发挥井点降水的应有作用,并降低其对环境的影响,必须很好地研究降水地区的水文地质条件,熟悉各种降水技术的原理方法,结合工程特点,采用合理的降水方案与施工工艺,进行严格的科学管理,以达到降水的理想效果。

1 基坑明沟排水

基坑明排即明沟排水法,或称集水明排法,常应用于一般工程中,其设备费和保养费均较井点排水法低,同时也能适合于各种土层,然而这种方法由于集水井通常设置在基坑内部以排出流向基坑的各种水流(如边坡和坑底渗出的水、雨水等),最后将导致细粒土边坡面被冲刷而塌方。但尽管如此,如能仔细施工以及采用支撑系统,所抽水量能及时排除基坑内的表面水,明沟排水未尝不是一种经济的方法。明沟排水适用于密砂、粗砂、级配砂、硬的裂隙岩石和表面径流来自黏土时较好。但若在松散、软黏质土、软岩石时,则将遇到边坡稳定问题。

明沟排水法是在开挖基坑时,在坑底设置集水井,并沿坑底周围或中央挖掘排水沟,使水流入集水井中,然后用水泵排至坑外(见图2-35)。在挖掘基坑过程中,要随挖土的深度,不断加深排水沟和集水井,使坑底高程保持高于排水沟中水位0.5m。明沟排水法可根据排水沟和集水井的设置不同分为普通明沟法、分层明沟排水法、深沟排水法、板桩支撑集水井排水法等。在工程实际中,可根据具体情况选择确定排水沟和集水井的设置。

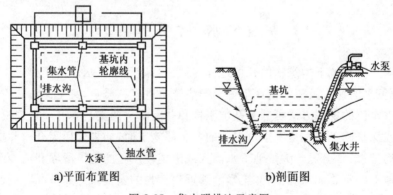

图 2-35 集水明排法示意图

开挖基坑时,可根据现场地形状况,在基坑四周挖掘截水沟和构筑防水堤,以防止降水时地表水流入基坑。场地的排水应尽量利用原有的沟渠排泄,施工用水和废水要用临时排水管泄水。基坑附近的灰池和防洪疏水等储水构筑物不得有漏水。一般各种设施与基坑之间要有一定的安全距离。同时,在基坑内要设置集水沟,并保证水流通畅,以便定时将积水排出。

①四周排水沟和集水井应设置在基坑坡顶面 0.5m 以外,并设在地下水走向的上游。根据地下水量大小、基坑平面形状及水泵能力,集水井每隔 30~40m 设置一个。

②排水沟深为 0.3~0.4m,沟底宽度不小于 0.3m,坡度为 0.1%~0.5%。

③集水井距构筑物边线的距离必须大于井的深度。为防止井壁塌落,可用挡土板加固或用砖干砌加固。集水井的深度随着挖土的加深而加深,要经常低于挖土面 0.7~1.0m。当基坑挖到设计高程后,井底应低于坑底 1~2m,并铺设 30cm 碎石作反滤层,以免在抽水时将泥沙抽出,并防止坑底的土被搅动。

④当基础较深且地下水位较高,以及多层土中上部有渗水性较强的土层时,可在基坑边坡上设置多层明沟,分层排除上部土中的地下水,以避免上层地下水流出冲刷土的边坡造成塌方。

⑤沟、井截面根据排水量确定。

常用于排水的水泵有离心泵和潜水泵,水泵的总排水量一般为基坑总涌水量的 1.5~2.0 倍,当涌水量小于 20m³/h 时,可用隔膜式泵、潜水泵;涌水量为 20~60m³/h 时,可用隔膜式泵、离心泵、潜水泵;涌水量大于 60m³/h 时,用离心泵。选择时应按水泵技术条件选用。

2 井点降水

具有一定规模的地下构筑物或深基础工程在地下水位以下的含水层施工时,如果采用大开口开挖施工,基坑明沟排水,常会遇到大量地下水渗入或出现较严重的边坡滑塌和流沙问题,使基坑或地下构筑物无法施工,甚至影响邻近建筑物的安全。遇此情况,一般须采用井点(垂直)和水平井点(包括辐射井)降水法进行降水。井点(垂直)常沿基坑外围布设,水平井点则尚可穿越于基坑底部,井点深度大于基坑深度,通过井点抽水降低地下水位,保证工程顺利施工。

当降排水工程距离已有建筑物很近时,将引起邻近建筑物的沉降,危及安全时,应采取防治措施,可应用同样的井点施工工艺,在已有建筑物附近布设井点,进行回灌,保持已有建筑物下部原有的地下水位,从而降低或防止建筑物沉降。

井点降水在基础工程与地下工程中的作用日益得到重视与发展,为了充分发挥井点降水的应有作用,并降低其对环境影响,必须很好地研究降水地区的水文地质条件,熟悉各种降水技术的原理方法,结合工程特点,采用合理的降水方案与施工工艺,进行严格的科学管理,以达到降水的理想效果。

1)井点降水方法类型和适用范围

在深基坑和地下构筑物的施工中,几乎每年都有因流沙、管涌、坑底失稳、坑壁坍塌而引起的工程事故,造成周围地下管线和建筑物不同程度的损坏。采用井点降水可以防范这类工程事故,井点降水是目前地下工程开挖施工的一项重要辅助措施。井点降水作为一种必要的工程措施,在避免流沙、管涌和底鼓,保持干燥的施工环境,提高土体强度与基坑边坡稳定性方面都有着显著的效果,在实际工程中被广泛采用。

井点降水方法有轻型井点、喷射井点、电渗井点、管井井点和深井井点等方法,其中以轻型井点采用较为普遍。各种井点的适用范围见表2-17。施工中要根据土层的渗透系数、降低水位的深度、现场的施工条件等选用不同方法。

各类井点的适用范围　　　　表2-17

井点类型	渗透系数(m/d)	降低水位深度(m)	适用岩(土)性
一级轻型井点	0.1～80	3～6	轻亚黏土、细砂、中砂和粗砂
二级轻型井点	0.1～80	6～9	轻亚黏土、细砂、中砂和粗砂
喷射井点	0.1～50	8～20	轻亚黏土、细砂、中砂和粗砂
管井井点	20～200	3～5	黏土、亚黏土、粗砂、砾石、卵石
电渗井点	<0.1	5～6	黏土、亚黏土、粗砂、砾石、卵石
深井井点	10～80	>15	中、粗砂、砾石

2)井点降水方法

(1)轻型井点

轻型井点是沿基坑的四周或一侧将直径较细的井点管沉入深于坑底的含水层内,井点管上部与总管连接,通过总管利用抽水设备由于真空作用将地下水从井点管内不断抽出,使原有的地下水位降低到坑底以下。本法适用于渗透系数为0.10～80.0m/d的土层,而对土层中含有大量的细砂和粉砂层特别有效,可以防止流沙现象和增加土坡稳定,且便于施工,如土壁采用临时支撑还可减少作用在其上的侧向土压力。

轻型井点系统由井点管、连接管、集水总管及抽水设备等组成。轻型井点降低地下水位全貌如图2-36所示。

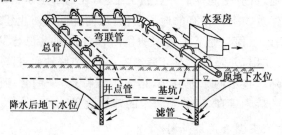

图2-36　轻型井点降水示意图

采用轻型井点降水,其井点间的间距小,能有效的拦截地下水流入基坑内,尽可能的减少残留滞水层厚度,对保持边坡和桩间的稳定比较有利,因此降水效果较好。其缺点是:占用场地大、设备多、投资大,特别是对于狭窄的施工场地,其占地和施工费用一般使建设和施工单位难以接受,在较长的降水过程中,对供电、抽水设备的要求高,维护管理费用复杂等。

轻型井点系统的平面布置由基坑的平面形状、大小、要求降水深度、地下水流向和地基岩性等因素决定,可布置成环形、U形或线形等,一般沿基坑周围1.0~1.5m布置,井点系统可设置多级。

在地铁施工过程中,对于区间部分,其降水一般是沿线路两侧布置井点;对于车站部分,常采用U形或环形封闭式井点布置。当降水深度在6m以内时,采用单级井点降水,当降水深度较大时,可采用下卧降水设备或多级井点降水。一般情况下,降水深度不大于8m时,采用下卧降水设备较好,即先挖土1~2m后再布置井点;降水深度大于8m时,采用多级井点降水,每级以阶梯状接力抽水来降低地下水位,每级井点的降水深度可按照4.5~5.0m设计。

轻型井点的间距应根据场地的水文地质条件(如渗透系数、含水层厚度和含水层底板埋深等)和降水深度及降水面积综合考虑确定。

(2)喷射井点

喷射井点由高压水泵、供水总管、井点管、喷射器、排水总管及循环水箱组成。如图2-37所示。

喷射井点是采用高压水泵将压力工作水经供水管压入井点内外之间环形空间,并经过喷射器两边的侧孔流向喷嘴。由于喷嘴截面的突然变小,喷射水流加快(一般流速达30m/s以上),这股高速水流喷射之后,在喷嘴射出水柱

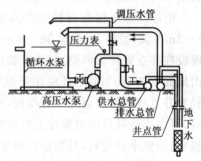

图2-37 喷射井点降水系统

的周围形成负压,从而将地下水和土中空气吸入并带至混合室。这时地下水流速加快,而工作水流速逐渐变缓,而二者流速在混合室末端基本上混合均匀。混合均匀的水流射向扩散管,扩散管截面是逐渐扩大的,其目的是减少摩擦损失。当喷嘴不断喷射水流时,就推动水沿管内不断上升,混合水流由井点进入回水总管至循环水箱。部分作为循环水用,多余部分(地下水)溢流排至现场之外,如此循环,以达到深层降水的目的。

喷射井点主要适用于渗透系数较小的含水层和降水深度较大(8~20m)的降水工程。其主要优点是降水深度大。但由于需要双层井点管,喷射器设在井孔底部,有两根总管与各井点管相连,地面管网敷设复杂,工作效率低,成本高,管理困难。

喷射井点的平面布置和轻型井点基本相同,纵向上因其抽水深度较大,只需要单级井点降水即可,井点间距一般为3~5m,井点深度视降水深度而定,一般应低于基坑底板3~5m。

(3) 电渗井点

电渗井点降水是利用轻型井点和喷射井点的井点作为阴极,另埋设金属棒(钢筋或钢管)作为阳极,在电动势的作用下构成电渗井点抽水系统。

当接通电流在电势的作用下,使带正电荷的孔隙水向阴极方向流动,使带负电荷的黏土颗粒向阳极方向移动,通过电渗和真空抽吸的双重作用,强制黏土中的水向井点管汇集,并由井点管吸取排出,使地下水为逐渐下降,达到疏干含水层的目的。

电渗井点一般只适用于含水层渗透系数较小(<0.1m/d)的饱和黏土,特别是在淤泥和淤泥质黏土之中的降水。由于黏性土的颗粒较小,地下水流动十分困难,其中仅自由水在孔隙中流动,其他部分地下水则处于被毛细管吸附的约束状态,不能在压力水头作用下参与流动,当向土中通以直流电流后,不仅自由水,而且被毛细管约束的黏滞水也能参与流动,增加了孔隙水流动的有效断面,其渗透系数提高数倍,从而缩短降水时间,提高降水效果。

电渗井点工程在与轻型井点或喷射井点结合降水时,将井点管沿基坑周围1~2m布设,另外,以直径38~50mm的钢管或直径不小于20mm的钢筋作阳极,埋设在井点管排的内侧,与井点管保持垂直平行,但不能与井点管相接触,上部露出地面0.2~0.3m,下部应比井点管深0.5m左右。井点管的间距和深度与采用轻型井点或喷射井点降水时相同,在非降水段或渗透性能稍大的地层中无须电渗时,可在这些部位给电极涂上绝缘材料,使之与地面隔绝,以节省电能。井点管(阴极)与阳极平行排列,其数量应相等,必要时阳极数量可多于阴极。将阴、阳级分别用电线或钢筋连接成通路,并接到直流发电机的相应电极上。井点管与阳极的间距一般为:采用轻型井点时取0.8~1.0m;采用喷射井点时取1.2~1.5m。

(4) 管井井点

管井降水即利用钻孔成井,多采用单井单泵(潜水泵或深井井点)抽取地下水的降水方法。当管井深度大于15m时,也称为深井井点降水。

管井井点直径较大,出水量大,适用于中、强透水含水层。如砂砾、砂卵石、基岩裂隙等含水层,可满足大降深、大面积降水要求。

管井的结构如图2-38所示。管井的孔径一般为400~800mm,管径为200~500mm,当井深较浅,地层水量较大时,孔径可为800~1200mm,管径为500~800mm。井管一般采用钢管、铸铁管、水泥管、塑料管或竹木管等,滤水管有穿孔管和钢筋骨架管外缠铁丝或包尼龙网或金属网的,也有水泥砾石滤水管,目前用于降水的管井点多采用后者。

抽降管井一般沿基坑周围距基坑外缘 1~2m 布置,如场地宽敞或采用垂直边坡或有锚杆和土钉护坡等条件下。应尽量距离基坑边缘远一点,可用 3~5m;当基坑边部设置围护结构及止水帷幕的条件下,可在基坑内布置管井,采用坑内降水方法。

管井的间距和深度应根据场地水文地质条件、降水范围和降水深度确定,其间距一般为 10~20m。当降水层为中等透水层或降水深度接近含水层底板时,其间距可为 8~12m;当降水层为中等到强透水层或降水深度接近含水层底板时,可采用 12~20m;当降水深度较浅,含水层为中等以上透水层,具有一定厚度时,井点间距可大于 20m。井点深度要大于设计井中的降水深度或进入非含水层中 3~5m,井中的降水深度由基坑降水深度、降水范围等计算确定。

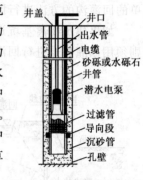

图 2-38 管井结构示意图

(5) 深井井点

深井井点是将深井井点放入管井内,依靠水泵的扬程把地下水送至地面,从而达到降低地下水位的目的。适用于水量大、降水深的场合,当土粒较粗、渗透系数很大,而透水层厚度也大时,一般用井点系统或喷射井点不能奏效,此时采用深井井点较为适宜。其优点是降水的深度大、范围也大,因此可布置在基坑施工范围以外,使其排水时的降落曲线达到基坑之下,深井井点可单用,亦可和其他井点系统合用。

3) 降水对邻近建筑物的影响与预防措施

(1) 基坑开挖与降水对邻近建筑物的危害

基坑开挖与降水必须考虑邻近建筑物安全,特别是在细颗粒的软弱土层中,必须认真对待。在软弱土层中降水,由于地下水位的下降,使土层中含水率减小,浮托力减少,等于增加了附加荷重,使土产生固结、压缩,使建筑物基础和地面发生不均匀沉降,其沉降量应控制在建筑物允许限度以内,不得超出。

在粉土和粉细砂层中降水,井点钻探施工,应防止塌孔、涌砂,过滤器设计加工不应产生涌砂、松动土层,防止构筑物基础局部下沉,影响安全。

(2) 防止降水对建筑物影响的措施

① 防止土颗粒带出的措施:a. 加长井点管的长度,减慢降水速度,使降水曲线较为平缓,使邻近建筑物均匀沉降,以防裂缝产生;b. 合理设计加工井点过滤器,防止抽水涌砂;c. 控制抽水量,减缓抽降速度。

② 在建筑物沿基坑一侧采用防护措施:a. 采用旋喷柱、混凝土桩、钢板桩形成阻水帷幕;b. 采用回灌井技术,即在建筑物沿基坑一侧钻探一排回灌井,在基坑降

水的同时,向回灌井点注入一定水量,形成一道阻渗水幕,使基坑降水的影响范围,不超过回灌井点排的范围,阻止地下水向降水区的流失,保持已有建筑物所在地原有的地下水位,土压力仍处于原有平衡状态,从而有效地防止降水的影响,使建筑物的沉降达到最小程度。

如果建筑物离基坑稍远,且为较均匀的透水层,中间无隔水层,则可采用最简单的回灌沟的方法进行回灌,这较为经济易行,如图 2-39 所示。

如果建筑物离基坑近,且为弱透水层或透水层中间夹有弱透水层和隔水层时,则须用回灌井点进行回灌,如图 2-40 所示。

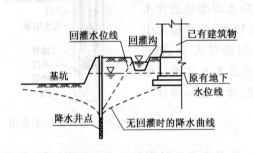

图 2-39 井点降水与回灌沟回水示意图　　图 2-40 井点降水与井点回灌示意图

回灌井点系统的工作条件恰好和抽水井点系统相反,将水注入井点以后,水从井点向四周土层渗透,在井点周围形成一个和抽水相反的倒转漏斗,有关回灌系统的设计,亦应按地下水动力学理论进行计算和优化。

回灌井点的结构应有利于注入的水向降水深度内渗流,回灌井点的滤水管工作部分的长度应大于抽水井点,最好从自然水位以下直至井点管底部均为过滤器。

回灌井点的施工技术要求与降水井点相同。

回灌井点与抽水井点之间应保持一定的距离,一般不宜少于 5m。回灌井点的埋设深度根据透水层的深度而定,以确保基坑施工安全和回灌效果为准。回灌水量应根据实际地水位的变化及时调节,保持抽、灌平衡,既要防止回灌水量过大而渗入基坑影响施工,又要防止回灌水量过小,使地下水位失控影响回灌效果,因此,要求在其附近设置必要数量水位观测孔和沉降观测点,定时进行观测和分析,以便及时调整回灌水量。

回灌水量一般通过水箱造水位差自流注入回灌井中,回灌水箱的高度,可根据回灌水量来配置,调节水箱高度来控制回灌水量。回灌水必须是清水,以防回灌井点过滤器的堵塞。影响回灌渗透能力。

回灌井点必须在降水井点抽水前或在抽水同时向土中注水,不得中断。如其中一方因故停止工作,另一方亦应停止工作,恢复工作亦应同时进行。

受降水影响不大严重的建筑物,也可采取快速施工,缩短降水时间,以减轻降水影响;或在已有建筑物旁施作隔水墙,以减缓地下水的渗透流速;或对已有建筑物基础与上部结构进行加固处理。这需要根据具体情况采取不同的预防措施。

五、主体结构施工

【知识目标】

1. 了解明挖法地铁车站主体结构施工;
2. 熟悉明挖法地铁车站主体结构防水形式及施工程序;
3. 掌握明挖法地铁车站主体结构钢筋工程施工、模板工程施工、混凝土工程施工技术要点、施工过程中应注意的事项。

【能力目标】

1. 能够根据地铁车站施工所处的地质条件和施工单位设备情况等因素,结合结构的特点,选择适当的开挖方案;
2. 能指导地铁车站主体结构钢筋工程施工、模板工程施工和混凝土工程施工;
3. 能够独立编写主体结构施工中单项的施工方案和技术交底书。

① 主体结构防水施工

我国明挖法施工的地铁隧道结构,其防水为两道防线,第一道为隧道结构本身的防水混凝土,第二道为附加防水层(外贴卷材、防水涂料、防水砂浆等)。通常防水层都做在结构的外侧(迎水面),其要求与结构的表面粘贴良好。

根据基坑护坡方法,如敞口护坡、桩柱法、地下连续墙法等所提供的防水层施作条件,可选择先贴法或后贴法,一般底板用先贴法。

防水层应满足下列要求:处于侵蚀性介质中的要耐侵蚀;受振动作用的要有足够的柔性。

1)卷材防水

(1)材料

我国目前的防水卷材品种较多,主要可分为沥青防水卷材、高聚物改性沥青防水卷材和合成高分子防水卷材三大系列。

沥青防水卷材,根据不同的胎体,沥青防水卷材也有很多种,它们共同的优点为良好的耐水性和耐腐蚀性,但它们的热流冷脆性是致命的弱点,故在地铁等重要工程中一般不使用。

高聚物改性沥青防水卷材,根据不同的改性剂,改性沥青防水卷材可分为塑性体的(以无机聚丙烯APP为代表)、弹性体的(以SBS为代表)、自黏结的、聚乙烯沥青的、橡胶粉改性的等。国际上常用的为APP和SBS改性剂。因品种繁多,性能上也有出入,为控制改性沥青防水卷材的质量,北京市建委于1990年公布了质量控制指标(表2-18),可供参考。

改性沥青防水卷材质量指标　　　　　　　　　　表2-18

项　目		聚酯	麻布	复合	玻纤	聚乙烯膜
拉力(N),不小于	纵向	400	400	350	200	70
	横向	400	400	300	200	70
断裂延伸率(%),纵横向均不小于		30	5	5	5	300
不透水性	压力(MPa)	0.2				
	时间(h)	30 (其中玻纤胎细砂、矿物粒片料覆面为24)				
耐热度(℃)	Ⅰ类改性	90				
	Ⅱ类改性	85				
柔度(℃);厚度小于4mm,r=15mm 其余r=25mm,3S,180°,无裂纹	Ⅰ类改性	−15				
	Ⅱ类改性	−10				
可溶物含量(g·m^{-3}),不小于	25号	1300				
	35号	2100				
	45号	2900				
	55号	3600				

高分子防水卷材,按其母材性质可分为:橡胶类的,如三元乙丙橡胶、氯丁橡胶、丁基橡胶、再生橡胶防水卷材等;塑料类的,如聚氯乙烯、氯化聚乙烯、低密度聚乙烯(LDPE)线性、低密度聚乙烯(LLDPE)防水卷材等;多种合成树脂的,如用乙烯醋酸乙烯共聚物(EVA)、乙烯共聚物沥青(ECB)等制成的防水卷材;橡胶类与塑料类共混制品,如氯化聚乙烯—橡胶共混防水卷材等。

(2)结构防水层设计

明挖结构外贴式防水层的构造如图2-41所示,在设计时应注意:

①选材。目前地铁明挖结构的外贴式防水层多选用改性沥青防水卷材或高分子防水卷材。卷材的配套材料(如黏结剂)应与所选的卷材相匹配。无论是卷材还是黏结剂都应能与结构表面黏结良好,且能在水中保持其黏结性,以防止万一防水层局部破损,水也不会在防水层和结构之间串流,导致防水层全面失效。此外,在选材时还应考虑施工的季节性和经济性,如溶剂形黏结剂冬天难以挥发,将影响质量和工期。

②保护层。结构底板以及放坡开挖的侧墙部分的防水层都应在其外上侧设置保护层,以免后续工序施工时弄坏防水层。保护层一般由砂浆或砖墙组成,设计中应规定保护层内表面应平整、光滑,不允许有突出的"水泥钉",以免在侧向压力的

作用下将防水层压穿。

(3)结构防水层施工

明挖结构防水层施工的一般步骤为：先在底板的找平层及边墙下部（永久保护墙与卷材接头高度）用先贴法按规定施作防水层，并抹防水砂浆进行保护，然后立模灌注主体结构，拆模后接长卷材，用后贴法将其粘贴于边墙和顶板的外侧，最后施作顶板保护层。施工过程中要注意：

①基面要平整、牢固、清洁、干燥，湿度小于9%。结构的阴阳角均应抹成圆弧形或钝角，对沥青类卷材圆弧半径不小于150mm，高分子类卷材不小于100mm。后贴法部位的基面应涂刷打底料。

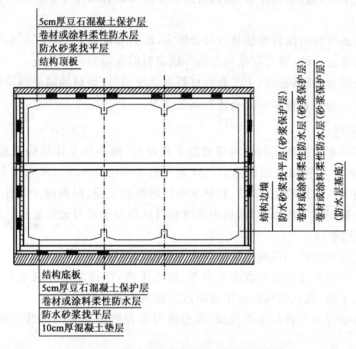

图2-41 明挖结构外贴防水层结构示意图

②卷材防水层的层数应根据场地的水文地质情况、工程的重要性、卷材的质量和厚度等因素确定。卷材间的搭接长度不应小于100mm（长边）和150mm（短边），上下两层和相邻两幅卷材接缝应错开1/3幅宽。平、立面转角处卷材如需接缝，则应将接缝放在平面上，距立面不小于300mm。转角处应用同等材料或抗拉和延伸性较高的材料加强。

③黏结卷材时，无论是外防外贴还是外防内贴，均先在保护墙上用白灰砂浆或水泥砂浆找平，达到强度后再贴卷材。

④采用热熔法施工时，温度过低影响黏结质量，过高则烧坏防水层；采用溶剂

型施工时,要严格注意溶剂挥发程度,过早或过迟黏合都会影响黏结强度。

2) 涂料防水

在明挖结构中也可采用大面积的涂料防水,但要注意保证涂料防水厚度的均匀一致。在基面复杂的部位,因卷材不易施工,采用涂料防水则较方便。

(1) 选材

应选用防水、抗菌、无毒或低毒、刺激性小的涂料,目前比较适用的是焦油聚氨酯涂料,其性能应符合防水标准《聚氨酯防水材料》(JC/T 500—1992)的规定。

(2) 基面要求

基面应平整、清洁、无浮浆,涂刷可溶剂型涂料时含水率小于9%。

(3) 施工

施工前必须检测涂料性能是否符合规定,配料要准确,搅拌要均匀。涂刷时必须保证涂料厚度一致,第二层涂料与前一层涂料的涂刷方向相垂直。

当与玻璃布、玻璃毡片、土工布等材料复合使用时,布材铺贴不得皱折。

3) 明挖结构变形缝等防水构造和施工要求

(1) 变形缝

变形缝防水构造形式和材料应根据工程特点、地基和主体结构变形情况以及水压、水质和防水等级等因素确定。缝宽一般为20~30mm。水压较大的变形缝通常均采用埋入式橡胶止水带。对防水等级较高的工程,根据施工条件,可在变形缝外侧或内侧用其他防水材料,如用嵌缝材料或高分子卷材进行加强。

(2) 后浇缝

① 应在其两侧结构混凝土的龄期达6周以后再施工。

② 施工前应将接缝处的混凝土凿毛,清洗干净,保持润湿并刷水泥浆,或凿毛清洗后等其干燥,在其结构断面中部附近安放遇水膨胀腻子条。

③ 用补偿混凝土将后浇缝注满,其强度等级和抗渗标号均不低于两侧主体结构混凝土。

④ 养护时间不小于28d。

后浇缝处的防水构造示意图如图2-42所示。

(3) 施工缝

凿毛清洗干净后,在结构断面中部附近放置遇水膨胀腻子条,可靠、经济。也可采用橡胶或塑料止水板等,但施工比较麻烦。

(4) 穿墙管

① 应在浇注混凝土前埋设,并加止水环,环与主管要满焊。

② 如需更换墙管,则采用套管法。

③ 穿墙管线较多时,可采用穿墙盒,盒的封口钢板应与墙上的预埋件焊牢,并

从钢板上的浇注孔注入密封材料。

穿墙管的防水构造如图 2-43 所示。

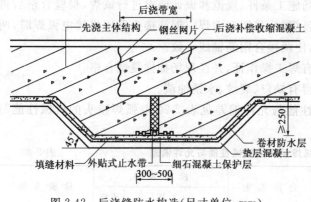

图 2-42 后浇缝防水构造(尺寸单位:mm)

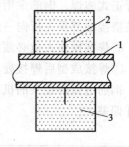

图 2-43 穿墙管图
1-钢管;2-止水环;3-主体结构

2 钢筋工程施工

防水层的混凝土保护层和墙体防水工程完成合格后,进行测量放线,弹出底板钢筋和墙、柱主筋位置线后,开始钢筋绑扎施工。钢筋的加工成型及安装严格按施工图纸施工。

1)钢筋材质检验

钢筋进场要按规格、炉号逐一核对材质单,合格后进入钢筋加工区,并按规范进行现场抽样复试。钢筋堆放场地硬化,搭设钢筋棚,作好防雨和排水措施。

2)钢筋加工

钢筋下料单要经过核对检查后加工,在钢筋加工厂内加工。钢筋在加工前先进行调直和清除污锈,然后按设计要求下料加工。钢筋加工允许偏差见表 2-19。

钢筋加工允许偏差   表 2-19

序号	项目		允许偏差(mm)	检验频率		检验方法
				范围	点数	
1	冷拉率		不大于设计规定	每根(每一类型抽查10%,且不少于5根)	1	用尺量
2	受力钢筋成型长度		+5,-10		1	
3	弯起钢筋	弯起点位置	±20		2	
		弯起高度	0,-10		1	
4	箍筋尺寸		0,5		2	用尺量宽、高各计1点

①钢筋的接头采用焊接,焊接使用的各种材料必须合格并符合规范规定和设计要求。

②在钢筋焊接前根据现场施工条件、规范和设计要求进行试焊,检验合格后再进行正式施焊。钢筋采用电弧焊时,采用双面焊。钢筋接头采用搭接电弧焊时,两钢筋搭接端部预先折向一侧,使两接合钢筋轴线一致。

③焊接操作人员必须持有焊工操作证,并经现场抽样复试合格。

④焊接成型后焊接处不得有缺口、裂纹、水锈油渍。

钢筋电弧焊接头的机械性能与允许偏差见表 2-20 电弧焊接头的机械性能与允许偏差。

电弧焊接头的机械性能与允许偏差　　　　表 2-20

序号	项目		允许偏差	检验频率		检验方法
				范围	点数	
1	抗拉强度		符合材料性能指标	每个接头(每批抽查3件)		《GB 228—76 金属拉力实验执行》
2	受帮条沿接头中心线的纵向偏移		$0.5d$	每一类型抽查 10%,且不少于 5 根	1	用焊接工具和尺量
3	接头处钢筋轴线的弯折		$4°$		1	
4	接头处钢筋轴线的偏移		$0.1d$ 且 $\not\geq 3$		1	
5	焊缝厚度/宽度		$0.05d/0.1d$		2	
6	焊缝长度/咬肉深度		$-0.5d/0.5d$		2	
7	焊接表面上气孔及夹渣数量	在 $2d$ 长度上	不大于 2 个			
		直径	不大于 3			

注:d 为钢筋直径。

3)钢筋绑扎与安装

为保证钢筋绑扎质量,绑扎前要做好以下工作:

①认真熟悉设计图纸,拟订施工方案,确定绑扎顺序,做好技术交底。

②核对并检查钢筋质量、类别、型号、直径是否与设计相符。

③检查结构位置、高程和模板支立情况,无误后测设钢筋位置。

④清理结构物内杂物并准备好钢筋绑扎所需铁丝和工具等。

施工准备做好之后,按照规范和设计要求进行绑扎。若施工采用套筒冷挤压、锥螺纹、电渣压力焊等施工技术连接钢筋,要按照相应的规范进行施工,以确保工程质量。

钢筋绑扎完,均应进行隐蔽工程检查,合格后方可进入下道工序施工。

①所配置钢筋的级别、类别、根数、直径等必须符合设计要求。

②焊接和绑扎成型后的网片或骨架必须稳定牢固,在安装及浇注混凝土时不得松动或变形。

③同一根钢筋上在 $30d$ 且 $<500mm$ 的范围内,只准有一个接头。

④绑扎或焊接接头与钢筋弯曲处相距不应小于 10 倍主筋直径,也不宜位于最大弯矩处。

⑤钢筋与模板间应设置足够数量与强度的垫块,确保钢筋的保护层达到设计要求,本工程受力钢筋净保护层为:与土体接触的外缘为 50mm,其余为 30mm。

⑥在绑扎双层钢筋网时,应设置足够强度的钢筋撑脚,以保证钢筋网的定位准确,底板和侧墙不允许有任何钢筋接触防水层。

⑦纵、横主钢筋交叉点,采用铁丝绑扎牢靠,相邻绑扎点的绑扎方向相反。

钢筋安装允许偏差见表 2-21。

钢筋安装允许偏差 表 2-21

序号	项 目		允许偏差	检验频率		检验方法
				范 围	点数	
1	顺高度方向配置两排以上受力筋的排距		±5		2	用尺量
2	受力钢筋的间距	梁、柱	±10	每个构件或构筑物	2	在任意一个断面量取每根钢筋间距最大偏差值计点
		板、墙	±10		2	
		基础	±20		4	
3	箍筋间距		±20		5	用尺量
4	保护层厚度	梁、柱	±5	每个构件或构筑物		用尺量
		板、墙	±3			
		基础	±10			
5	同一截面内受拉钢筋接头截面积占钢筋总截面积		不大于 25%			点数计算截面面积

3 模板工程施工

钢筋混凝土工程一般为现浇结构,因此,模板工程的施工质量直接影响到整个工程的施工质量,通常墙体及柱混凝土浇注使用模板采用大型钢模板,顶板及梁混凝土浇注使用组合钢模板。

1)模板设计

为保证钢筋混凝土质量,尽量采用钢模板或胶制叠合板,有条件的地段,可采用整体模板。但在地铁结构特别是车站、通风道和车站出入口等处,预埋件较多,应考虑采用钢、木模板的结合,以利预埋件的固定和穿出。

对于方形或矩形柱可采用组合钢模板,而圆形柱多采用对装成节的钢模板或玻璃钢模板;变形缝处的端头模板要便于设置和固定止水带和填缝板,因此应采用木模板。模板支架多采用型钢及钢管。

模板支撑系统采用满堂脚手架,为保证底板混凝土不被破坏,脚手架钢管下垫木板。使支撑系统形成整体,并与底板预埋的钢管连接,以保证其牢固性。柱模采用定型钢模。

顶板模板采用满堂红脚手架作支撑,脚手架搭设作好验算,保证有足够的强度,上铺 10cm×10cm 木方,组合钢模板平整铺设,利用水准仪测量调整模板高程。

2)模板安装

墙体及顶板模板的施工在墙体钢筋验收合格后进行。

模板支撑牢固、稳定,确保混凝土浇注过程中不发生松动、跑模、超标准变形下沉等现象。内模支撑安装时,始终保证模板不变形。施工误差严格按地铁施工及验收规范执行。

模板安装前,由测量人员根据设计图纸准确放样,待监理工程师检查无误后方可立模。

模板拼缝处内侧贴止水胶,防止漏浆。

结构变形缝处的端头模板钉填缝板,并使填缝板嵌入式止水带中心线与变形缝中心线重合,然后用模板固定牢固。填缝板支撑牢固,防止跑缝。

模板安装允许偏差见表 2-22。

模板安装允许偏差表 表 2-22

项 目 名 称			允许偏差值(mm)
相邻两板表面高差			3
模板尺寸	宽	柱	±5
		梁、板	0,−10
	高	柱	0,−5
		梁、板	0,−10
	长		0,−5
表面平整度			5

模板基本要求：

①模板应事先设计，并进行计算，保证模板及支架的强度、刚度及稳定性；

②模板接缝严密不漏浆并涂隔离剂，以利拆模；

③模板必须保证各部位形状尺寸和相互间位置的正确性；

④模板要考虑多次周转使用及方便安装和拆除，对混凝土无损伤，并方便钢筋绑扎和混凝土灌注；

⑤结构顶板模板支立时应考虑 1～3cm 的沉落量。

模板支立程序和要点如图 2-44 和图 2-45 所示。

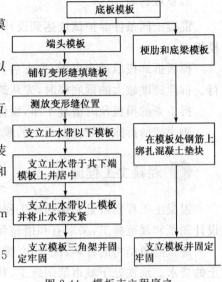

图 2-44　模板支立程序之一

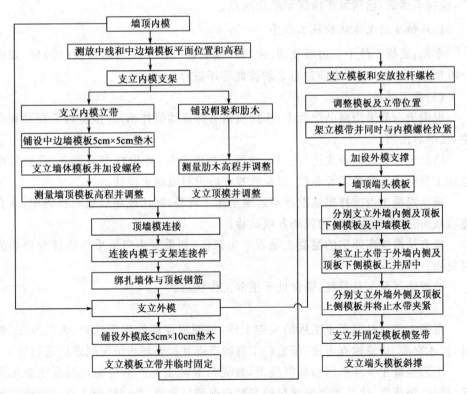

图 2-45　模板支立程序之二

3)模板拆卸

混凝土同条件养护试块达到设计拆模强度,并经监理工程师同意后,方可拆卸模板。

模板拆卸按照后支先拆、先支后拆;先拆非承重模板、后拆承重模板的顺序进行。拆除跨度较大的梁底模时,先从跨中开始,分别向两端对称拆卸。

拆下来的模板及时清理干净,刷保护剂,并按规格分类堆放整齐待用。

脚手架的拆除按照自上而下的顺序依次进行,确保安全。

❹ 混凝土工程施工

混凝土工程质量是主体结构工程的关键,必须严格进行施工和控制,严格按照设计图纸和规范施工,采取有利措施保证混凝土的工程质量。

地铁隧道结构的材料、配合比、搅拌、运输和混凝土灌注等均应符合防水混凝土的要求。地铁处于城市范围施工,其混凝土多为商品混凝土,采用搅拌站集中生产,搅拌车运送,输送泵车输送至灌注地点。

1)地铁车站主体结构施工程序

车站:底板—柱子—边墙及顶(楼)板,或底板—柱子及边墙和顶(楼)板,如图2-46所示。因此,混凝土灌注也必须按此程序进行。

(1)施工准备

混凝土一般采用商品混凝土,选择质量有保证的搅拌站,并报监理工程师和业主,批准后使用。

隐蔽工程完成后首先进行三检,清除模板内杂物,并做好书面记录,合格后报监理工程师进行隐蔽工程验收,经验收签证后进行混凝土浇注。

商品混凝土由搅拌车从搅拌站运输至施工现场,到达现场后核对报码单,认真逐项核对,并作规范要求的现场各项试验。

检查从搅拌车卸出的混凝土是否产生离析,如果发生离析重新搅拌合格后方可使用。

检查输送泵车及管路,确保处于正常工作状态。

(2)浇注

混凝土浇注是混凝土工程的关键工序,编制出详细的组织计划、人员分工、机具、技术交底、质量检查方法,请监理工程师审查并检查现场情况同意后进行施工。

工程混凝土全部采用商品混凝土,首先与混凝土生产单位确定混凝土强度等级、部位、坍落度,让其提供原材料的实验数据和材质单,并交监理工程师审查交通疏导,确保混凝土运输车按计划时间运到现场。

图 2-46 主体结构施工流程图

认真检查输送车及导管和工具,确保按计划浇注。

进行三级技术交底、人员分工,设专人负责检查模板、支架、钢筋、预埋件和预留孔洞,对存在漏浆、跑模等问题的部位及时处理。

混凝土浇注过程中,严格控制混凝土入模温度,控制混凝土自由倾落高度防止发生离析。混凝土浇注由低处向高处分层连续灌注,并在前层混凝土凝结前,将次层混凝土浇注完毕。混凝土凝结时间不超过表 2-23 的规定。

混凝土凝结时间标准表　　　　　　　　　　　　　　　　表 2-23

混凝土强度等级	气温低于 25℃	气温高于 25℃
C20 以上	180min	150min

混凝土振捣采用插入式振捣器,混凝土浇注分层厚度不超过振捣器作用部分长的 1.25 倍。振捣时间宜为 10~30s,并以混凝土开始泛浆和不冒气泡为准。底板和顶板混凝土在终凝前再用平板振捣器振捣一遍,然后进行抹面。

按照施工流水单元和纵向施工缝的划分进行浇注混凝土,底板混凝土要按照线路方向分层浇注;墙体和柱同时进行浇注,浇注时注意混凝土强度等级的不同。

现浇钢筋混凝土允许偏差见表 2-24。

现浇钢筋混凝土允许偏差表　　　　　　　　　　　　　　表 2-24

序号	项目		允许偏差 (mm)	检查频率		检验方法
				范围	点数	
1	混凝土抗压强度、抗渗标号		不低于设计强度等级			
2		建筑物轴线位移	≤15		4	用仪器或尺
		轨道中心线位移	≤15		4	
		净空限界	满足设计要求		≥10	
3	底板、站台层	高程	±10	每构筑物或每 50m	≥10	水准仪检查,2m 靠尺检查
		平整度	10		4	
4	层高(全高)		±10(±20)		8	用尺量或用水准仪测量
5	纵坡		±0.1‰		4	
6	截面尺寸	基础	±10 －5		8	尺量
		柱、墙、梁	+8 －5		8	
7	侧墙	位移	≤15		2	尺量或垂直吊量,用 2m 直尺量
		垂直度	8		4	
		平整度	10		4	
8	立柱	位移	10		2	尺量或垂直吊量,用 2m 直尺量
		垂直度	8		4	
		平整度	10		4	
9	预埋管预埋件中心位移		5		1	用尺量
10	预留孔中心位移		10		1	

续上表

序号	项目		允许偏差（mm）	检查频率		检验方法
				范围	点数	
11	预留洞中心位移		15		1	观察
12	顶板渗漏水		无渗漏点			
13	侧墙渗漏水		渗漏点<1点/30长度			
14	电梯井	全高垂直度	$H/1000$ 且不大于30		4	用尺量,垂线吊量
15		井筒长宽对中心	+25 0		4	
16	自动梯预留宽度		15		4	用尺量

(3)施工缝的处理

本工程的外墙施工缝采用钢板止水带,每一流水单元的施工缝采用钢边橡胶止水带和涂刷水泥基渗透结晶型防水涂料。

施工缝处理方法:凿毛,清除浮石并清洗干净后,涂刷水泥基渗透结晶型防水涂料方可浇注混凝土;按设计要求安置好钢边橡胶止水带、止水钢板或膨胀止水条;横向施工缝中钢板止水与箱体间伸缩缝中的橡胶止水带相遇时,封闭橡胶止水带,将钢板止水带放在迎水面一侧;施工缝处的混凝土必须在已灌注混凝土达到设计强度后才能进行,横向施工缝处不低于1.2MPa,垂直施工缝处不低于2.5MPa。为保证混凝土的工程质量,施工缝处的填缝板必须严密,支撑牢固,做到不跑不露浆。

(4)混凝土试块留置组数

每一流水施工单元抗压试块:垫层留置1组,同条件1组;底板、墙体、顶板、中板各留置4组,同条件2组;柱留置1组,同条件1组;零星工程每浇注一次留置1组。抗渗试块每一流水单元留置2组(防水结构)。所有试块均在浇注混凝土时现场取样制作。

(5)混凝土养护

混凝土浇注完毕终凝后及时养护,采用湿麻袋、草袋覆盖以及蓄水养护的方式,养护时间不少于14d,尤其注意侧墙混凝土的养护,冬季和雨季施工时,遵守国家有关规范和规定的要求采取冬季和雨季施工措施,指派专人负责养护工作。

2)钢筋混凝土工程施工要点

①结构底板、墙、顶(楼)板钢筋混凝土施工,均应以施工缝划分区段间隔施工并一次灌注完毕。

②顶(楼)板、底板以台阶分层进行灌注,墙及柱子分层水平灌注,并保证上下

层覆盖时间不超过 2h。

③钢筋与模板间必须用砂浆或塑料垫块垫紧,以保证钢筋保护层厚度。

④混凝土如产生离析现象,应进行二次搅拌,均匀后方可灌注。混凝土灌注高度超过 2m 时应加串筒。

⑤混凝土采用高频振捣器振捣,并在底、顶(楼)板混凝土初凝之前用平板振捣器再进行一次振捣,以消除泌水,确保混凝土密实。

⑥在预埋件多和钢筋密集处需采用同强度等级细石混凝土灌注,保证不漏振。

⑦变形缝止水带处,顶、底板应掀起止水带灌注其下混凝土,并认真振实,并将止水带缓慢压在下层混凝土上后,再灌注其上混凝土。边墙处止水带应采用铁丝将其拉紧于边墙立筋上,防止混凝土灌注时将止水带压偏。

⑧施工缝尽量少留或不留,隧道底板与边墙施工缝留在底板表面以上 20～30cm 处,并尽可能做成凹、凸形或台阶形。混凝土灌注之前,清除浮渣和杂物,用水清洗并保持湿润。灌注混凝土时,先铺放 20～30mm 厚的同强度等级砂浆,再正式灌注混凝土。

⑨在灌注墙、柱与板交界处应停歇 1～1.5h 后再继续灌注混凝土,在灌注混凝土过程中,派专人观测模板、支架、钢筋、预埋件和留洞处的情况,发现变形、移位等,应即使采取措施进行处理。

⑩加强混凝土养护,混凝土灌注终凝后,及时采取措施保持混凝土表面经常湿润。

5 案例:主体结构施工流程图绘制

(1)车站主体结构施工工艺

车站主体结构为地下双层框架结构,由侧墙、梁、板、柱等构件组成,沿车站纵向采用纵向梁体系。主体结构按照纵向分段,竖向分层,流水作业。根据规范要求,纵向分段长度不大于 25m。为了避免交叉施工影响工期,受盾构始发井影响的明挖结构预留部分(≤24m)暂不施工,待盾构区间施工完毕后再行封闭。车站主体结构的施工流程如图 2-47 所示。

(2)混凝土柱的施工工艺

结构的立柱为现浇混凝土柱。在基坑架设支撑过程中,在钢管支撑间距变化不大的前提下调整钢支撑位置,确保不与立柱冲突。模板采用定制钢模板,支撑采用"井"字架和定位斜撑。柱施工时,对柱脚边不平整处,用人工凿除松动混凝土,柱模固定时,对准下面控制线,上部拉线,进行水平垂直校正。对同排柱模板先装两端柱模板校正固定,拉通长线,校正中间各柱模板。混凝土柱的施工流程如图 2-48所示。

```
┌──────────────┐
│   施工准备    │
└──────┬───────┘
┌──────▼───────┐
│ 清底、验槽、垫层 │
└──────┬───────┘
┌──────▼───────┐
│ 底板防水层、保护层 │
└──────┬───────┘
┌──────▼───────┐
│ 底板钢筋绑扎、支模 │
└──────┬───────┘
┌──────▼───────┐
│ 底板浇注混凝土养护 │
└──────┬───────┘
┌──────▼───────┐
│ 中板以下侧墙防水施工 │
└──────┬───────┘
┌──────▼───────┐
│ 中板以下柱、侧墙绑筋 │
└──────┬───────┘
┌──────▼───────┐
│ 中板以下柱、侧墙立模 │
└──────┬───────┘
┌──────▼───────┐
│中板以下柱、侧墙浇混凝土│
└──────┬───────┘
┌──────▼───────┐
│    中板立模    │
└──────┬───────┘
┌──────▼───────┐
│    中板钢筋    │
└──────┬───────┘
┌──────▼───────┐
│   中板浇混凝土  │
└──────┬───────┘
┌──────▼───────┐
│ 中板以上侧墙防水施工 │
└──────┬───────┘
┌──────▼───────┐
│ 中板以上柱、侧墙绑筋 │
└──────┬───────┘
┌──────▼───────┐
│ 中板以上柱、侧墙立模 │
└──────┬───────┘
┌──────▼───────┐
│中板以上柱、侧墙浇混凝土│
└──────┬───────┘
       │      ┌──────────┐
       └─────▶│  顶板立模  │
              └─────┬────┘
              ┌─────▼────┐
              │  顶板钢筋  │
              └─────┬────┘
              ┌─────▼────┐
              │ 顶板浇混凝土│
              └─────┬────┘
              ┌─────▼────┐
              │顶板防水层、保护层施工│
              └─────┬────┘
              ┌─────▼────┐
              │  基坑回填  │
              └──────────┘
```

图 2-47 某车站主体结构施工工艺框图

(3)梁、板的施工工艺

梁、板的模板支架采用满堂红支架,待侧墙模板拆下吊出后,在原支撑顶端加顶托即可,为保证下部建筑限界、沉降后净空仍能满足要求,顶板底高程应考虑支架、搭板沉降及施工误差。为便于梁侧模和板底模尽早拆除,所有梁底模均采用保留支撑法立模,待混凝土达到设计强度并满足拆模要求后拆除。梁、板施工工艺框图如图 2-49 所示。

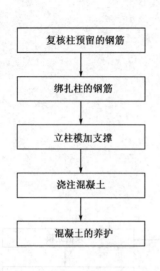

图 2-48 混凝土柱施工工艺框图

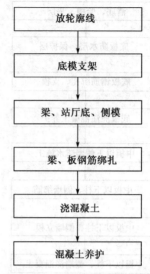

图 2-49 梁、板施工工艺框图

(4)实训要求

①根据所给实例,学习绘制工艺流程图。

②绘制侧墙施工工艺框图。

③说明侧墙施工过程中关键技术重点、难点的及施工注意事项。

单元三　地铁车站盖挖施工

【知识目标】

1. 了解盖挖法地铁车站结构和构造；
2. 熟悉盖挖法地铁车站施工工程序；
3. 掌握盖挖施工关键技术。

【能力目标】

1. 会识读地铁车站施工图与绘制关键部位结构施工图；
2. 能够运用所学知识，结合具体工程，编制材料计划、工具计划、劳动力清单，拟定盖挖法车站施工方案；
3. 能够结合具体工程，独立完成地铁车站主要施工工序技术交底书的编写；
4. 能够结合具体工程，正确选择地铁车站盖挖施工分项检查内容及其标准，并认真填写质量验收纪录。

盖挖法是由地面向下开挖至一定深度后，将顶部封闭，其余的下部工程在封闭的顶盖下进行施工。主体结构可以顺作，也可以逆作。在城市繁忙地带修建地铁车站时，往往占用道路，影响交通，当地铁车站设在主干道上，而交通不能中断，且需要确保一定交通流量要求时，可选用盖挖法。

一、概　　述

采用明挖法修建地铁车站，其最大的缺点是对城市交通及居民生活干扰较大，而在交通繁忙的地段修建地铁车站，尤其是修建有综合功能的车站，或需要严格控制基坑开挖引起的地面沉降时，则可采用盖挖法施工，即先以临时路面或结构顶板维持地面畅通再向下施工。早期的盖挖法是在支护基坑的钢桩上架设钢梁、铺设临时路面维持地面交通。开挖到基坑底后，浇筑底板至浇筑顶板的盖挖顺作法。后来使用盖挖逆作法。用刚度更大的围护结构取代了钢桩，用结构顶板作为路面系统和支撑，结构施作顺序是自上而下挖土后浇筑侧墙楼板至底板完成。也有采用盖挖半逆作法，施工程序如下：围护结构—顶板—挖土到基坑底—底板及其侧墙—中板及其侧墙。

盖挖法除施工程序与一般方法不同外,还具有如下特点:

①盖挖法的边墙既为结构的永久性边墙,又兼有基坑支护的双重作用,因而可简化施工程序,降低工程造价。另外,边墙用混凝土等刚性材料修筑,其变形量小,因而可邻近地面建筑物的基础施工,而不至对其产生影响。

②采用盖挖法施工,占地宽度比一般明挖法小,且无振动和噪声。

③盖挖法的顶盖一般均距地表面很近,这可缩短从破坏路面、修筑顶盖到恢复路面所需的时间,从而最大限度地减少对地面交通的干扰。对宽度较大的双跨或三跨结构尚可对顶盖进行横向分段施工,以利地面交通。

④盖挖法由于是自上而下修建,先修的顶盖成为基坑内的一道横撑,如为多层结构,则盖板均将起到支撑的作用,从而可免去或减少施工时的水平支撑系统。

⑤此法是在松软地层中修建地下多层建筑物的最好方法。暗挖法由于其断面形状和工艺特征,除岩石地层外,难以修筑多层结构。普通明挖法如基坑开挖过深,支护亦困难,而盖挖法只要将边墙修筑至一定深度,便可自上而下逐层开挖,逐层建筑,使修筑地下多层结构比较容易实现。

二、盖挖顺作法施工

【知识目标】

1. 了解盖挖顺作法施工地铁车站的结构特点;
2. 熟悉盖挖顺作法施工程序;
3. 掌握盖挖顺作法施工技术要点、施工过程中应注意的事项。

【能力目标】

1. 能结合具体工程,编制材料计划、工具计划、劳动力清单,指导地铁车站盖挖顺作法施工;
2. 能够根据地铁车站施工所处的地质条件等因素,独立完成盖挖顺作法施工交底书的编写;
3. 能够正确选择地铁车站盖挖顺作法施工分项检查内容及其标准,并认真填写质量验收纪录。

1 施工步骤

盖挖顺作法是在地表完成围护结构后,以定型的预制标准覆盖结构(包括纵梁和横梁及路面板)置于挡土结构上维持交通,往下反复进行开挖和加设横撑,直至设计标高。依次序由下而上建筑主体结构和防水,回填土并恢复管线路或埋设新的管线路。如图 3-1 所示。

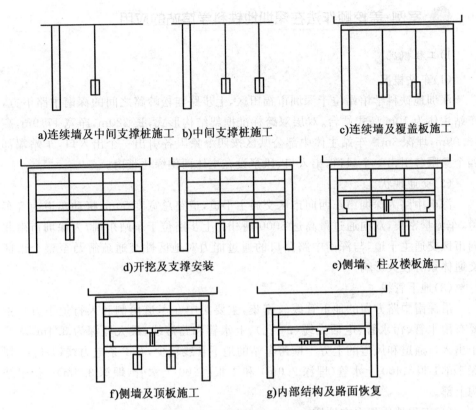

图 3-1 盖挖顺作法施工步骤

盖挖顺作法主要依赖坚固的挡土结构,根据现场条件、地下水位高低、开挖深度以及周围建筑物的临近程度,围护结构可以选择钢筋混凝土钻(挖)孔桩灌注桩或地下连续墙。对于饱和的软弱地层,应以刚度大、止水性能好的地下连续墙为首选方案。随着施工技术的不断进步,工程质量和精度更易于掌握,故现在盖挖顺作法中的围护结构常用作主体结构边墙体的一部分或全部。

如开挖宽度很大,为了缩短横撑的自由长度,防止横撑失稳,并承受横撑倾斜时产生的垂直分力以及行驶于覆盖结构上的车辆荷载和悬挂于覆盖结构下的管线重量,经常需要在修建覆盖结构的同时建造中间桩柱以支承横撑。中间桩柱可以是钢筋混凝土的钻(挖)孔灌注桩,也可以采用预制的打入桩(钢或钢筋混凝土的)。中间桩柱一般为临时性支撑结构,在主体结构施工完成时将其拆除。为了增加中间桩柱的承载力和减少其入土深度,可以采用底部扩孔桩或挤扩桩。

定型的预制覆盖结构一般由型钢纵横梁和钢—混凝土复合路面板组成。路面板通常厚 200mm、宽 300～500mm、长 1500～2000mm。为便于安装和拆卸,路面板上均有吊装孔。

❷ 案例：盖挖顺作法在深圳地铁科学馆站的应用

1）工程概况

(1)车站概况

深圳地铁科学馆站位于深圳市福田区,上步路与松岭路之间的深南中路下方,车站主体为10m岛式站台、双层双跨标准框架结构形式,长220m,净宽17.9m,高12.09m,埋深3m。车站主体中部公共区按四个象限各引出一个出入口,车站端部四个象限各引出一个风道,出入口、风亭设在主体两侧绿化带内。

(2)交通现状

深南中路为深圳市东西向市区交通主干道,道路总宽度50m,机动车道为8车道,车流量密集,双向通过量高达8000辆/h。上步路位于车站东端,为深圳市南北向市区交通主干道,与深南中路路口的通过能力对地区性交通疏解乃至整个市区交通体系有较大影响。

(3)地下管线

沿深南中路方向的地下管线较密集,主要集中在车道两侧和人行道下方。主要有雨水管、污水管、电话光缆(24孔)、上水管和路灯线,最大埋深为3.4m,均位于出入口通道和风道的上方。横跨车站的地下管线较少,有1条电力线(4孔),埋深1m,1根<400上水管(埋深2.0m)和1根<200上水管(埋深3.2m),位于结构上部。

(4)工程地质与水文地质

站址区地处台地,地面平坦。上部2～3m为人工堆积层,主要为粉质黏土;下部为大量的花岗岩风化残积层,呈现为砾质黏性土;下伏燕山期花岗岩,由浅及深分布为全风化带、强风化带、中风化带。车站主体结构底板大部分位于残积层上,有少量全风化带地层出露。地下水埋深2.5～4.0m,为第四系孔隙潜水,主要含水层为砾质黏性土,地下水主要补给来源为大气降水。

砾质黏性土遇水软化是本站主要不良地质现象。

通过暗挖法、明挖法和盖挖法的施工方案论证,由于本站结构断面大,所处地层主要为砾质黏性土,该地层为花岗岩残积层,具有遇水软化的特点;而且,本站又抵近上步路口,车站两端已不具备交通疏解的条件。因此,本站决定采用盖挖顺作法施工。盖挖顺作法是在明挖法的基础上增加临时路面体系,以使该路段在道路狭窄、交通繁忙的条件下仍有较高的通行能力,盖挖顺作法既具有明挖法的优点,也能满足交通疏解的要求。

2）盖挖法设计

(1)临时路面系施工工序

临时路面系施工工序与交通疏解密切相关,减少施工一次占道的宽度、减少施工占道的时间、减小施工占道倒边的次数,是满足交通疏解的关键。本站主体结构、4个出入口通道以及4个风道均位于深南中路机动车道的下方,均采用盖挖顺作法施工。由于车站围护结构是盖挖顺作法施工的主要组成部分,本设计也作为临时路面系的基础,因此围护结构施工与临时路面系一并进行。

深南中路总宽50m,其中机动车道宽28.5m,车站施工期间向两侧人行道各拓宽4m,共36.5m。本设计考虑沿车站纵向分成4次占用机动车道,完成主体、出入口及风道的全部围护结构和盖挖临时路面系。每次占道宽11.5m,每工序占道时间为2.5个月。占道期间,保留机动车道总宽25m,保证双向7车道行车。施工工序如下:

①占用南侧机动车道,施工南侧主体围护结构,同时施工南侧出入口、风道横穿深南中路段的围护结构及临时路面系。

②占用道路中间机动车道,施工主体南侧临时路面系。

③占用北侧机动车道,施工北侧主体围护结构,同时施工北侧出入口、风道横穿深南中路段的围护结构及临时路面系。

④占用道路中间机动车道,施工主体北侧临时路面系。

(2)盖挖临时路面系

以较少的投入满足施工工序的要求,能够快速安装到位,且能保证行车路面质量和安全是临时路面系设计的主旨。本站采用了军用梁路面系和型钢梁路面系。

①军用梁路面系

本站主体结构盖挖临时路面系的路面梁采用军用梁。路面梁总长21m,选用4节4m标准节军用梁和2节2.5m端头节军用梁组成一个路面梁,按2m间距铺设于主体结构上方。路面板为2m×0.75m×0.2m钢筋混凝土预制板。该临时路面系满足沿纵向分两幅拼装的要求。第一次拼装主体断面一半,一端梁支座为主体围护桩,另一端梁支座采用现浇混凝土,沿车站纵向形成条形基础。第二幅路面梁拼装完成后,与第一幅路面梁连接形成整体,满足车站主体盖挖期间总跨度的受力与变形的要求,同时军用梁作为车站围护结构的第一道横向支撑,有效地抑制了车站开挖期间的桩顶位移量。主体盖挖临时路面梁平面布置如图3-2所示。

②型钢梁路面系

型钢梁路面系由支承柱、纵梁、横梁和路面板组成,所有构件均预先加工成型,现场拼装,具有轻便、灵活的特点,本站出入口、风道均采用型钢梁路面系。由于出入口、风道开挖跨度不大,而上部地下管线密集,且埋深一般不大于3m,因此使用型钢梁,利用其截面小、占用空间小的特点,通过灵活布置型钢梁,有效地避开地下管线,避免了大量的地下管线改迁工作量。风道临时路面系剖面如图3-3所示。

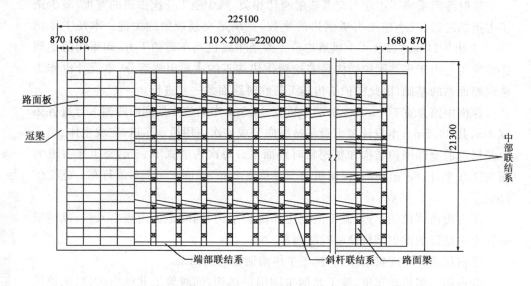

图 3-2 主体盖挖临时路面梁平面布置(尺寸单位:mm)

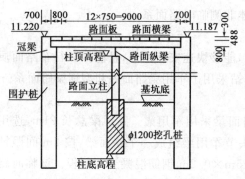

图 3-3 风道临时路面系剖面(尺寸单位:mm)

③路面质量

路面系的质量直接影响到路面行车速度,为此设计采用设置路面系纵向杆件,包括路面梁端部和中部水平连接系和中部斜杆连接系,改善路面梁的整体性受力条件。路面板与路面梁之间设置橡胶垫,减小行车振动,定期在路面板上铺设沥青层,填塞路面板之间的缝隙,使路面平顺,确保较高的路面质量。

三、盖挖逆作法施工

【知识目标】

1. 了解盖挖逆作法施工地铁车站的结构特点;
2. 熟悉盖挖逆作法施工程序;
3. 掌握盖挖逆作法施工技术要点、施工过程中应注意的事项。

【能力目标】

1. 能结合具体工程,编制材料计划、工具计划、劳动力清单,指导地铁车站盖挖逆作法施工;

2. 能够根据地铁车站施工所处的地质条件等因素，独立完成盖挖逆作法施工交底书的编写；

3. 能够正确选择地铁车站盖挖逆作法施工分项检查内容及其标准，并认真填写质量验收纪录。

该法利用地下连续墙及中间支撑柱作为施工中承受地下、地上荷载，利用中板作为地下连续墙支护，由上到下施工，可使总工期缩短；基坑变形小，邻近建筑物变形小；降低了施工费用，降低了施工对交通的影响。

❶ 施工步骤

先在地表面向下做基坑的围护结构和中间桩柱，和盖挖顺作法一样，基坑围护结构多采用地下连续墙，或钻孔灌注桩，或人工挖孔桩。中间桩柱则多利用主体结构本身的中间立柱以降低工程造价。随后即可开挖表层土至主体结构顶板底面标高，利用未开挖的土体作为土模浇注顶板，它还可以作为一道强有力的横撑，以防止围护结构向基坑内变形，待回填土后将道路复原，恢复交通，以后的工作都是在顶板覆盖下进行，即自上而下逐层开挖并建造主体结构直至底板。在特别软弱的地层中，且邻近地面建筑物时，除以顶楼板作为围护结构的横撑外，还需设置一定数量的临时横撑，并施加不小于横撑设计轴力70%～80%的预应力，如图3-4所示。

为了减少围护结构及中间桩柱的入土深度，可在做围护结构和中间桩柱之前，用暗挖法预先做好它们下面的底纵梁，以扩大承载面积。当然，这必须在工程地质条件允许暗挖施工时才可能实现，而且在开挖最下一层土和浇注底板前，由于围护结构和中间桩柱都无入土深度，必须采取措施，如设置横撑以增加稳定性。北京地铁天安门东站就是采用的这种施工方法。

采用盖挖逆作法施工时，若采用单层墙和复合墙，结构的防水层较难做好。只有采用双层墙，即围护结构与主体结构墙体完全分离，无任何连接钢筋，才能在两者之间敷设完整的防水层。但需要特别注意中层楼板在施工过程因悬空而引起的稳定和强度问题，一般可在顶板和楼板之间设置吊杆予以解决。

盖挖逆作法施工时，顶板一般都搭接在围护结构上，以增加顶板和围护结构之间的抗剪能力和便于敷设防水层。所以，需将围护结构外露部分凿除，或将围护结构仅做到顶板搭接处高程，其余高度用便于拆除的临时挡土结构进行围护。

❷ 防水工程

盖挖逆作法施工，混凝土灌注工艺和施工缝处理工艺与其他施工方法相比更为复杂，因此结构自防水是地铁工程防水成败的关键。防水工程是控制工程质量的关键,它置身于施工的全过程,为了确保工程防水质量,宜遵循"以防为主、刚柔结合、多道防线、综合治理"的原则,确立钢筋混凝土结构自防水体系,以结构自防水为主,顶板外侧附加柔性防水层;边墙、底板外侧设置水泥基渗透结晶型刚性防水涂料;结构内侧附加一层水泥基渗透结晶型防水涂料。采取有效技术措施,保证防水混凝土达到规定的密实性、抗渗性、抗裂性、防腐性和耐久性。

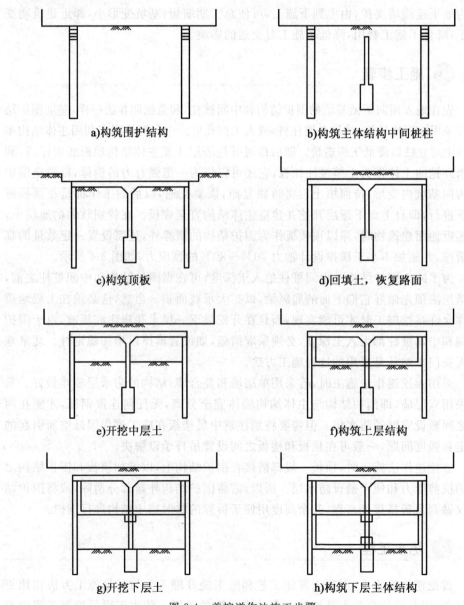

图 3-4 盖挖逆作法施工步骤

1)结构自防水

(1)防水混凝土自身性能的选择与确定

结构自防水混凝土必须具备密实度高、收缩率小、强度高、可灌性好的多种性能,因此补偿收缩防水混凝土一般均通过选择外加剂的方法达到防水目的。外加剂的稳定性影响到结构体产生裂纹大小,也影响到结构受力,因此高性能混凝土必须严格按设计提出的要求进行配合比设计并进行试配。根据北京地铁、广州地铁、上海地铁、青岛地铁施工的经验,施工技术要求如下:

①水泥:使用品质较为稳定的转窑强度等级为 32.5 的普通硅酸盐水泥,混凝土碱含量(Na_2O)不超过 0.6%,性能指标必须符合《通用硅酸盐水泥》(GB 175—2007)标准的规定。

②石子:采用质地坚硬、附着物少的优质石子,粒径级配 0.5~2.5cm 左右,石子最大粒径不宜大于 40mm,含泥量不大于 1%,泥块含量不大于 0.5%,所含泥土不呈块状或包裹在石子表面,吸水率不应大于 1.5%。

③砂子:采用符合现行《普通混凝土用砂质量标准及检验方法》(JGJ 52—1992)的河砂(中砂),含泥量不大于 3%,泥块含量不大于 1%。

④粉煤灰:采用一级品质,稳定性好的磨细粉煤灰代替部分水泥,以提高混凝土的和易性,其掺量不大于水泥用量的 20%。

⑤其他掺加剂宜用 TMS 型高效减水剂和 UEA 型微膨胀剂,掺量根据具体要求确定。

(2)防水混凝土配合比

防水混凝土配合比,应根据工程要求、选材要求、结构条件和施工方法,通过试验确定。其抗渗等级应比设计要求提高 0.2MPa。每立方米混凝土的水泥用量不小于 320kg(包括粉细料在内);砂率宜为 0.35~0.40,灰砂比应为 1∶2~1∶2.5;一般水灰比应不大于 0.45,入模坍落度≤12cm±2cm,入模温度≤28℃,混凝土的坍落度采用泵送混凝土时按相应规定执行,宜为 16~18cm。防水混凝土配料必须按重量配合比准确称量,计量允许偏差为:水泥、水、外加剂、粉细料为±1%,砂、石为±2%。

(3)防水混凝土的拌和与运输

混凝土的拌和必须选材固定,计量准确,拌和时间达到规定要求。搅拌时间不小于 2min。掺加外加剂时,应根据外加剂的技术要求确定搅拌时间。

混凝土在运输过程中,要注意防止由于路途运输及夏天高温天气影响而产生离析现象及坍落度损失(坍落度的损失控制在 1cm 以内),同时要防止漏浆。

(4)防水混凝土灌注

模板要架立牢固,尤其是挡头板,不能出现跑模现象。混凝土挡头板保证做到模缝严密,避免出现水泥浆漏失现象,且达到表面规则平整。地模、墙模施工质量达到设计和规范要求。

混凝土应分层浇注,分层振捣,每层厚度不宜超过300~400mm,相邻两层浇注时间间隔不超过2h,确保上、下层混凝土在初凝之前结合好,不形成施工缝。浇注混凝土的自落高度不得超过2.0m,否则应使用串筒、溜槽或滑管等工具进行浇注。

(5)混凝土振捣

防水混凝土必须采用机械振捣密实,振捣时间宜为10~30s,以混凝土开始出浆和不冒气泡为准,并避免漏振、欠振和超振。

(6)施工缝设置

防水混凝土应连续浇注,尽量少留施工缝,因施工需要留设临时施工缝,必须征得设计同意,并得到监理的认可。

在施工缝上浇注混凝土前,无论采用钢板腻子止水带或者水膨胀橡胶条形式的施工缝,为使接缝严密,对接缝表面应进行凿毛处理,清除浮粒。可考虑在边墙设置斜向施工缝,以利于混凝土灌注时排除仓内气体,施工缝处的混凝土充分振捣密实,保证接缝部位混凝土灌注质量和结构防水效果。

(7)混凝土保护层

防水混凝土结构内部设置的各种钢筋或绑扎铁丝,均不得接触模板。钢筋保护层厚度顶板、侧墙以及底板在迎土面不小于50mm,内侧不小于40mm,顶梁和底梁的保护层厚度分别不小于55mm和45mm,并满足规范提出的要求。

(8)变形缝设置

防水混凝土结构变形缝的止水构造形式、位置、尺寸,以及止水使用的止水带、变形缝填料的物理力学性能应符合设计要求。变形缝中间部位设置中埋式可注浆式止水带,顶板外侧迎土面设置凹槽并填充密封膏,边墙、底板外侧设置背贴式止水带;顶板、边墙内侧设接水槽。应加强变形缝处的浇注和振捣,保证混凝土的密实,确保防水质量。

(9)混凝土坍落度控制

当采用泵送防水混凝土时,防水混凝土配合比的各项技术指标可作适当调整,混凝土坍落度应控制在规范允许范围内。混凝土的供应必须保证泵送混凝土连续工作,预计泵送间歇时间超过45min或当混凝土出现离析现象时,应立即用压力水或其他方法冲洗管内留存的混凝土,严禁使用不合格混凝土浇注。

(10)混凝土拆模及养护

防水混凝土终凝后应立即进行养护,养护时间不得少于14d,在养护期间应使混凝土表面保持湿润。拆模时混凝土表面温度与周围环境之差不得超过15℃,以防止混凝土表面产生裂缝。

对于大体积防水混凝土,施工中要有充分的温度控制措施,防止水化热过高使混凝土内外温差过大而产生温差裂缝,混凝土内外温差应低于25℃。

(11)质量检查

防水混凝土的原材料必须进行检查,应符合现行国家标准、施工及验收规范和设计的有关规定,如有变化时应及时调整混凝土的配合比,并得到监理的认可。

工作过程中检查原材料的称量不小于两次。

在拌制和浇筑地点测定混凝土坍落度,每工作班不少于两次,掺引气剂的防水混凝土同时测定含气量。

检查配筋、钢筋保护层、预埋铁件、穿墙管等细部构造是否符合设计要求,合格后填写隐蔽工程验收单,报监理检验认可。

连续浇注混凝土量为500m³以下时,应留两组抗渗试块,每增加250～500m³应增留两组。试块应在浇注地点制作,其中一组应在标准条件下养护,另一组应与现场相同条件下养护,试块养护期不得少于28d。

(12)混凝土防裂措施

在不影响强度和抗渗性的前提下,防水混凝土考虑掺入一定数量的磨细粉煤灰或磨细砂、石粉等,降低水泥用量和水泥水化热,减少坍落度损失和混凝土内、外部温差,并控制混凝土入模温度,最大限度地避免裂缝的出现。粉煤灰掺入量不大于水泥重量的20%,磨细砂、石粉掺量不大于5%,粉细料通过0.15mm筛孔。

为防止顶板上存在的大开口部位出现过大的裂缝,在开口部位的一定范围内采用有机纤维添加剂混凝土,以提高结构的抗裂性能。

防水混凝土终凝后立即进行养护,养护时间不少于14d。在养护期间混凝土表面保持湿润,拆模时混凝土表面温度与环境之差不超过15℃。

对于大体积的防水混凝土,施工要有充分的温度控制措施,防止水化热过高使混凝土内外温差过大而产生温差裂缝,混凝土的内外温差低于25℃。

2)附加防水层施工

(1)顶板附加柔性防水层施工

采用柔性防水,铺设防水板前先清理基面,凸凿凹补,使之平整,无钢筋头,无渗漏;铺设时做到平顺,起鼓及皱褶;焊接紧密,搭接长度、宽度合理;防水板采用滚动焊机双焊缝焊接,防水板与垫圈的黏结采用电烙铁手式焊接。防水板铺设完毕,作充气试验进行质量检查。复合防水层施工的一般工艺流程如图3-5所示。

(2)防水层铺设

柔性防水层施工技术的要点在于:材料选择;焊接工艺;铺设工艺。

附加防水层宜采用柔性卷材,采用无钉孔和双缝焊接铺设工艺。

顶板基面凹凸不平，钢筋头外露，会对铺设防水层质量有很大影响，为此对防水层基面进行处理，要点如下：

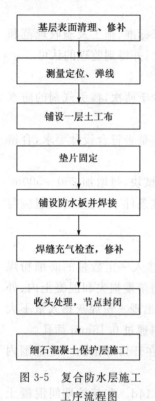

图 3-5 复合防水层施工工序流程图

a.基面不得有钢筋及凸出的管件等尖锐突出物，否则要进行割除，并在割除部位用砂浆抹成圆曲面，以免防水层被扎破。

b.断面变化或转弯处的阴阳角均应做成圆弧，阴角处圆弧半径不小于10cm，阳角处圆弧半径不小于5cm。

c.防水层施工时基面不得有明水，如有明水则应用堵漏剂堵水。

(3)防水板施工工艺

施工时，先将 $400g/m^2$ 土工布铺设在顶板混凝土基面上，然后用"热合"方法将防水板黏贴在固定圆垫片上，从而使防水板无机械损伤，其施工工序如下：

①土工布铺设。铺设方法是从顶板中部开始向两侧铺设，并用射钉固定塑料垫片，将土工布固定在基面上，土工布长边搭接宽度不小于30mm，短边不小于50mm。

②热塑性塑料圆垫片是防水层施工的必要部件，用射钉将其覆盖在土工布上，每隔 $100\sim150cm$ 梅花形布设，位于变化断面和转角部位，钉距适当加密。

③防水板铺设：与土工布一样，从顶板中部开始向两边铺设，边铺边与圆垫片热熔焊接，铺设时与基面处相密贴，留出搭接余量(不小于10cm)。防水板与圆垫片的黏接，采用电热压焊器，通过热传导将防水板与固定圆垫片同时加热熔化黏合在一起，黏合牢固且不烧穿防水板，5s左右即可。

④防水板之间的搭接，短长边均以搭接线为准，采用专用塑料热合机进行焊接，无条件用机焊的特殊部位也可用热风枪人工焊接，但一定要认真检查，焊接牢固。如图3-6所示。

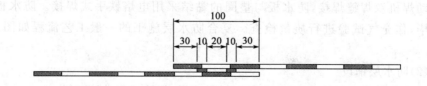

图 3-6 防水板搭焊示意图(尺寸单位:mm)

⑤防水板纵向搭接与横向搭接交接处,除按正常施工外还应补加一层同类材料的防水板。

⑥为保证接缝质量,采用双焊缝焊接工艺,焊接前,应根据不同的焊接温度和焊接速度,分别进行焊接试验。一般情况下焊接温度应控制在160~210℃,焊速为0.6~1.2m/min。焊接过程中对技术参数进行测定并记录。

(4)防水板质量检查

防水板主要质量标准及检验方法见表3-1。

防水板主要质量标准及检验方法表 表3-1

序号	项目	质量标准	备注
一		原材料	
1	外观	表面光滑无波纹、无破损、无孔洞	有破损及孔洞应焊接修补
2	抗拉强度	符合设计要求及相关技术标准	
3	伸长率	大于或等于100%	
二		防水板固定	
1	固定点间距	符合设计要求,一般顶板1.0~1.5m	凹凸变化点应增加固定点
2	与基面密贴	各处均与基面密贴	不密贴处小于10%
三		防水板焊接	
1	直观检查	焊缝宽度不小于2cm,搭接宽度不小于10cm,焊缝平顺、无波纹、颜色均匀透明、无焊焦、烧糊或夹层	
2	充气检查	充气压力1.0~1.5MPa,稳定时间不小于2min	压力降低找出渗漏点,焊接修补
3	破坏性检查	1. 截开断面无漏焊、烤焦等缺陷 2. 试件检查,抗剪强度>母材的70%	

焊缝质量检查方法:用5号注射针头与压力表相接,用打气筒进行充气检查,将焊缝加压至1.0~1.5MPa时,停止充气,应保持该压力2min,压力损失应小于2%,否则说明有未焊好之处,用肥皂水涂在焊缝上,产生气泡的地方重新焊接。可用热风焊枪和电烙铁等补焊,直到不漏气为止。检查数量根据随机抽样的原则,每4条抽试一条,为保证质量,每天每台热合机焊接应取一个试样,注明取样位置、焊接操作者及日期。

(5)防水层的保护

①特殊部位采取的保护措施。

防水板铺设断面发生变化处(如顶板反梁),铺设双层防水板;钢筋头加上塑料套帽,防止搬运和安装钢筋时碰破防水板。

②防水板施作完毕后的保护。

防水层施工完成后,必须严加保护,否则极易损坏,导致防水质量下降及至完全失效,故要求后续施工予以重视密切配合。在进行其他作业时不得破坏防水层,焊接钢筋时必须在此周围用石棉板遮挡隔离,以免溅出火花烧坏防水层。

不得穿带钉子的鞋在防水层上走动,对现场施工人员加强防水层保护意识教育,严禁损坏。

(6)水泥基刚性防水层施工

刚性防水涂料不能在雨中或环境温度低于4℃时使用。

尽量避免在烈日下施工,如避免不了则施工部位应进行遮护。

混凝土浇筑后24~72h为防水层施工最佳时段,因为新浇的混凝土仍然潮湿,所以基面仅需少量的预喷水。

混凝土基面应当粗糙、干净,以提供充分开放的毛细管系统以利于渗透。

混凝土基面应当润湿,无论新浇筑的,或是旧有的混凝土基面,都要用水浸透,但不能有明水。

混凝土基面不得有病害或缺陷部位存在,如有,则要对这些部位先进行局部处理,方可进行施工。

混凝土中的水泥含量不得低于10%。

施工工艺流程:基面检查→基面处理→基面润湿→制浆→涂刷或喷涂刚性防水层薄浆→检验→养护→验收。

施工工具:手用钢丝刷,电动钢丝刷,盐酸,高压水枪,喷雾器具,凿子,锤子,专用尼龙刷,半硬棕刷,水泥喷枪,计量水、料的器具,拌料器具,抹布,胶皮手套等。

施工注意事项:

①基面检查

检查混凝土基面有无病害或缺陷,有无钢筋头,有无有机物、油漆等其他黏结物,有无油污等。

②基面处理

先处理病害或缺陷部位,处理钢筋头部位,去除有机物、油漆等其他黏结物、清除油污等其他不洁物质及疏松物。

用钢丝刷、凿子、高压水枪、盐酸打毛混凝土基面(用盐酸清洗后的混凝土基面,需再用清水将酸液从表面冲洗干净)。

用高压水枪、棕刷等清理过的混凝土基面,不要有任何的悬浮物质存留在表面。

③基面润湿

用水充分冲润处理过的待施工基面,一般需浸润4~12h之间,使混凝土结构得到充分的润湿、润透,但不要有明水。

④制浆

a. 刚性防水涂料浓缩剂一般情况下取 1.2~1.5kg/m²。

b. 增效剂按 0.4~0.8kg/m² 配量。

c. 粉料与干净水的调和(水内要求无盐和有害成分)。混合时可用手电钻装上有叶片的搅拌棒或戴上胶皮手套用手及抹子来搅拌。

d. 薄浆的调制

将计量过的粉料与水倒入容器内,用搅拌物充分搅拌 3~5min,使料混合均匀;一次调的料不宜过多,要在 20min 内用完,混合物变稠时要频繁搅动,中间不能加水、加料。

⑤涂刷和喷涂

a. 该刚性防水涂料涂刷、喷涂时需用半硬的尼龙刷或专用喷枪,不宜用抹子、滚筒、油漆刷或油漆喷枪。

b. 涂刷时应注意来回用力,以保证凹凸处都能涂上,喷涂时喷嘴距涂层要近些,以保证薄浆能喷进表面微孔或微裂纹中。

c. 涂层要求均匀,各处都要涂到。不易过薄或过厚,过薄则催化剂用量不足,过厚养护困难,因此一定要保证控制在单位用量之内。

d. 当需涂第二层(浓缩剂或增效剂)时,一定要等第一层初凝后仍是潮湿状态时(即 48h 内)进行,如太干则应先喷洒些水后再进行第二层的涂刷。

e. 在热天露天施工时,建议在早晚进行施工,防止其过快干燥影响渗透,阳光过足时应进行遮护处理。

f. 在平面或台阶处进行施工时必须注意将其涂匀,阳角及凸处要刷到,阴角及凹陷处不能有过厚的沉积,否则在堆积处可能开裂。

g. 对于水泥类材料的后涂层,在涂层初凝后(8~48h)即可使用。对于油漆、环氧树脂和其他涂料在涂层上的施工需要 21d 的养护和结晶过程才能进行,建议施工前先用 3%~5% 的盐酸溶液清洗涂层表面,之后应将所有酸液从表面上洗去。

h. 对于仅用于防水性能和混凝土结构的平面施工,也可以在混凝土浇注完初凝前后,用干撒法进行施工,同样也可以达到预期的效果,并能节约许多防水施工的时间和用工。

⑥检验

a. 涂层施工完后,需检查涂层是否均匀,用量是否够量,有无漏涂部位,以上现象如有出现,则需进行再次施工处理。

b. 如用干撒法施工,则需检查粉料是否布撒得均匀,用量是否够量,有无遗漏部位出现,并需有抹、压痕迹。

c. 涂层施工完后,需检查涂层是否有爆皮现象。如有,爆皮部位则需去除,并进行基面的再处理后,进行再次涂层处理。

d. 涂层的返工处理,返工部位的基面,均需潮湿,如发现有干燥现象,则需喷洒些水后,再进行涂层的施工,但不能有明水出现。

⑦养护

a. 在养护过程中必须用净水,必须在初凝后使用喷雾式,一定要避免涂层被破坏。一般每天需喷雾水3次,连续2~3d。在热天或干燥天气要多喷几次,防止涂层过早干燥。

b. 在养护过程中,必须在施工后48h内防避雨淋、霜冻、日晒、砂尘暴、污水及2℃以下的低温。在空气流通很差的情况下,需用风扇或鼓风机帮助养护。露天施工用湿草垫覆盖较好,如果使用塑料膜作为保护层,必须注意架开,以保证涂层的"呼吸"及通风。

c. 对盛装液体的混凝土结构必须经3d的养护之后,再放置12~21d才能灌进液体。对盛装特别热或腐蚀性液体的混凝土结构,需放18~21d(或28d)才能灌盛。

d. 如需回填土施工时,在涂层施工36h后可回填湿土,7d以后方可回填干土,以防止其向涂层吸水。

e. 养护期间不得有任何磕碰现象。

⑧验收

a. 产品使用时,必须具有质量监督检验站的检验报告。

b. 检查混凝土配料比及涂层施工操作记录。施工操作应符合规定要求。

c. 按总量控制方法检查,保证每平方米的用量。

d. 用观察法检查,涂层要均匀、要刷遍,不许有漏涂和露底。

e. 按规定做好养护,保证养护时间,次数及使用雾水,同时养护期间不得有磕碰。

f. 涂层不起皮、不剥落、无裂纹。

g. 做闭水试验时,无渗水、漏水现象。

h. 缺欠之处,及时修补、完善。

3)施工缝防水

施工缝是在混凝土施工过程中,由于一次性连续浇注不能过长或必须分步施工而设置的施工接缝,设计要求混凝土施工时尽量少设或不设施工缝,因为这种接缝是结构防水的薄弱环节,处理的好坏将会直接影响建筑物的防水质量,因此,须认真做好施工缝的防水处理。

施工缝防水形式分两种:外围结构施工缝防水(顶板刚性防水层在外侧,侧墙底板在内侧)及内部结构施工缝防水。如图3-7和图3-8所示。

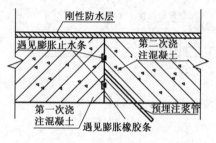
图3-7 外围结构施工缝

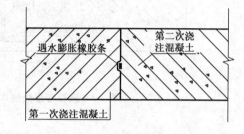
图3-8 内部结构施工缝

在结构混凝土施工时,外围结构施工缝可采用双膨胀止水条加预埋注浆管止水,接触面涂刷水泥基渗透结晶型防水剂,用量约 $1.2 \sim 1.5 kg/m^2$。首先将接缝处混凝土基面进行凿毛处理,并冲洗干净,黏贴止水条部位混凝土基面必须抹平、压实、压光,以保证止水条与基面黏贴密实、牢固。内部结构施工缝采用遇水膨胀止水条。结构后浇孔洞防水按施工缝处理。混凝土浇注前在断面中间设置一道缓膨胀型橡胶止水条,止水条使用氯丁胶黏贴在混凝土基面上,止水条须在混凝土浇注前4h内安装,以防止提前遇水膨胀。止水条接头采用45°斜口相接(热焊)并压紧封闭,不得重叠,接缝平整牢固,无裂口和脱胶现象。

在混凝土浇注过程中注意对施工缝止水条位置的振捣,保证施工缝的防水质量。

4)变形缝防水

变形缝是由于结构不同刚度,不均匀受力,考虑到混凝土结构胀缩而设置的允许变形的结构缝隙,它是防水混凝土,也是结构外防水的关键环节,设计要求在主体结构两端设置2条变形缝,变形缝采用中埋式可注浆橡胶止水带止水,顶板外侧迎土面设置凹槽并填充密封膏,边墙、底板外侧设置背贴式止水带;顶板、边墙内侧设接水槽。缝隙间充填嵌缝材料,在变形缝内侧设置排水盒,变形缝防水如图3-9、图3-10和图3-11所示。

止水带安装应准确居中安设,用钢筋夹或铁丝定位。用模板固定,先安装一端,浇注混凝土,另一端用厢型木板保护,待混凝土达到一定强度后拆除模板及厢型保护,如图3-12所示。止水带焊接采用现场热焊接处理,焊接质量满足规范要求。

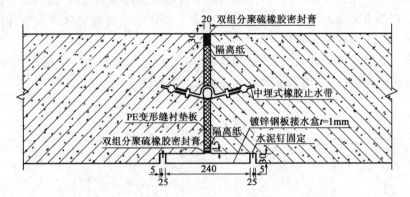

图 3-9 顶板变形缝防水示意图(尺寸单位:mm)

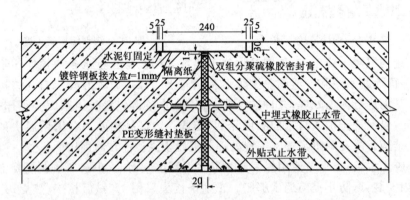

图 3-10 边墙变形缝防水示意图(尺寸单位:mm)

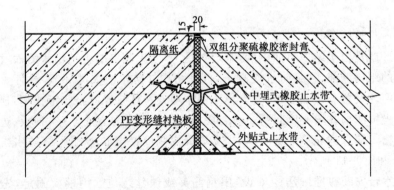

图 3-11 底板变形缝防水示意图(尺寸单位:mm)

止水带在主体结构顶板和底板中埋设时应采取盆式安装方法,以保证混凝土振捣时能使混凝土内部的气泡顺利排出,如图 3-13 所示。

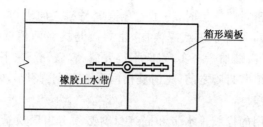

图 3-12 止水带安装方法示意图

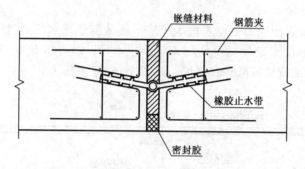

图 3-13 止水带在顶板和底板的埋设示意图

止水带在边墙部位的埋设及固定方法如图 3-14 所示。

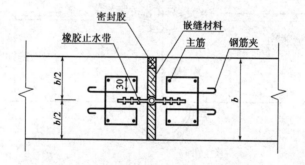

图 3-14 止水带在边墙部位的埋设及固定示意图

变形缝处的混凝土灌注与振捣：

①竖直向止水带两边混凝土要加强振捣，保证缝两边混凝土自身密实，同时将止水带与混凝土表面的气泡排出。要保证止水带与混凝土牢固结合，接触止水带处的混凝土不应出现粗骨料集中或漏振现象。

②水平方向止水带待止水带下充满混凝土并充分振捣密实后，剪断固定止水带的铁丝，放平止水带并压出少量混凝土浆，然后再浇灌止水带上部混凝土，振捣上部混凝土时要防止止水带变形。

③变形缝外侧密封胶施工时,为了避免嵌缝材料三向受力,影响防水质量,在密封胶与嵌缝材料间采用牛皮纸隔离层,密封胶与接缝两侧壁黏结牢固,密封严密,无渗漏水现象。嵌缝质量密实,表面不得开裂、脱离、滑移、下垂以及空鼓、塌陷等现象存在。镶嵌填密封胶之前,先清洗槽内浮渣、尘土、积水,密封胶黏结混凝土基面平整、干燥、干净。

④变形缝中使用的橡胶止水带和嵌缝材料必须有出厂质量证明,并经进场检验和复验合格后方可使用。变形缝的构造形式和材料必须符合设计要求。

5) 诱导缝防水

诱导缝内设置相应的中埋式止水带或水膨胀腻子止水条,包括沿顶板诱导缝内侧设疏排水槽及底板外侧设外贴式橡胶止水带。诱导缝顶板迎水面预留嵌缝槽,以低模量聚硫或聚氨酯封胶嵌填。如图 3-15、图 3-16 和图 3-17 所示。

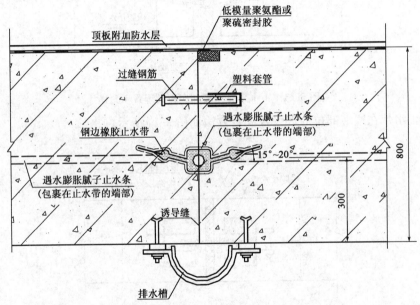

图 3-15 顶板诱导缝防水示意图(尺寸单位:mm)

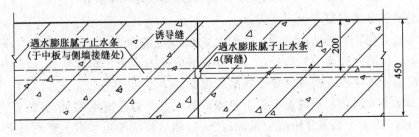

图 3-16 中板诱导缝防水示意图(尺寸单位:mm)

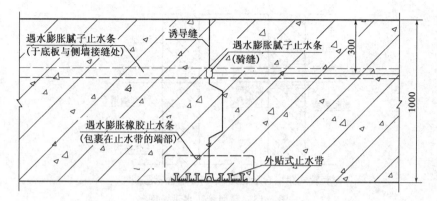

图 3-17 底板诱导缝防水示意图(尺寸单位:mm)

6)围护结构渗漏处理

围护结构开挖期间,因施工缺陷造成的渗漏水对工程主体工程结构很不利,应根据渗水的来源、流量及压力大小,不同情况采用不同方法,简述如下:

(1)大面积渗漏水处理方法

大面积堵漏采用抹面堵漏法。即先堵漏后抹面,原则是以大化小,将面漏变为孔漏,将线漏变为点漏。使漏水集中于一点或数点,为最后堵塞漏水点创造条件。漏水点封堵后,认真进行防水抹面施工,防止薄弱部位又产生渗漏。抹面堵漏主要使用水泥、砂、水玻璃促凝剂和堵漏灵等材料。

(2)局部渗漏水处理方法

局部渗漏水采用灌浆堵漏法。根据渗漏水的流量、流速以及渗漏部位,布置灌浆孔,并选用适宜的灌浆设备和灌浆材料,将浆液压入裂缝及孔隙的深部灌满、固化。主要使用水泥、水玻璃、环氧树脂。

堵漏施工中,根据需要,灵活选用上述两种方法,必要时可采取两种办法结合起来施工,达到从浅到深、由表及里的治水目的。

(3)预埋件、管道、穿管等特殊部位的防水施工

①穿墙施工方法,在预埋件或穿墙管上加焊止水钢板或安设橡胶止水带。穿墙管四周用聚合物水泥防水砂浆抹 1.5~2cm。安装就位浇注混凝土。如图 3-18 所示。

若预埋件和管道穿透防水层时,可沿预埋件四周剔成深 3cm、宽 2cm 的凹槽压实,再随其他部位一起抹上防水砂浆。

在管道穿过防水混凝土结构处,预埋套管,套管上加焊止水环,止水环应与套管满焊严密,止水环数量按设计规定。安装穿墙管道时,然后一端以封口钢板将套管及穿墙管焊牢,再从另一端将套管与穿墙管之间的缝隙以防水材料(防水油膏、沥青玛脂等)填满后,用封口钢板封堵严密。

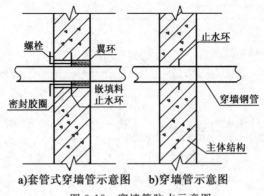

a)套管式穿墙管示意图　　b)穿墙管示意图

图 3-18　穿墙管防水示意图

重点注意的问题：认真清除管道、预埋件表面的油污、锈迹；加强对管底混凝土的振捣，使管底混凝土密实；精心操作，避免施工期间管道受过大外力和振动，同时尽量避免高温天气。

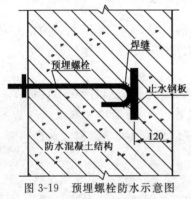

图 3-19　预埋螺栓防水示意图
（尺寸单位：mm）

②预埋铁件的防水作法。用加焊止水钢板的方法既简便又可获得一定防水效果。在预埋铁件较多较密的情况下，可采用许多预埋件共用一块止水钢板的做法。施工时应注意将铁件及止水钢板周围的混凝土浇捣密实、保证质量。如图 3-19 所示。

3 实训单元——盖挖逆作法施工方案技术交底书编制

【能力目标】

目标要求：根据所给的盖挖逆作法施工方案，编制盖挖逆作法施工方案技术交底书。

4 案例：北京地铁菜市口站盖挖逆筑法施工

1）工程概况

菜市口站是北京地铁四号线和规划七号线的换乘站，位于广安大街、菜市口大街和宣武门外大街的交叉路口，呈南北走向，线路中心与道路中心基本一致。车站全长 173.2m，宽 57.4m，其中北端和南端为三层箱形框架结构，三层结构总高 19.55m，顶板最小覆土 3.5m。车站主体部分采用 ϕ800mm 围护桩，中间立柱为

$\phi 800mm$ 钢管混凝土柱,其基础为深 25m、$\phi 800mm$ 的钻孔灌注桩。车站施工区域地面环境十分复杂,道路车流量大、交通繁忙,有三条有线公交电车通过,路口及附近有多种交通、广告和信号设施,车站周边建筑物多为低矮密集的危、旧民房,对施工振动极为敏感,东南风道附近有康有为故居和具有近 600 年之久的米市胡同 29 号院,路口西南角有高层建筑中国移动通信大厦周边管网密布,有燃气、热力、上水、雨污水、电力、人防、电信等各种管线余条。

车站主体结构南、北两端三层采用盖挖逆筑法施工(施工步骤如图 3-20 所示),车站中间与七号线节点处采用明挖法施工,其余部分为浅埋暗挖法施工。图中数字 1～10 表示结构施工步骤,字母 A～D 为土方及模板施工步骤。

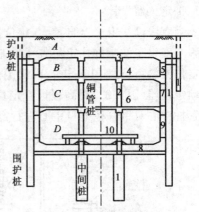

图 3-20 车站盖挖段施工步骤

2)主要施工技术

(1)中间桩柱施工工艺流程

车站中间桩及钢管柱的施工是盖挖逆筑法的核心技术。钢管柱在施工阶段是盖板的临时支柱,在使用阶段是永久性竖向承载与传力结构。中间桩柱由钢管柱和柱下桩基础两部分组成,为保证施工精度和进度,桩基础以上部分采用人工挖孔成孔,桩基础部分采用泥浆护壁、旋挖钻机械成孔。钢管柱安装采用人工安装法,其施工工艺流程为(见图 3-21):人工挖孔桩;水下混凝土灌注桩;抽浆钻芯;凿杯口混凝土;荷载试验;安装定位锥垫板;安装定位器;杯口混凝土浇筑;钢管柱吊装;钢管柱上口固定;柱内混凝土灌注;钢管柱外回填砂。

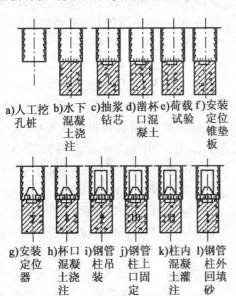

a)人工挖孔桩 b)水下混凝土浇注 c)抽浆钻芯 d)凿杯口混凝土 e)荷载试验 f)安装定位锥垫板
g)安装定位器 h)杯口混凝土浇注 i)钢管柱吊装 j)钢管柱上口固定 k)柱内混凝土灌注 l)钢管柱外回填砂

图 3-21 中间钢管柱和桩基础施工工艺

(2)中间钢管柱定位技术

中间钢管柱的施工质量至关重要,直接影响到车站工程的整体施工质量。钢管柱的安装定位精度要求高(规范规定中柱中心线允许偏差±5mm,中柱的垂直度误差不得大于柱长的1‰,且最大不超过15mm)、控制难,对钢管柱的安装进行科学、系统的工艺设计,使施工简便、精度能够得到保证。

①定位器设计

为克服以往定位器自重大,定位操作困难的难题,本工程在北京地铁复一八线工程永安里车站中桩柱定位技术的基础上,自行设计了分步分解定位器。首先利用定位锥垫板,对柱中心进行准确定位,其次在吊装时利用钢板焊接而成的十字形自动定位器(图3-22)对高程进行定位,最后用花篮螺栓根据事先引测到孔壁上的钢管柱中心对钢管柱上口中心进行定位。

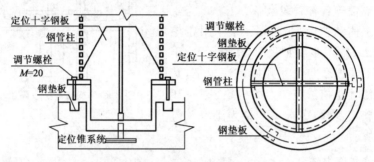

图3-22 自动定位器构造图

②定位器的定位及安装利用

全站仪在挖孔桩围堰上测放定位器中心即相应的钢管柱中心,标记于孔壁上。用一带孔的槽钢做中心定位架引测钢管柱的中心和高程,先用钢丝铅锤线进行自动定位器的初步定位(图3-23),再用控制网中的导线点,经过全站仪和配套使用的激光锤准仪确定钢管柱的中心,对定位器进行准确定位并初步固定,最后通过测量复核,确认中心偏差小于3mm、高程偏差小于10mm后,再对其进行最后固定。

③钢管柱的定位及固定

钢管柱采用先下后上的顺序进行定位。钢管柱下端定位依赖于自动定位器,上端定位利用同一平面上等分圆心角的3个花篮螺栓实现(图3-24),上部中心精确定位与自动定位器的定位方法基本相同。施工时将钢管

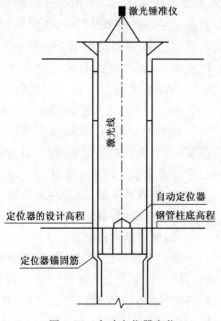

图3-23 自动定位器定位

柱吊入桩孔中,确认钢管柱底部套住自动定位器后,再将钢管柱滑落到自动定位器的十字钢板上;上端钢管柱利用3根固定在钢管柱和孔壁上的花篮螺栓的调节,对钢管柱上端准确定位。

(3)钢管柱混凝土的灌注

钢管柱内混凝土采用C50微膨胀混凝土,比较常规的有泵送顶升浇灌法、立式手工浇捣法及高位抛落无振捣法等灌筑方法,结合本工程的特点选择了高位抛落无振捣法灌注钢管柱混凝土,以充分利用混凝土自身下落时产生的动能冲击达到密实混凝土的目的。为克服该法实施过程中的混凝土压覆气泡而形成核心混凝土不密实的缺点,每次抛落量控制在 0.7m³ 左右,料斗下口尺寸比钢管内径小 100~200mm,以保证混凝土抛落

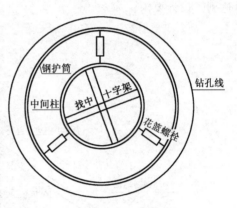

图 3-24　钢管柱上端的定位固定

过程中管内空气能够顺利排出对抛落高度不足 4m 的区段,实践证明抛落过程中产生的动能太小,不足以使混凝土密实,而利用其接近地面、作业空间比较宽敞、具备振捣施工的条件,采用内部振捣器振捣效果更佳。

(4)土模隔离层施工技术

菜市口站顶板厚度 0.85m,楼层板厚度 0.4m,混凝土强度等级为 C30、S10,在楼层板和顶板施工中,主要使用了土模基底素土夯实、8cm 厚 C10 混凝土、2cm 砂浆抹面这种土模材料与楼层板和顶板属于同一种材料,要求隔离层与土模有很强的附着力,且与现浇混凝土又易于脱离的性能。我们通过反复试验设计了一种土模隔离层技术,用一种脱模剂经过柴油稀释后分两次连续涂刷于土模上,不需养护,可直接在其上进行下一步施工。实践证明,在开挖板下土方的同时,用钢钎等辅助工具撬动土模,土模很容易从混凝土板上剥离,且板面具有光亮的外观。

(5)侧墙混凝土逆向连接技术

与盖挖逆筑法施工伴生的是侧墙的后期混凝土与前期混凝土逆向浇筑连接不密实问题。为了防止连接面产生干缩裂缝、气泡和空洞等不密实现象,防止渗漏水,施工中采取了以下措施:a.前期混凝土底部浇注成 30°斜面,将斜面清理干净并凿到新鲜混凝土,以便灌注后期混凝土时能将空气排除干净,保证新旧混凝土严密结合;b.模板上缘高度要比前期混凝土底面高 15mm,且每隔 2m 设一个簸箕状下灰口(图 3-25),以便后期混凝土能依靠高差产生的压力,使后期混凝土连接更加密

实；c.侧墙采用微膨胀混凝土,利用混凝土的微膨胀,补偿后期混凝土在硬化过程中的干缩量；d.除常规振捣外,在新旧混凝土连接面和两个下灰口之间采用二次振捣。由于以上措施的成功采用,经钻芯检测,侧墙混凝土逆向连接面混凝土的密实性达到了设计要求。

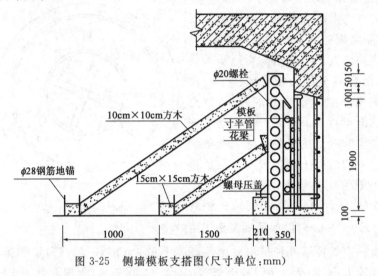

图 3-25　侧墙模板支搭图(尺寸单位:mm)

四、盖挖半逆作法施工

【知识目标】

1. 了解盖挖半逆作法施工地铁车站的结构特点；
2. 熟悉盖挖半逆作法施工程序；
3. 掌握盖挖半逆作法施工技术要点、施工过程中应注意的事项。

【能力目标】

1. 能结合具体工程,编制材料计划、工具计划、劳动力清单,指导地铁车站盖挖半逆作法施工；
2. 能够根据地铁车站施工所处的地质条件等因素,独立完成盖挖半逆作法施工交底书的编写；
3. 能够正确选择地铁车站盖挖半逆作法施工分项检查内容及其标准,并认真填写质量验收纪录。

类似逆作法,盖挖半逆作法仅在于顶板完成及恢复路面后,向下挖土至设计高程后先修筑底板,再依次序向上逐层建筑侧墙、楼板。在半逆作法施工中,一般都必须设置横撑并施加预应力,如图 3-26 所示。

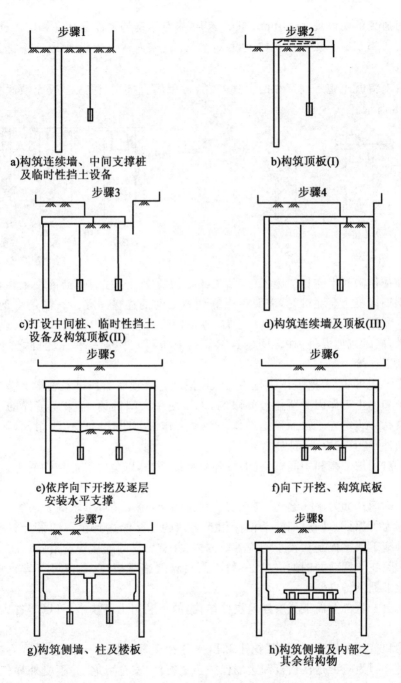

图 3-26 盖挖半逆作法施工步骤

采用逆作法或半逆作法施工时都要注意混凝土施工缝的处理问题,由于它是在上部混凝土达到设计强度后再接着往下浇注的,而混凝土的收缩及析水,施工缝处不可避免的要出现 3～10mm 宽的缝隙,将对结构的强度耐久性和防水性产生不良影响。施工缝一般多在立柱上设 V 形接头、在内衬墙上设 L 形接头进行处理,如图 3-27 所示。

针对混凝土施工缝存在的上述问题,可采用直接法、注入法或充填法处理,如图 3-28 所示。

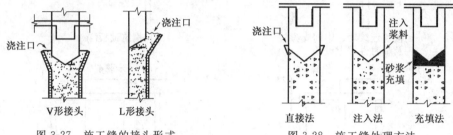

图 3-27 施工缝的接头形式　　　　图 3-28 施工缝处理方法

在逆作法和半逆作法施工中,如主体结构的中间立柱为钢筋混凝土柱,柱下基础为钢筋混凝土灌注桩时,需要解决好两者之间的连接问题。一般是将钢管柱直接插入灌注桩的混凝土内 1.0m 左右,并在钢管柱底部均匀设置几个孔,以利混凝土流动,同时也加强桩、柱之间的连接。有时也可在钢管柱和灌注桩之间插入 H 型钢加以连接。

由上述可知,盖挖顺作法与明挖顺作法在施工顺序上和技术难度上差别不大,仅挖土和出土工作因受覆盖板的限制,无法使用大型机具,需采用特殊的小型、高效机具精心组织施工。而盖挖逆作法和半逆作法与明挖顺做作法相比,除施工顺序不同外,还具有以下特点:

①对围护结构和中间桩、柱的沉降量控制严格,以免上部结构受力造成不良影响。

②中间柱如为永久结构,则其安装就位困难,施工精度要求高。

③为了保证不同时期施工构件相互之间的连接能达到预期的设计状态,必须将各种施工误差控制在较小的施工范围内,并有可靠的连接构造措施。

④除在非常软弱的地层中,一般不需再设置临时横撑,不仅可节省大量钢材,也为施工提供了方便。

⑤由于是自上而下分层建筑主体结构,故可利用土模技术,可以节省大量模板和支架。

⑥和盖挖顺作法一样,其挖土和出土往往会成为决定工程进度的关键程序。但同时又因为施工是在顶板和边墙保护下进行的,安全可靠,并不受外界气象条件的影响。

尽管明挖覆盖施工法有很多特点和应注意的地方,但其施工方法的基本工序、技术要求和明挖顺作法都是大同小异的。

1 案例一：深圳地铁岗厦站某路段盖挖半逆作法施工技术

深圳地铁一期工程岗厦车站位于福田区福华路与彩田路交汇处。彩田路是福田区南北向的主要交通干道，双向八车道，交通繁忙，人流密集，车站两侧高楼林立，地下管线纵横。根据道路交通需要，地铁车站施工期间彩田路要保证双向六车道通行，同时，占用彩田路道边施工的工期要控制在4个月以内，因此，车站中部跨彩田路7m地段采用盖挖半逆作法施工。

1）工程概况

岗厦车站中心里程在彩田路车行道中线以西0.8m，呈东西向布置，车站外包长度220.1m，标准段宽21.9m，设计为双排柱列双层三跨钢筋混凝土框架结构。车站埋深15.2～17.1m，顶板以上覆土厚2.94～4.63m，主体围护结构采用人工挖孔桩，同时，主体围护结构兼作主体结构侧墙。

地质概况：站区范围内上覆第四系全新统人工素填土、冲积层黏土、粉质黏土、粉砂、中砂、砾砂、第四系残积层砂质黏土、砾质黏土、下伏燕山期全风化—微风化花岗岩。地下水埋深1.5～4.3m，地下水补给来源主要为大气降水。

2）盖挖半逆作法施工工艺及施工方法

首先施工彩田路东半幅35.5m盖挖至车站东端盾构起吊井明挖段，待东半幅盖挖段顶板结构完成后，恢复地下管线和道路行车，再倒边施工彩田路西半幅35.5m盖挖段，待西半幅盖挖段结构顶板完成后，恢复既有地下管线和道路全路段开通行车。然后自两端明挖段斜坡道开挖顶板以下土方和施工内部结构。

(1)施工工艺

施工工艺流程如图3-29所示。

(2)施工方法

开工前首先将围护结构内的管线临时改移至彩田路西侧，并拓宽西侧道路，保证双向六车道通车，然后围档东侧盖挖施工场地，进入主体工程施工。

①主体围护结构施工

先施工桩外旋喷桩止水帷幕，待止水帷幕达到设计强度后开始施工围护桩，然后施工冠梁。主体围护结构兼作主体结构侧墙，采用断面(1m×1.2m)～(1m×1.6m)人工挖孔矩形桩，为满足侧墙整体性和防水要求，桩身采用凹、凸榫接两种桩形，在凹、凸榫接处设钢板橡胶止水带及遇水缓膨胀止水条，桩身与主体结构顶板、中板、底板连接处预埋钢筋连接器与主体结构钢筋连接。在施工主体围护桩的同时，施工东西半幅接头处设Φ800钻孔封头桩、桩间止水帷幕、基坑降水井和主体钢管混凝土柱。

②钢管混凝土柱施工

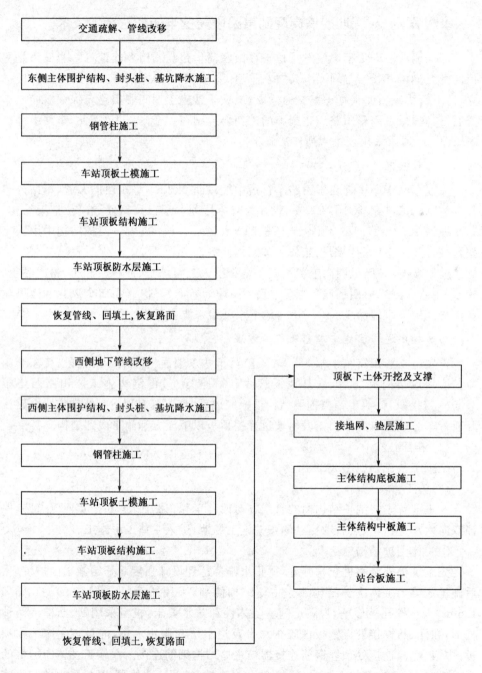

图 3-29 施工工艺流程图

钢管混凝土柱是盖挖法施工的关键构件，钢管柱的制作、安装精度、基础持力层的确定、钢管混凝土基础和管内混凝土灌注质量等尤为关键。

a. 钢管柱及构件加工制作：

(a)钢管柱采用 16Mn 厚 20mm 钢板卷制焊接而成，管外直径 600mm，钢管柱与梁、板节点主筋连接采用 16Mn 钢板卷制焊接钢套箍、抗拉抗剪板、钢牛腿。

(b)所有钢管柱及其构件的焊缝均用超声波进行 100％的无损探伤检测。

b. 钢管柱挖孔桩施工：

(a)钢管柱基础采用 1.6m 人工挖孔，挖孔深 24m，为提高基底承载力柱头扩大至 Φ2.6m，并嵌入中风化岩≥0.5m。经检平清底后立即灌注混凝土垫层封底。

(b)垫层混凝土达到一定强度，人工在孔内安装钢筋，灌注基础混凝土。

(c)基础混凝土灌注 24h 后，预埋定位锥，经复核无误后灌注混凝土固定，待混凝土达到设计强度 50％后安装定位器，用 C30 混凝土填塞定位器环板与先期浇注的基础混凝土之间的空隙。

c. 钢管柱安装：

(a)在固定定位器混凝土达到设计强度 80％后，吊装钢管柱。

(b)在距管顶约 50cm 处十字线方向用带弧形板的正反松紧螺杆将钢管柱固定于挖孔桩的护壁上，反复调整钢管柱的垂直度，经检查验收合格后将钢管焊接在护壁的预埋件上，并及时浇注钢管柱根部混凝土。

d. 钢管内混凝土灌注：

(a)混凝土强度等级 C40，掺入适量微膨胀剂和减水剂。

(b)灌注方法采用高位抛落无振捣法，当抛落高度＜4.0m 时用内置式变频插入式振动器进行捣实，混凝土灌注连续进行不得中断。

e. 钢管外回填：

当钢管内混凝土达到一定强度后，采用粗砂对称回填钢管外壁与挖孔桩护壁之间的空隙。

(3)顶板土模施工

①冠梁混凝土达到设计强度后，架设冠梁位置第一道 Φ600 的钢管支撑，人工配合机械开挖顶板高程以上的土方，作好基坑排水、降水，保证基坑干燥。

②梁、板底基层整平夯实，铺设土模基底垫层，当基底承载力＜100kPa 时，采用换填处理。

③顶板纵、横梁沟及两侧腋角用水泥砂浆砌 240 砖，面层抹 2cm 厚的水泥砂浆，板底面在砂石垫层上铺 5cm 厚细石混凝土并抹平压光，每平方米凹、凸≤1.5mm。

④视土模基底地质情况，梁、板土模预留拱度 1～2cm。

(4)顶板结构施工

①用 C30S8 商品混凝土泵送入模，分层浇注，机械捣实，12H 后用麻袋覆盖洒

水养护。

②分三段完成彩田路东半幅 31.5m 盖挖段顶板。当顶板混凝土达到设计强度后拆除第一道钢支撑,施工防水层和细石混凝土保护层,达到设计强度后,人工分层回填 50cm 厚黏土,小型机械压实。

(5)管线和道路恢复

当顶板 50cm 以上回填土填筑至既有管线基底高程时,恢复既有管线,并将彩田路西侧盖挖段需改移的管线临时改移到已完成的顶板上,然后恢复道路行车。

(6)彩田路西半幅盖挖顶板施工

彩田路东半幅道路恢复行车后,施工西半幅 35.5m 盖挖段顶板。施工方法与东半幅相同。

(7)顶板以下土方开挖及支撑

盖挖段顶板以下土方自两端明挖段开挖斜坡道进入板下分两层开挖,采用小型挖掘机挖装,自卸汽车运输。开挖至设计高程,经检查验收合格后施工接地网和混凝土垫层。

(8)结构底板、中板施工

底板混凝土垫层达到一定强度后自下而上分段施工主体结构底板和中板,最后施工站台板。

①底板施工前首先将底板与围护桩接缝处桩身混凝土表面认真凿毛,清洗干净,不得有渗水、漏水等情况。

②底板、中板(梁)分段长度 12m,底板横向主筋与挖孔桩身预埋钢筋连接器相连,底板、中板(梁)与钢管柱节点处将钢筋焊接于钢管柱抗拉钢板、抗剪钢板和抗剪牛腿上。钢筋安装(焊接)完毕经验收合格后人工立端头模板,泵送 C30S8 防水混凝土,分层浇注,机械捣实,12h 后麻袋覆盖洒水养护。

(9)差异沉降的监测和控制

为避免盖挖半逆作结构的墙、柱差异沉降量过大,对施工全过程采取了严密的差异沉降监测和控制措施,并准备了若差异沉降量超限的应急措施,保证梁、板不因差异沉降过大而受弯开裂。

3)实训要求

根据所给的盖挖半逆作法施工方案,编制盖挖半逆作法施工方案技术交底书。

❷ 案例二:北京地铁四号线西单站施工方案编制

1)概述

(1)设计依据、范围

①设计依据

《北京地铁四号线工程可行性研究报告》(2002年10月);

《北京地铁四号线工程初步设计技术要求》(2003年5月试行稿);

《北京地铁四号线工程初步设计文件编制要求》(2003年5月);

《地铁设计规范》(GB 50157—2003);

《人民防空工程设计规范》(GB 50025—2005);

《北京地铁四号线方案设计评审会会议纪要》(2003年3月);

《北京地铁四号线初勘工程地质报告》;

线路带状地形图(1:500);

北京地铁四号线现状沿线地下管线图(1:500);

《北京地铁四号线规划方案的批复》;

《其他相关技术会议纪要及技术联系单》。

②设计范围

本方案设计包括车站起点里程至车站终点里程范围内的主体部分(包括站台层和站厅层)、附属部分(包括出入口、通道、风道和风亭),设计内容包括车站建筑、车站结构、工程筹划、给排水、通风空调、动力照明、FAS、EMCS及工程造价等。

(2)有关部门审查意见及执行情况

根据稳定方案以及专家意见,确定西单站为中间横跨长安街、两端坐落在绿化带内的方案。两端双层盖挖顺作,中间单层暗挖。

(3)站址环境

西单站位于长安街与西单南北大街十字路口处,长度方向基本上与西单南北大街平行,呈南北走向,横跨长安街。车站中心线距长安街中心线偏南7.66m。

①地面及地下建筑物

本车站东南侧为首都时代广场,西南侧为建设中的西单商业回迁楼,东北侧为西单文化广场及中友百货、西单图书大厦,西北侧为中国银行大厦等。此地区是繁华的商业区,密布重要的大型公共建筑,其中车站东北侧的西单文化广场有地下三层,为商业娱乐用房,经现场调查不影响本车站实施。

本车站又是一个与长安街下已建地铁一号线西单站换乘的换乘站,两车站呈L形布置。由两个换乘通道相连。

②地面交通状况

东西长安街是交通的重要干道,目前已按规划基本完成周围建筑、环境的实施。交通十分繁忙,公共汽车线路也较多,东西方向离西单路口较近的有:10路、205路等。南北方向离西单路口较近的有22路、47路、802路、808路等。西单商业区、文化广场人流较多,地铁四号线在此设站,并与地铁一号线形成换乘。对缓解地面交通紧张状况,为地面客流乘坐地铁提供了便捷条件。

③地下管线分布情况

车站拟处在新改造的西单与长安街路口,原规划在西单与长安街路口要建下沉式地面交通立交。已把大的管线,如电信管道、煤气管道、热力管道、上水管道、电力管道等已迁移到武功卫胡同和民丰胡同下面去了,但西单与长安街路口附近的部分雨水管及污水管需改移或调整,周围还有部分其他管线需改移或处理,具体详见工程筹划中的管线处理意见。

(4)地质及水文条件

①地形、地貌

本站区位于市中心长安街与西单北大街路口处,地势北高南低,比较平缓,车站周边主要为道路及绿地,邻近的建筑多为大型公建,地面高程 47.33～47.82m。

场区地层土质概述本次勘察揭露地层最大深度为 40.0m,地层层序自上而下依次为:

(a)人工填土层(Qml);

(b)第四纪全新世冲洪积层(Q4 1al+pl);

(c)第四纪晚更新世冲洪积层(Q3al+pl)。

②水文地质

a. 地下水类型

北京平原地区第四系地层中的松散岩类孔隙水按埋藏条件分为上层滞水、潜水和承压水。

本标段上层滞水仅局部分布,含水层以人工填土层①层和粉土③层为主,局部为粉细砂$③_3$层。

本标段潜水的含水层受人工抽取地下水和施工降水的影响局部呈疏干状态,原含水层在不同地段分别为粉土$④_2$层、粉细砂$④_3$层、中粗砂$④_4$层、圆砾卵石⑤层、中粗砂$⑤_1$层和粉细砂$⑤_2$层。

本标段承压水和层间水普遍分布,含水层为粉土$⑥_2$层、圆砾卵石⑦层、中粗砂$⑦_1$层、粉细砂$⑦_2$层和圆砾卵石⑨层。

b. 历史水位与设防水位

城市工程施工降水的影响,潜水水位呈连续下降的趋势,平均每年水位降低 0.58m。

最高水位:1959 年为 44～45m;1971～1973 年为 38m。

抗浮设防水位为 35m。

c. 地下水的腐蚀性评价

根据工程地质勘察报告,地下水对混凝土结构无腐蚀性,对钢结构具弱腐蚀性,在干湿交替环境下对钢筋混凝土中的钢筋具弱腐蚀性,在长期浸水条件下对钢筋混凝土中的钢筋无腐蚀性。

③岩土工程分析评价

本车站范围内围岩自下而上依次分为杂填土①层、粉土填土①层、粉土③层、粉质黏土③$_1$层、黏土③$_2$层、粉细砂③$_3$层、粉质黏土④层、粉细砂④$_3$层、中粗砂④$_4$层、圆砾卵石⑤层、中粗砂⑤$_1$层,围岩分级均为Ⅴ~Ⅵ级。

④地基稳定性评价

结构主体持力层主要为圆砾卵石⑤层、中粗砂⑤$_1$层,通道及出入口处普遍存在填土,且填土层较厚,除填土外各土层均为良好的天然地基持力层。场地内的地层属中压缩性或低压缩性土层。该建筑场地的地基土稳定性好,无不良地质现象,建筑场地的稳定性和适宜性良好。

2)车站建筑

(1)设计原则及主要技术标准

①设计原则

地铁是为了缓解地面交通而修建的大型地下公共交通设施,地铁应体现公共交通的功能特点,本着以人为本的设计理念,使乘客享受到方便、快捷、舒适、安全、可靠的服务,以高水平设计体现地铁交通的优越性。

车站设计应满足北京城市总体规划、路网规划和四号线总体设计要求,妥善处理车站与城市交通、地面建筑、地下管线、周边环境的关系,及其对管线改移和对地面交通、环境的影响。

应根据车站所处地下环境的特点,因地制宜,确定车站形式、建筑风格、车站结构类型和施工方法,合理利用城市有限的建筑空间。

车站设计规模按远期2032年高峰小时设计客流为依据,确保车站各部分设计能力与客流匹配。本站远期预测高峰小时客流量超高峰系数为1.3。

本车站设计,应合理组织客流,减少交叉干扰,保证乘客方便进站、迅速出站。车站的集散厅、站台、出入口、楼梯和通道、自动扶梯、售检票机(口)等各部位的通过能力应相互匹配。

本车站设计,应尽量压缩车站规模,采取最合理的结构形式,减少初期投资,便于运营管理,减少运营费用,以提高经济效益。

车站的设计规模还应满足事故发生时乘客紧急疏散的需要。车站的紧急疏散能力,应保证在远期高峰小时客流量时6min将一列车1428人和站台候车人员、车站工作人员疏散至安全地点。

车站设计应保证乘客使用安全、方便,设备设计应满足平时使用时具有良好的通风、照明、卫生条件,灾害状态下满足安全疏散要求,为乘客提供良好的内部和外部环境。

车站出入口、风亭和冷却塔等地面建筑,在有条件时与城市道路两侧建筑合建,需要独立设置时,其位置及建筑造型应与周围环境相适应。

应满足主体结构上覆土厚度及城市市政管线要求。

本车站设计应按五级人防设防,车站出入口通道及风道应符合相应的人防要求。

车站设计应执行国家及北京市要求有关规范、规定,以及行车、管理和各专业工艺要求。

②主要设计标准

北京西单车站技术参数见表 3-2。

西单车站技术参数统计表   表 3-2

序号	项目	描述
1	车站有效站台中心里程	K8+657
2	车站有效站台中心坐标	$X=304401.022, Y=501489.503, A_j=1°44'$
3	站台形式及宽度(m)	岛式站台,宽度 14.0
4	车站中心里程处地面高程	47.33
5	车站中心里程处轨面高程	35.83
6	车站中心里程处结构覆土厚度(m)	3.82
7	车站中心里程处结构地板埋深(m)	13.07
8	车站中心里程处站厅至地面高差(m)	中心里程处无站厅层
9	站台至站厅高差(m)	4.9
10	车站主体结构外包尺寸(m)	$L=228.1, B=22.7, h=12.38$
11	车站主体建筑面积(m²)	8983.9
12	出入口通道建筑面积(m²)及最大通道长度(m)	2348.76,最大通道长度 57.6
13	出入口地面建筑面积(m²)及数量(个)	337.7,数量 2
14	风道建筑面积(m²)	1139
15	风亭建筑面积(m²)及数量(个)	98.2,数量 2
16	换乘通道建筑面积(m²)及最大换乘长度(m)	2242.8,最大换乘长度 146.3
17	垂直电梯数量(台)及提升高度(m)	2,提升高度分别是 4.9,6
18	自动扶梯数量(台)及提升高度(m)	7,提升高度分别是 4.9,6
19	自动售票机数量(台)	8
20	自动检票机数量(台)	16
21	半自动售票机数量(台)	3
22	自动充值机数量(台)	2

③建筑等级、火灾危险等级、耐火等级

本站等级为一级,火灾危险等级为一级,耐火等级为一级。

④抗震设计等级

本站结构抗震等级为二级,抗震满足车站 8 度抗震设防烈度要求。

⑤人防设计等级

人防等级为五级,防化等级为丁级。

⑥环保要求

本车站设计考虑环保要求,设污水处理系统。

(2)车站总平面

①总平面布置

地铁四号线第四标段是南北走向,沿宣武门内大街、西单北大街穿行长安街,路口四角都已实现了规划建筑物。站位是在宣武门内大街、西单北大街跨长安街十字路口的东侧,站中心线偏长安街永中心线向南7.66m。

本站站位设在长安街与宣武门内大街、西单北大街的路口处,设计为浅埋、盖挖顺作和暗挖结合施工,为不过多影响西单与长安街路口东西,南北主干路交通,因此把区间线路、车站站位改移靠西单北大街路东。南、北段为盖挖顺作,中段过长安街为暗挖,南端处在时代广场前绿地内,盖挖顺作长度85.30m,北端处在西单文化广场绿地内,盖挖顺作长度76.60m。过长安街暗挖长度66.20m。

②外部边界条件及协调情况

a.管线改移协调情况

西单车站管线主要有ϕ1640雨水管、污水管穿过车站结构主体,经多方面、多轮次讨论及评审,该管线最好另找路由改移。经与市政管网所联系,同意改移。

b.1号、4号出入口协调情况

1号出入口接长安街过街通道,4号出入口接西单文化广场地下通道,在2003年5月27日市政管理处桥通所进行会议协调,会上对四号线西单站1号出入口接长安街过街通道没什么疑问,但对4号出入口接西单文化广场地下通道,市政管理处桥通所要与西单文化广场管理处进行沟通商量,目前还没有正式结果,但初设仍按原方案进行设计。

③规划预留及物业开发结合

为西单大街地下开发留有通道口,开发时可连接。

(3)车站规模

①车站埋深

西单车站由于上越地铁1号线区间,埋深比较浅,站南端结构底板下皮距地面约13.60m,站北端结构底板下皮距地面约13.80m,站中间结构底板下皮距地面约13.50m。

②车站外包尺寸

车站外包尺寸地下一层两端各85.30m×22.70m、76.60m×22.7m,地下二层228.10m×22.7m。

车站通风道外包尺寸地下一层两端各 55.30m×12.60m、54.30m×12.60m，地下二层冷冻机房 32.30m×12.30m。

车站通风道出地面风厅外包尺寸两端各 9.50m×5.20m×3.00m。

车站 2 号、3 号出入口地面开口外包尺寸各 7.20m×5.50m。

(4) 车站形式

西单车站为岛式甲级地下浅埋地铁车站，呈南北走向，与西单地铁 1 号线西单地铁站呈 T 形换乘。

① 站厅层

站厅层由公共区、行车管理用房、通信设备用房、环控电控室、信号用房等组成。公共区划分为收费区和非收费区，主要用房设在南端、北端。

北端设有综合控制室、站长室、通信设备室、信号设备室、通信电源间、电缆引入室、信号电源室、电缆间、商用通信设备室、环控电控室、通风设备用房、照明配电室、售票室、治安值班室、机电储备库、气瓶室等。

南端设有通风设备用房、环控电控室、照明配电室、气瓶室、人防信号室、风机房、换乘厅、治安值班室、AFC 票务室、AFC 电源室、值班休息室、交接班室及一些车站管理、休息用房等。供残疾人使用的专用垂直电梯设在该端。南北两端付费区内各设两部上下行自动扶梯，一部楼梯直通站台层。

② 站台层

地下二层(站台层)分南端、中部、北端三部分。北端设迂回风道，牵引变压混合变电所、控制室、再生能量吸收室、照明配电室水泵房、风机房等。南端设有公共卫生间、跟随所、废水泵房、污水泵房、照明配电室、残疾人电梯等。中部有地下二层上地下一层的四部自动扶梯、两部楼梯。还设有换乘使用双向自动扶梯各一台、楼梯各一部。

(5) 车站附属设施

① 出入口及通道

本车站共设有四个出入口，经计算已经满足远期高峰小时客流及换乘客流和灾害时的疏散要求。

1 号通道及出入口设在车站东南，离首都时代广场较近，通道设计为与一号线长安街已建地下通道相接。

2 号通道及出入口在车站西南，西单商业大厦回迁楼的前面，与长安街西地下通道相接。出入口地上为敞开式出入口。

3 号通道及出入口在车站西北中银大厦前出地面，与长安街西地下通道相接。出入口地上为敞开式出入口。

4 号通道及出入口设在车站的东北，在西单文化广场的下面，设计为与长安街地下通道与文化广场地下商业街连接通道相接。

因出入口通道离地面较浅,有条件的设自动扶梯,高差较低的就不设自动扶梯。

②风亭、风道与冷却塔

车站地处西单与长安街路口,环境条件上没有风亭及冷却塔的位置。为力求适应西单文化广场及首都时代广场门前的气氛,采用了绿地小榴的通风口方案,通风口设有两个,1号通风口设在西单文化广场绿地里,2号通风口设在首都时代广场门前绿地里。冷却塔布置在首都时代广场南面的待建的楼上面。

3)车站结构

(1)设计依据

《北京地铁四号线工程可行性研究报告》;

《北京地铁四号线初步设计技术规定》;

《北京地铁四号线初勘工程地质报告》。

(2)结构设计原则及标准

①结构设计原则

地下车站结构设计遵循"技术可靠、施工可行、经济合理、环境影响最小、工期保证"的原则。

地下车站的结构设计应满足施工工艺、行车运营、城市规划、环境保护、抗震、防水、防灾、防迷流、防腐蚀和人民防空的要求,同时做到结构安全、技术先进、经济合理。

地下车站结构构件设计使用年限:主要构件为100年,其他内部构件为50年。

根据地质条件及城市总体规划要求,以地质勘察资料为依据,结合周围地面既有建筑物、地下构筑物、管线及道路交通状况,选择合理的施工方法和结构形式,并在施工中通过对地层的观察和监测信息的反馈,进行验证,修改勘察资料及施工方法。

地下车站结构的净空尺寸应满足地铁建筑限界及各种设备使用功能的要求、施工工艺的要求,并考虑施工及测量误差、结构变形和位移等因素。由于本车站上跨一线地铁区间,故车站施工和运营期间的变形必须保证一线地铁区间正常使用的要求。

地下车站结构在施工及使用期间应具有足够的强度、刚度、稳定性及耐久性。根据构件特点,进行承载力计算以及抗倾覆、滑移、漂浮、疲劳、变形、抗裂或裂缝宽度验算。

地下车站结构按抗震设防烈度8度进行抗震验算,并根据实际情况,选用合理的计算模型,并采取相应的构造措施,以提高结构的抗震能力。

地下车站的结构设计应分别根据施工及使用阶段的不同特点,模拟实际施工过程，对结构在施工阶段、使用阶段可能出现的永久荷载、可变荷载、特殊荷载按最不利荷载组合对结构进行承载力极限状态和正常使用极限状态的验算。并结合工程监测，采用信息化设计。

本车站与一号线地铁车站的换乘，应采用合理的施工方法，不影响原地铁西单车站的正常运营。

地下车站需考虑战时防护要求，做好平战转换措施，在出入口、风道设置防护段，在规定的设防部位，结构设计按5级人防设防。

根据《地铁杂散电流腐蚀防护技术规程》(CJJ 49—1992)采取防止杂散电流腐蚀的措施。钢结构及钢连接件应进行防火与防锈处理。

结构防水设计中遵循"以防为主、刚柔结合、多道防线、因地制宜、综合治理"以及"防水与结构设计并重和统一考虑"的原则。地下车站及人行通道均按一级防水等级要求设计，车站的风道、风井等部位均按二级防水等级要求设计。

地下车站结构中主要构件的耐火等级为一级。

车站施工应尽量减少对周围构筑物、道路交通、市容环境的影响，为文明施工、安全施工创造条件。

地下车站结构中主体结构构件的安全等级为一级，支护结构构件的安全等级为三级。按荷载效应基本组合进行承载能力计算时，非支护结构构件重要性系数取 $\gamma_0=1.1$，支护结构构件重要性系数取 $\gamma_0=0.9$。

严格控制施工引起的地面沉降，根据车站周围环境、相关规定及以往城市地铁的经验，该站施工对环境的影响可按表3-3要求控制：

施工对环境的影响　　　　表3-3

部　位	保护等级	变形尺寸
大于4层地面建筑距坑小于10m的区段	一级	坑外地面沉降≤2.1cm
长安街路面	一级	

②结构设计主要遵照的规范

《地铁设计规范》(GB 50157—2003)；

《地铁工程施工及验收规范》(GB 50299—1999)；

《混凝土结构设计规范》(GB 50010—2002)；

《钢结构设计规范》(GB J17—88)；

《钢管混凝土结构设计与施工规程》(CECS 28：90)；

《建筑地基基础设计规范》(GB 50007—2002)；

《北京地区建筑地基基础勘察设计规范》(DBJ 01-501—92)；

《人民防空工程设计规范》(GB 50225—95)；

《建筑抗震设计规范》(GB 50011—2001)；

《铁路隧道设计规范》(TB 10003—2001);

《铁路工程抗震设计规范》(GBJ 111—87);

《锚杆喷射混凝土支护设计规范》(GB 50086—2001);

《建筑基坑工程技术规范》(YB 9258—97);

《建筑基坑支护技术规程》(JGJ 120—99);

《基坑土钉支护技术规程》(CECS 596:97);

《建筑桩基技术规范》(JGJ 94—94);

《地下工程防水技术规范》(GB 50108—2001);

《地铁杂散电流腐蚀防护技术规程》(CJJ 49—92);

其他有关的规范、规程和规定。

(3)工程地质与水文地质

本站站中心里程为 K8+657,根据北京市城建勘察测设计研究院有限责任公司 2003 年 8 月提供的《北京地铁四号线工程西单站(站中里程 K8+657)岩土工程勘察报告》(2003 地铁详勘 4-19)为依据,工程地质与水文地质概况如下。

①区域地质概况

北京地区位于华北平原北部边缘,北部、西部为山区,属于燕山山脉。大地构造位置位于祁吕贺山字形构造东翼反射弧南翼,新华夏系第二沉降带与第二隆起带之间,构造主要受新华夏系控制。构造总体走向以北东、北西方向为主。

通过本标段的主要隐伏断裂为北东方向断裂,莲花池断裂:经莲花池、平安里由南向北东延伸;良象-前门断裂:该断裂从菜市口与陶然亭之间穿过。上述隐伏断裂在第四系地层中尚未发现活动痕迹。

第四系为冲洪积成因的松散沉积物。本标段线路表层为人工填土,其下为第四纪全新世冲洪积地层。

②场区地层概述

本次勘察最大钻孔深度为 40m,根据钻探资料及室内土工试验结果,按地层沉积年代、成因类型及岩性,勘探范围内的地层可分为人工堆积层和第四纪沉积层两类,本场区第四系沉积以第四纪全新世和更新世冲洪积层为主,并按地层岩性及物理力学性质进一步分为 10 个大层:

人工填土层(Qml):杂填土①层、粉土填土①层。层底高程 37.43～44.67m。

第四纪全新世冲洪积层(Q41al+pl):粉土③层、粉质黏土③$_1$ 层、黏土③$_2$ 层、粉细砂③$_3$ 层,层底高程 36.23～39.12m。粉质黏土④层、粉细砂④$_3$ 层、中粗砂④$_4$ 层,层底高程 31.74～36.49m。

第四纪晚更新世冲洪积层(Q3al+pl):圆砾卵石⑤层、中粗砂⑤$_1$ 层、粉质黏土⑤$_4$ 层,层底高程 28.29～31.74m。粉质黏土⑥层、黏土⑥$_1$ 层、粉土⑥$_2$ 层,层底高程 28.29~31.74m。

圆砾卵石⑦层、中粗砂⑦$_1$层、粉细砂⑦$_2$层,层底高程 25.15~28.47m。粉质黏土⑧层、粉土⑧$_2$层,圆砾卵石⑨层、中粗砂⑨$_1$层、粉细砂⑨$_2$层、粉质黏土⑩层、黏土⑩$_1$层、粉土⑩$_2$层、细中砂⑩$_3$层。

③水文地质条件

a.场区水文地质条件

北京平原地区第四系地层中的松散岩类孔隙水按埋藏条件分为上层滞水、潜水和承压水。

本标段上层滞水仅局部分布,含水层以人工填土层①层和粉土③层为主,局部为粉细砂③$_3$层。

本标段潜水的含水层受人工抽取地下水和施工降水的影响局部呈疏干状态,原含水层在不同地段分别为粉土④$_2$层、粉细砂④$_3$层、中粗砂④$_4$层、圆砾⑤层、中粗砂⑤$_1$层和粉细砂⑤$_2$层。

本标段承压水和水间水普遍分布,含水层为粉土⑥$_2$层、卵石圆砾⑦层、中粗砂⑦$_1$层、粉细砂⑦$_2$层和圆砾卵石⑨层。

b.历史水位

1959 年水位高程为 43m;

1971~1973 年水位高程为 38m;

近期最高水位发生在 1996 年,水位高程为 31m。

地下水的腐蚀性

根据工程地质勘察报告,地下水对混凝土结构无腐蚀性,对钢结构具弱腐蚀性,在干湿交替环境下对钢筋混凝土中的钢筋具弱腐蚀性,在长期浸水条件下对钢筋混凝土中的钢筋无腐蚀性。

c.设防水位

抗浮设防水位为 35m,防渗设防水位 46m。

④岩土工程分析评价

a.抗震设防烈度

本车站所在场区位于地震基本烈度 8 度区。

b.建筑场地类别

本段工程地面以下深度 25m 范围内,地层剪切波速大于 140m/s,并小于 500m/s,判别该段属Ⅱ类场地土;地面以下 25m 范围内土层的平均剪切波速 V_{sm}= 274~285m/s,判别该段属Ⅱ类场地土。

c.液化判别

根据《铁路工程抗震设计规范》(GB 50111—2006)判别方法,在地震烈度 8 度时,自地面以下深度 25m 范围内为饱和粉土及砂类土,是不液化土层。

d. 稳定性评价

本场区附近分布有隐伏断裂或次断裂,埋深较大,在第四纪覆盖层中未发现活动痕迹。

(a)结构主体及通道

本车站范围内围岩自下而上依次分为杂填土①$_1$层、粉土填土①层、粉土③层、粉质黏土③$_1$层、黏土③$_2$层、粉细砂③$_3$层、粉质黏土④层、粉细砂④$_3$层、中粗砂④$_4$层、圆砾卵石⑤层、中粗砂⑤$_1$层,围岩分级均为Ⅴ~Ⅵ级。

底板:主要位于中粗砂④$_4$层、圆砾卵石⑤层、中粗砂⑤$_1$层,属Ⅵ级围岩。局部遇粉质黏土④层,须清除换填级配砂石。

顶板:覆土约 1~3.5m,穿过的土层主要为杂填土①$_1$层、粉土填土①层,其覆盖层也是杂填土①$_1$层、粉土填土①层,属Ⅵ级围岩,围岩稳定性极差,易发生坍落现象。

边墙:边墙穿过的土层主要为杂填土①$_1$层、粉土填土①层、粉土③层、粉质黏土③$_1$层、黏土③$_2$层、粉细砂③$_3$层、粉质黏土④层、粉细砂④$_3$层、中粗砂④$_4$层、圆砾卵石⑤层、中粗砂⑤$_1$层,围岩分类以属Ⅵ级围岩为主。结构边墙上部以人工填土为主,稳定性差,易发生坍落现象;中部土层稳定性好;下部以砂和圆砾卵石为主,围岩土体的自稳能力差,易发生坍落现象。

出入口:围岩以杂填土①$_1$层、粉土填土①层、粉土③层、粉质黏土③$_1$层、黏土③$_2$层、粉细砂③$_3$层、粉质黏土④层、粉细砂④$_3$层、中粗砂④$_4$层、圆砾卵石⑤层、中粗砂⑤$_1$层为主,围岩分类以属Ⅵ级围岩为主。自稳定性较差,易发生坍落现象。

(b)地基稳定性评价

结构主体持力层主要为圆砾卵石⑤层、中粗砂⑤$_1$层,通道及出入口处普遍存在填土,且填土层较厚,除填土外各土层均为良好的天然地基持力层。场地内的地层属中压缩性或低压缩性土层。该建筑场地的地基土稳定性好,无不良地质现象,建筑场地的稳定性和适宜性良好。

(4)车站结构设计

车站结构断面的净空尺寸应满足地铁建筑限界及其他使用功能和施工工艺的要求,同时考虑施工误差、结构变形等因素给予必要的余量。对于车站主体结构,净宽尺寸在建筑限界之外考虑如下的加宽量:50mm 综合施工误差+$H/150$ 钻孔灌注桩施工误差及水平位移。

①车站概况

北京地铁四号线西单站位于复兴门内大街(长安街)与宣武门内大街、西单北大街相交处十字路口的东侧,呈南北走向。为西单商业街与长安街的交汇区域,属北京市最繁华商业区。同时本站又是与北京地铁一号线西单车站的换乘车站。

由于车站横穿长安街,与一号线西单地铁车站呈T字形换乘。车站南端处于首都时代广场西侧绿地下;北端处于西单文化广场西侧绿地下;中部横穿长安街,并上跨一号线地铁区间。

车站总宽22.7m,根据建筑方案的总布置要求和结构设计的自身特点,本站结构共可以分为南段(80.175m)、中间段(70.05m)和北段(77.825m)三段来考虑。车站南北两段为地下双层双柱三跨结构,用盖挖顺作法施工;中间段为地下单层结构,用暗挖法施工。车站中心里程K8+657,双层结构的顶板埋深0.5～0.8m,单层结构的顶板埋深3.3m左右,人防等级同一号线西单站均为5级。车站共有四个出入口,两个风道和两个与一号线地铁西单站换乘的通道。

②盖挖顺作段结构设计

a.施工方法

由于车站南、北段结构埋深浅,且分别处于西单文化广场绿地和首都时代广场的绿地中,场地宽阔,施工用地均在绿地内,不侵占马路,绿地占用后可很快恢复。无地下管线,不存在管线改移的问题。具备盖挖顺作施工的条件,且盖挖顺作结构还可作为暗挖段的施工竖井。另外,由于西单站位于西单商业街与长安街交汇处,为北京市重要商业中心,开挖时间长,施工场地过大带来侵占过多道路、绿地,施工扬尘污染环境,则势必会对北京市的环境、商业等带来很大的影响。因此,施工中必须综合考虑各种因素。

具体施工步骤:施作边桩,用钢梁、钢板铺盖临时结构顶板,施作临时路面,兼做施工场地用,并减少施工扬尘。开挖基坑至结构底板底设计高程,自下而上施工主体结构至结构顶板处。拆除临时结构顶板,施做车站结构顶板。

b.盖挖顺作段主体结构设计

盖挖顺作段主体结构采用双层双柱三跨框架结构,由侧墙、柱、纵梁、板为主要的受力构件。护坡桩作为施工期间的基坑支护,同时兼作永久结构受力的一部分,在桩与侧墙之间施做防水层。

c.基坑支护结构设计

(a)基坑变形控制标准:

本车站盖挖顺作段基坑宽度约23m,深度约13.5m。根据基坑规模与周边环境条件,参照两个行业标准:《建筑基坑工程技术规范》(YB 9258—1997)和《建筑基坑支护技术规程》(JGJ 120—1999),以及《北京地铁四号线工程初步设计技术要求》,本基坑变形控制等级为一级,基坑变形控制标准为地面最大沉降量≤0.15%H(即21mm);支护结构最大水平位移≤0.2%H,且≤30mm。规范推荐采用桩墙类柔性支护结构。

(b)支护结构形式选择

基坑深度已进入圆砾卵石⑤层,结构底板与支护结构入土深度伸入圆砾卵石⑤层。由于没有进入潜水及承压水内,所以不用进行施工降水,但必须做好上层滞水排放及处理,以保证基坑内无水作业。因此,本站主体结构盖挖顺作段采用钻孔灌注桩支护结构方案。

(c)内支撑系统

桩墙支护均为柔性支挡结构,内部均须设置多道支撑系统。本车站基坑窄而长,较适合采用内部钢支撑。钢支撑刚度大,有利于控制支护结构变形及地面沉降,但支撑的架设对基坑内作业空间有一定影响。钢支撑可多次倒换使用,因而价格较低。本站确定钢支撑方案为支护结构的支撑系统。

(d)基坑支护方案的结构布置

主体结构基坑采用 $\Phi 800@1200$ 钻孔灌注桩加内支撑作为基坑支护结构,桩顶设冠梁,桩间采用挂网喷射混凝土保持桩间土稳定。沿基坑竖向设两道钢支撑,两道钢支撑通过钢围檩设在结构底板、楼板上1.6～2.4m处。基坑平面内一般采用对撑,在端部与角部采用斜撑。

由于本车站埋深较浅,施工时利用在钻孔灌注桩顶加设军用临时钢梁,作为施工场地用,钻孔灌注桩顶可利用地表土自立性降低至结构顶高程。

③暗挖段结构设计

a.施工方法

西单站中间段结构形式为单层三跨地下车站,拱顶覆土深度约为3.3m。由于本段穿越北京市东西向主干道长安大街,交通任务非常繁重,紧邻西单商业街,人流众多,若采用明挖或盖挖方法则会严重影响地面交通,造成交通拥堵,并且长安街有地下管线,明、盖挖均有改移管线工作。另外,本站中间段施工对地铁一号线区间的受力和变形影响十分突出,因此不具备明挖或盖挖法施工的条件,应采用暗挖法施工。

具体施工步骤:由车站盖挖顺作段两端施工竖井对顶部土层施作 $\Phi 108$ 大管棚加小导管注浆加固土体。对称开挖中部纵梁及中柱处上、中、下导洞。施作顶、底纵梁及中柱。开挖两柱间导洞,保留内侧顶板竖向支撑,并施作水平临时支撑,贯通顶部二衬拱体。开挖下部土体,分步拆除中部隔板,贯通结构底板。分步开挖两侧上、中、下导洞,分步拆除支撑,在导洞中施作两侧内衬。

本方案取用的工法结合中洞法的优点,采用中柱法,该工法由于在开挖断面较小时就施工完成两列柱及中部结构,可对土体进行有效的支撑,比中洞法沉降更小,以求对长安街路面影响达到最小,具体做法参见施工工序图。

b.结构设计

中部暗挖段采用单层三连拱复合衬砌结构形式,初期支护为钢筋格栅拱加喷射混凝土结构,二次衬砌顶、底纵梁及中柱均为钢筋混凝土结构。初期支护与二次衬砌之间设置防水夹层。

上跨一号线地铁区间隧道的结构处理方法:

根据站位布置,本车站暗挖段局部上跨一号线地铁区间,且车站底板距地铁一号线区间结构顶净距仅有500mm,所以本站施工的重点难点是:如何避免因本站施工而造成的一号线区间隧道拱顶的土压卸载,引起一号线区间破坏的问题。此处地层为圆砾夹粉土层,车站施工使一号线地铁区间隧道顶部土体卸载,造成隧道受力平衡破坏,威胁一号线运营安全;施工时土体扰动及运营时的振动对一号线也有严重影响。根据现有的一号线区间资料,该区间二衬为素混凝土、无配筋,同时该区间在本车站范围内无变形缝,而一号线在施工期间运营不间断,不能受到任何影响,故此段暗挖施工时对一号线区间影响的防备措施是本方案的施工难点、重点,也是控制施工进度较关键的一步。

为解决以上问题,主要考虑以下方案:(a)合理调整柱网布置,使四号线地铁的结构柱尽可能避开一号线区间结构,以避免一号线区间顶部的应力集中;(b)适当加大四号线地铁车站底板及底梁的刚度,以避免一号线区间顶部的不均匀荷载;(c)采用在一号线区间两侧做旋喷桩加固土体的办法,以加固一号线区间周边土体。具体方法如下:由于车站的施工是由两端的盖挖顺作段向中间施工,因此,在距一号线区间约4~5m的范围内,由上部1、4、7导洞沿45°方向向一号线区间两侧做旋喷桩,桩长深至一号线区间以下1~2m的范围。

同时用小导管注浆对一号线区间拱顶加压,使一号线区间周边被水泥土包围,以达到加固一号线区间两侧及上部土体的目的,减小一号线区间两侧土体的侧压力,防止暗挖卸载引起地基回弹,以保证一号线的安全及正常运营。施工时必须加强监测,以便随时了解结构变形,控制每一步的结构变形,及时反馈信息,必要时调整施工方案。

根据站位布置,本车站暗挖段穿越长安街,根据现有的管线资料,上部有许多市政管线,其中有一 $\Phi1640$ 的雨污水管斜穿本站暗挖段,管底高程42.40m,已大部分进入车站内部,必须废除。施工时应先将该管线改移,对于车站上方废除的污水管部分,应用砂土封堵,而后在污水管内车站两侧各砌筑360厚砖墙一道,封堵该管线。同时从砖墙周边对管内土体进行注浆,密实污水管内土体。施工暗挖段车站时,再在大管棚及小导管注浆保护下,分段凿除进入车站的污水管线。

(5)出入口、换乘通道及风道结构设计

①人行通道结构型式与施工方法

车站西侧西北、西南出入口横穿西单北大街、宣武门内大街,路面车辆繁忙,地下管线密集。为了不影响地面交通和避免大量的地下管线改迁,此两个出入口过道路水平段采用暗挖法施工,由于上面覆土较浅,暗挖段采用平顶直墙复合衬砌结构,分两步开挖;其敞开段采用明挖法施工。

在车站东侧的东北、东南出入口通道与既有地下通道相接,由于覆土较浅,采用明挖法施工,结构形式为现浇钢筋混凝土地下单层单跨矩形框架结构。

东北侧的通一号线换乘通道,由于埋深较深,采用暗挖法施工,采用直墙拱顶复合衬砌。

东南侧的通四号线换乘通道在接入一号线西单站站厅处受地面交通的影响,采用暗挖法施工(在明挖与暗挖段交接处设一施工竖井),其余处采用明挖法施工,明挖段结构形式为现浇钢筋混凝土地下单层单跨矩形框架结构,为了方便与明挖段相接,其暗挖段采用平顶直墙复合衬砌。通道明挖段分别跨越一号线西单站风道结构和一号线西单站通时代广场地下通道,为了保护原有结构,可采用旋喷桩和注浆的方法进行加固处理,并且施工时加强监测,有问题及时反馈设计。

车站出入口暗挖段结构均采用复合衬砌支护形式,初期支护为钢筋格栅拱加喷射混凝土结构,二次衬砌为模筑钢筋混凝土结构,初期支护与二次衬砌之间设置防水夹层。暗挖施工采用超前小导管对顶板上土体进行注浆加固,拱顶支护规格采用 $\Phi42$ 超前小导管注浆,长 3m,环向间距 300mm,纵向每两榀一道,搭接长度大于 1m。

②风道结构形式与施工方法

两个风道均采用明挖法施工。南侧风道采用现浇钢筋混凝土地下双层双跨矩形框架结构。其基坑支护结构采用钻孔灌注桩,桩径 800mm,桩距 1500mm。北侧风道采用现浇钢筋混凝土地下单层双跨矩形框架结构。其基坑支护结构采用钻孔灌注桩,桩径 600mm,桩距 1000mm。

(6)车站结构防水设计

①防水设计原则

防水设计根据工程地质水文地质条件、结构特点、施工方法等因素综合考虑,遵循"以防为主、刚柔结合、多道防线、综合治理"的原则。

②防水等级、标准和设防要求

a.防水等级、标准

车站主体、出入口及通道防水等级为一级,不渗不漏,结构表面无湿渍。

地下通道防水等级为二级,不允许漏水,结构表面可有少量湿渍,湿渍面积不应大于总防水面积的 6/1000,任意 $100m^2$ 防水面积上的湿渍不超过 4 处,单个湿渍的最大面积不大于 $0.2m^2$。

b.设防要求

车站的顶、底、侧墙采用防水混凝土结构自防水;

附加防水层宜采用一至两种；

施工缝采用多道防线加强。

③设计依据

《地下工程防水技术规范》(GB 50108—2008)；

《铁路隧道设计规范》(TB 10003—2005)；

《地铁设计规范》(GB 50157—2003)。

④施工方法

不同的施工方法有着不同的防水做法：

采用盖挖顺做法施工，防水层的铺设速度快，基面容易满足防水层的铺设要求，作业空间大，防水层与结构之间黏贴密实，防水质量容易保证。

暗挖法施工作业时间长，造价高，防水效果较差。

⑤防水措施

a. 结构自防水

车站主体及附属结构应采用防水混凝土结构刚性自防水，防水混凝土的抗渗等级不小于 0.8MPa；

防水混凝土的环境温度不得高于 80℃；

防水混凝土结构底板的混凝土垫层，强度等级不应小于 C15，厚度不应小于 100 mm，软弱土层中不应小于 150mm；

防水混凝土结构的裂缝宽度不大于 0.2mm，且无贯通的裂缝；

水泥的强度等级不应低于 32.5MPa；

防水混凝土根据工程需要掺入各种外加剂，所有外加剂应符合国标、行标一等品以上质量要求；

防水混凝土掺入的粉煤灰级别不应低于二级，掺量不大于水泥掺量的 20%；

防水混凝土湿养护不少于 14d。

b. 附加防水层

附加防水层包括防水砂浆层、防水卷材层、防水涂膜层、弹性水泥防水层，根据结构形式、开挖方式和水文地质情况选用，或综合选用，做到施工可行、防水可靠。

c. 车站主体结构盖挖顺段防水做法

盖挖顺作段结构外侧铺设柔性全包防水层，顶板防水层采用可与结构表面密贴的自黏式防水卷材，厚度不得小于 1.5mm。侧墙和底板采用膨润土防水板，单位重量不得小于 5.5kg/m²。

d. 车站主体结构暗挖段防水做法

采用复合式衬砌夹层防水的做法，在喷射混凝土基面上施工防水板衬垫和防水板，采用无钉孔铺设，热熔机双焊缝的方法施工夹层防水层，再施工二衬防水混凝土结构。

喷射混凝土初期支护应具有一定的抗渗性能,铺设防水层前,初支表面不得有明水流,否则应进行背后注浆或表面封堵处理。

采用厚度不小于1.2mm的塑料防水板进行全包防水处理;在初支表面铺设防水层的缓冲层,防水层采用无钉孔铺设双焊缝施工工艺,后续工程中应采取有效措施对防水层进行保护。

二次衬砌采用防水混凝土砌筑。

在初衬、二衬间拱顶部位预埋注浆管,结构施工完毕后对拱顶部位进行二次注浆处理,将拱顶部位二衬与防水板之间的空隙填充密实。

e. 车站盖挖顺作与暗挖的过渡部分防水做法

车站主体盖挖顺作部分与暗挖部分之间设变形缝,变形缝两侧的防水层分别与基面密贴,使车站明、暗部分防水层各成独立体系。明暗、挖部分的防水材料的过渡应选择距离变形缝1m以上的位置。

车站主体盖挖顺作部分的防水材料和暗挖部分的塑料防水板之间采用双面丁基橡胶密封带或双组分聚硫橡胶黏结过渡。

⑥特殊部位处理

变形缝:防水的薄弱环节,采用三道防线;在结构变形缝的迎水面采用外贴式塑料止水带;结构断面中部预埋埋入式橡胶止水带;在缝的背水面即结构内侧的缝内用双组分聚硫橡胶嵌缝。止水带要求就位准确、固定牢靠,嵌缝膏与基面黏贴牢固。此处混凝土应振捣密实。

盖挖顺作部分采用大体积无收缩混凝土浇灌技术。

施工缝:采用两道防线;在施工缝浇注混凝土前,结构断面中部黏钉止水条的位置须抹平压实、压光、不凿毛外,其余混凝土表面须凿毛且清洗干净,在施工缝断面中部黏钉缓膨胀型橡胶止水条。

暗挖部分施工缝部位采用宽度不小于25cm的背贴式止水带和中置式遇水膨胀止水条进行防水密封处理。

穿墙管:穿墙件部位采用止水法兰与密封膏与防水层进行过渡连接形成密封止水。

应在浇注混凝土前埋设,并加止水环。

穿墙管线较多时,可采用穿墙盒,盒的封口钢板应与墙上预埋件焊牢,并从钢板上的浇注孔注入密封材料。

管根部的聚氨酯防水涂层应涂至管部以上不少于150mm,管根部防水涂层须加密纹玻璃丝布加强。

防杂散电流接地网穿透结构底板的防水处理:在金属管中部(与结构底板相交

的部分)设钢片止水环,在钢片止水环靠近迎水面的一边设置缓膨胀橡胶条;底板防水层与金属管相交部分采用密封膏密封,并拐上金属管100mm。

4)工程筹划

(1)工程特点

①工程特点:

车站位于交通路口,采用明、暗挖法施工相结合,由于盖挖顺作段位于西单文化广场绿地下,所以施工期间不阻碍市政交通,但施工较复杂。

本站的暗挖段位于长安街下方,施工期间要严格控制沉降。

本站的暗挖段跨越一号线区间隧道,施工期间要采取有效的保护措施,确保一号线地铁的正常运营。

本站位于西单商业区并横跨长安街,本地区客流量大,交通繁忙,施工时应尽量减少对本地区的影响。

②施工总体安排

基于车站站位与现状道路的相关关系,从施工场地、车站的埋深、交通疏解等几方面分析,本站采用明、暗挖相结合的施工方法,车站主体在长安街的南北两侧应采用盖挖顺作法施工,在长安街下方采用暗挖法施工。在车站主体西侧的出入口采用暗挖法施工;东南侧及东北侧出入口通道均采用明挖法施工;南、北侧两个风道均采用明挖法施工;车站东北侧的通一号线换乘通道采用暗挖法施工;车站东南侧通四号线换乘通道采用明挖与暗挖法相结合的施工方法。

场地拆迁及"三通一平"后,先同时施工车站主体南北端盖挖顺作段以及南侧风道围护结构,然后分段开挖基坑;基坑开挖至一定深度后,在围护结构上架临时军用梁,并平铺钢板,以方便施工车辆的行驶。基坑开挖到底后,先期施做靠近暗挖段一侧的底板,开始开挖车站暗挖部分,同时继续进行盖挖顺作段的基坑开挖及底板施做。盖挖顺作段底板施做完毕后,施做盖挖顺作段的主体结构;盖挖顺作段在靠近车站主体暗挖段一侧,各留一施工竖井,作为后期车站主体及附属结构施工出土、进料的通道。在施做完车站盖挖顺作主体结构后,在车站出入口处开始施做西侧的暗挖出入口通道及东侧的明挖出入口通道、北侧风道、东北侧换乘通道暗挖施工以及东南侧换乘通道的明挖段的施作。

此期间车站暗挖段继续施工(含内部结构)及施作盖挖顺作段的内部结构。东侧出入口通道、风道以及东南侧换乘通道明挖段施作后,最后施工车站西侧明挖出入口以及东南侧换乘通道的暗挖段的施工。

(2)施工场地布置

施工场地的布置应能满足施工总体安排的需要,而且保证施工期间交通顺畅,施工围挡应最大限度地减少施工对本地区环境的影响,为市区创造一个安全、文明的施工环境。

车站纵向呈南北向布置,现场为西单文化广场西侧绿地和时代广场西侧绿地,中间70m宽左右在长安街正下方。车站西侧与西单北大街、宣武门内大街相邻,局部在长安街正下方。本车站施工可分三期围挡,具体如下:

①一期围挡:在车站南北侧盖挖顺作段及南侧风道周围进行围挡,场地周围用围墙或隔板与外界相隔,围挡面积为7168m^2,其中占用广场绿地面积3354m^2。施工场地的出入口分别设在施工场地的邻西单北大街、宣武门内大街一侧,大门开口通向街道,施工车辆出入比较便利。

②二期围挡:在车站盖挖顺作段主体结构及南侧风道施工完后,拆除南侧风道周围的围挡,并可恢复绿地或现状道路;同时对东侧出入口、换乘通道明挖部分及北侧风道周围进行围挡,围挡总面积为9673m^2,其中占用广场绿地面积4613m^2,拆除围挡处恢复现状绿地及路面。施工场地的出入口分别设在施工场地的邻西单北大街、宣武门内大街一侧,大门开口通向街道,施工车辆出入比较便利。

③三期围挡:在车站主体及附属出入口通道、东北侧换乘通道以及东南侧换乘通道的明挖段完工后,拆除二期围挡,恢复现状绿地及路面,同时在车站西侧明挖出入口周围以及通四号线换乘通道暗挖段施工竖井处进行围挡,围挡面积为1664m^2,其中占用绿地面积705m^2,施工场地的出入口分别设在施工场地的邻西单北大街、宣武门内大街一侧以及长安街北侧,大门开口通向街道。

(3)施工期间交通疏解

车站相邻宣武门内大街、西单北大街及长安街,长安街下方采用暗挖法施工,长安街南北两侧虽然采用盖挖顺作,但都位于现状广场绿地下方;从站位的设置及施工方法的采用上,施工期间都不阻碍现有的市政交通。但施工车辆的进出主要利用宣武门内大街、西单北大街行驶。施工车辆尽量安排在夜间出行。由于长安街较特殊,施工车辆尽量避免过多在长安街上行驶,要严格按照交管部门的要求执行。

(4)地下管线处理意见

车站拟处在新改造的西单与长安街路口。原规划在西单与长安街路口要建下沉式地面交通立交,已把长安街下大的管线迁移到武功卫胡同和民丰胡同下面去了。根据现有管线资料,车站范围内地下管线情况分布如下:

①长安街下车站主体采用暗挖法施工。经查管线资料,长安街下东西走向地下重要管线已移至北侧武功卫胡同下,主要管线有:东西向有一根直径1.64m的雨污水管,管内底高程为42.44m横穿车站结构。根据咨询北京市市政管理处,该条管道可改移至西单文化广场北侧武功卫胡同,再经西单文化广场东侧路接入长安街现状管道。

东西向在车站结构上方有照明、电话、热力、上下水等小直径管线,没有影响。

②车站南北段采用盖挖法施工,位于现状广场绿地下。主要管线有:南侧有 1 条电信管线 10×20,须改移;北侧有电信管线 40×10,须改移;南侧有 3 条电力管线须改移;北侧有 1 条电力管线须改移。

③车站出入口通道、换乘通道、风道附属结构,主要管线有:南北向的 $\phi500$ 雨污水管,管内底高程为 43.90m,横穿出入口通道结构,须改移;南北向的 $\phi400$ 雨污水管,管内底高程为 43.90m,横穿出入口通道结构,须改移;南北向的 $\phi600$ 雨水管,横穿风亭及换乘通道,须改移。

2 号出入口上方南北向的 $\phi20$ 电力管,横穿出入口通道,施工时须悬吊保护。

3 号出入口上方南北向的 $\phi100$ 电力管,横穿出入口通道,施工时须悬吊保护。

南北向的 1300×1600 雨水方沟,管内底高程为 45.30m,紧贴出入口通道结构上方,须将方沟改为 $\phi1400$ 管道,从中国银行门前广场前绕过出入口后再接回现状雨水管。

(5)施工主要进度指标及工期安排

工期计划应服从全线总工期的安排,根据此站的建设规模及相关的工期定额及类比分析,本车站土建工期计划为 25 个月,由于本站明、暗法相结合,车站暗挖段与西侧出入口通道的暗挖附属结构均需利用车站盖挖顺作段出土进料,所以施工期间施工步序需紧密搭接,提高效率,缩短工期,减少相互干扰时间。本站盖挖顺作法施工进度指标如下:

施工前期准备及围挡:1 个月;
基坑围护:3 个月;
基坑开挖:5 个月;
盖挖顺作主体结构:6 个月;
附属结构(风道、出入口):3 个月。
本站暗挖法施工进度指标如下:
风道、出入口土石方开挖及初衬:2m/(天·工作面);
车站主体土石方开挖及初衬:1m/(天·工作面);
风道、出入口浇注二次衬砌:2m/(天·工作面);
车站主体浇注二次衬砌:1m/(天·工作面)。

(6)实训要求

根据北京地铁四号线西单站建筑结构设计说明和设计图纸,编制盖挖顺作施工方案。

单元四　地铁车站浅埋暗挖法施工

【知识目标】
1. 了解浅埋暗挖法地铁车站结构和构造；
2. 熟悉浅埋暗挖法地铁车站施工程序；
3. 掌握浅埋暗挖法辅助施工方法、浅埋暗挖施工方法和监控量测方法、衬砌支护结构施工。

【能力目标】
1. 会识读地铁车站施工图与绘制关键部位结构施工图；
2. 能对浅埋暗挖法车站施工方案进行拟定；
3. 能够独立完成地铁车站主要施工工序技术交底书的编写。

浅埋暗挖法主要适用于不宜用明挖法施工的土质或软弱无胶结的砂、卵石等第四纪地层修建地铁车站。这种方法是在开挖中采用多种辅助施工措施加固地层，开挖后及时支护，封闭成环。浅埋暗挖法具有以下特点：
(1) 优点
① 拆迁占地少、不扰民、不干扰交通、节省大量拆迁投资。
② 简单易行，灵活方便，适于于不同地层、不同跨度、各种断面。
③ 可以提供大量就业机会。
(2) 缺点
① 施工速度缓慢。
② 劳动强度大，机械化程度不高。
③ 高水位地层结构防水比较困难。

一、概　　述

近年来，采用浅埋暗挖法施工的地铁工程已越来越多，它的优越性也越来越明显，且它已经成为城市地铁施工采用的主要方法之一。

浅埋地下工程的特点主要是：覆土浅、地质条件差（多数是未固结的土砂、黏性土、粉细砂等）、自稳能力差、承载力小、变形快，特别是初期增长快，稍有不慎极易产生坍塌或过大的下沉，而且在地下工程附近往往有重要的地面建筑物或地下管线,给施工带来严格的要求等。浅埋暗挖法是以超前加固、处理软弱地层为前提,采用足初期支护和二次衬砌为基本支护结构的一种用于软土地层近地表地下工程的暗挖施工方法。它以施工监测为手段,指导设计与施工,保证施工安全,控制地表沉降。在应用范围上,不仅可用于区间、大跨度线段、通风道、出入口和竖井的修建,而且可用于多跨、多层大型车站的修建;在结构形式上,不仅有圆拱曲墙、大跨度平拱直墙,还有平顶直墙等形式;在与其他施工方法的结合上,有浅埋暗挖法与盖挖法的结合,还有与半断面插刀盾构的结合。

1 浅埋暗挖法的特点

①适用于多种地质条件和地下水条件。

②具有适合各种断面形式(单线、双线及多线车站等)和变化断面(过渡段、多层断面等)的高度灵活性。

③通过分部开挖和辅助施工方法,可以有效地控制地表下沉和坍塌。

④与盾构法相比较,在较短的开挖地段使用,也很经济。

⑤与明挖法相比较,可以极大地减轻对地面交通的干扰和对商业活动的影响,避免大量的拆迁。

⑥从综合效益观点出发,是比较经济的一种施工方法。

2 浅埋暗挖法的施工应贯彻的原则

①管超前:指采用超前管棚或小导管注浆防护,实际上就是采用超前支护的各种手段,提高掌子面的稳定性,防止围岩松弛和坍塌。

②严注浆:指在导管超前支护后,立即进行压注水泥浆或其他化学浆液,填充围岩空隙,使隧道周围形成一个具有一定强度的壳体,以增强围岩的自稳能力。

③短开挖:限制一次进尺的长度,减少对围岩的扰动。

④强支护:指在浅埋的松软地层中施工,初期支护必须十分牢固,具有较大的刚度,以控制开挖初期的变形。

⑤快封闭:指在台阶法施工中,如台阶过长时,变形增加较快,为及时控制围岩松弛,开挖后,必须及时封闭,提高初期支护的承载能力。

⑥勤量测:指对隧道施工过程按要求进行监控量测,掌握施工动态,及时反馈。

二、超前支护与地层预处理施工

【知识目标】

1.了解浅埋暗挖法地铁车站的辅助施工方法的种类;

2.熟悉浅埋暗挖法地铁车站不同辅助施工方法施工程序；

3.掌握浅埋暗挖法地铁车站不同辅助施工方法技术要点及施工过程中应注意的事项。

【能力目标】

1.能够根据地铁车站施工所处的地质条件等因素，选择必要的辅助施工方法或其组合；

2.能指导地铁车站各类辅助施工方法施工；

3.能够独立完成各种辅助施工方法施工工序技术交底书的编写。

在城市地铁浅埋暗挖法施工中，经常遇到砂砾土、砂性土、黏性土或强风化基岩等不稳定地层。这类地层在隧道开挖过程中自稳时间短暂。隧道开挖工程中往往引起较大的地面沉降，初期支护也往往未来得及施作，或喷射混凝土还未获得足够强度时，拱墙的局部地层已经开始坍塌。为此需要采用地层预支护和预加固方法，来提高地层自稳能力，减少地表沉降。

1 小导管超前注浆

这是在地铁单线区间隧道开挖过程中常采用的方法。注浆小导管采用 $\phi 38 \sim \phi 50$ 的焊缝钢管制成，导管沿拱部开挖轮廓线 120°范围布置，间距 0.3m 左右，外插角控制在 $5°\sim 15°$，如图 4-1 所示。

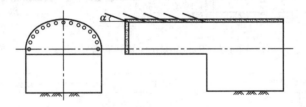

图 4-1 小导管注浆施工示意图

注浆小导管管头为 $25°\sim 30°$ 的锥体，管长 $3\sim 5m$，其中端头花管长 $2.0\sim 2.5m$，花管部分钻有 $\phi 6\sim \phi 10$ 的孔眼，每排 2 个孔，交叉排列，间距 $10\sim 20cm$ 之间。小导管结构如图 4-2 所示。

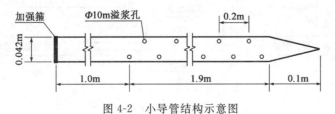

图 4-2 小导管结构示意图

注浆材料及配合比应根据地质条件和施工要求,通过现场实验确定。水泥浆或水泥—水玻璃浆液。主要使用渗透系数大于 10^{-4}cm/s 的填土层、砂土层和夹砂的黏土层;对于大于 10^{-5}cm/s 的细砂层可采用化学浆液(聚氨酯类、丙烯酰胺类)。在北京砂性土中曾采用过水泥—水玻璃双液浆,水灰比控制在 0.8:1~1:1,水玻璃浓度 35~40Be,水泥浆与水玻璃浆的体积比为 1:0.6~1:1,凝胶时间在 1min 左右。经过注浆,在浆液扩散范围内,砂石均被胶结,7d 抗压强度可达到 0.5~1.5MPa。

控制注浆压力是这项作业的又一重要技术环节,应根据地质条件、周围建筑物情况及施工要求,通过现场试验确定,一般控制在 0.3~0.5MPa 之间。

❷ 开挖面深孔注浆

在含水砂层、软塑或流塑状黏土、淤泥质地层中,因注浆小导管加固范围有限,掌子面地层不稳,故一般采用开挖面深孔注浆。一次注浆长度 10~15m,注浆孔间距 0.5~1.0m,注浆压力 0.7~2.0MPa,如图 4-3 所示。水泥浆的配合比及注浆压力通过现场试验确定,其工艺流程如图 4-4 所示。

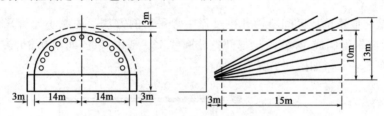

图 4-3 开挖面深孔注浆孔布置示意图

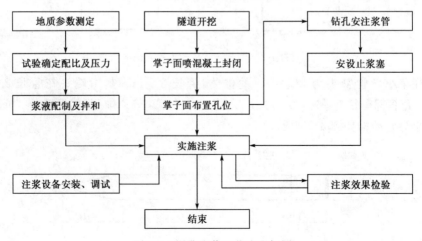

图 4-4 深孔注浆工艺流程框图

注浆量应根据地层孔隙率确定,一般可按照下列公式计算

$$Q = \pi R^2 Hn\beta\alpha \tag{4-1}$$

式中:Q——浆液注浆量(m^3);

R——浆液有效扩散半径(m);

H——注浆段长度(m);

n——土体孔隙率(或岩体裂隙率)(%),对于土、砂土,n 取 30%~60%;

$β$——浆液充填率,$β=0.3~0.9$,对于土、砂土,$β$ 取 0.3~0.5;

$α$——超耗系数(含超注量、冒浆、损耗等),$α$ 取 1.2~1.5。

3 管棚超前支护

当地铁通过自稳能力很差的地层,或地表通过车辆荷载过大,威胁施工安全,或临近有重要建筑物,为防止由于地铁施工造成超量的不均匀下沉,往往采用管棚法。其基本机理是在隧道开挖之前,沿隧道开挖断面外轮廓,以一定间隔与隧道轴线成1°~3°夹角钻孔,插入钢管(直径70~150mm),再从插入的钢管内压注填充水泥浆或水泥砂浆,来增加钢管的承载力及刚度,并对管周围的岩体进行加固,使得钢管和围岩一体化,由管棚和围岩构成的支撑体系减小围岩下沉。

4 案例:超前小导管注浆在黄庄地铁车站中的应用

1)工程概况

(1)车站概况

地铁黄庄车站是四号线车站与十号线车站的换乘站,十号线在上,四号线在下,两车站呈十字形布置。本车站位于双榆树站与中关村站之间,在中关村大街与知春路交叉口处。四号线车站在现状中关村大街下,呈南北走向;十号线车站呈东西走向。

(2)工程地质条件

区域内第四纪覆盖层厚度为100~150m之间,其下为古生代二迭系砾岩和砂岩。根据地质资料,与本工程有关的地层自上而下依次为:

a. 人工填土层(Qml);

b. 第四纪全新世冲洪积地层(Q42+3pl);

c. 第四纪全新世冲洪积层(Q41al+pl);

d. 第四纪晚更新世冲洪积层(Q3al+pl)。

(3)水文地质条件

车站场区第四纪地层中赋存上层滞水、潜水和承压水。

①上层滞水:赋存于粉土③层或粉土④₂层,实测水位高程为 47.39m,相应水位埋深为 4.20m。主要为大气降水、管路渗漏和地面水体的侧向径流补给,该含水层稳定性差、含水率较小,主要以蒸发和向下越流补给下层潜水方式排泄,同时也可以侧向径流形式向下游方向排泄。

②潜水:赋存于粉细砂④₃层、圆砾卵石⑤层、粉土⑥₂层。实测水位高程为 37.32m,相应水位埋深为 14.18m。该层水补给来源为大气降水补给和侧向径流补给,以侧向径流和向下越流补给下层承压含水层,该层水与地表水有一定的水力联系。

③承压水:赋存于圆砾卵石⑦层及粉细砂⑦₁层,地下水连续分布,渗透系数大,为强透水层,实测水头高程为 26.09m,相应水位埋深为 25.41m。本层水头位于结构底板以下。

2)超前小导管施工

在浅埋松散地层中施工,采用小导管超前支护预加固地层技术,通过注浆,使小导管周围土体固结成形承载壳,在小导管及承载壳的棚架作用下开挖下部土体既安全又稳妥,可有效地控制拱顶坍塌。

(1)施工工艺程序

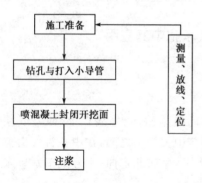

图 4-5 小导管施工工艺程序图

施工工艺程序如图 4-5 所示。

(2)施工方法

①单液注浆

a.施工准备

(a)熟悉设计图纸;

(b)调查分析地质情况,按可灌比或渗透系数确定注浆类型;

(c)通过试验确定注浆半径、注浆压力、间距及浆液配比;

(d)加工导管,准备及检修施工设备器材;

(e)施工人员培训;

(f)工作面测量、放线、定孔位。

b.小导管加工制作

小导管采用 $\phi42$ 无缝焊管加工而成,小导管前端加工成锥形,以便插打,并防止浆液前冲。小导管中间部位钻 $\phi8\sim\phi10$ 溢浆孔,呈梅花形布置(防止注浆出现死角),间距 20cm,尾部 1.0m 范围内不钻孔防止漏浆,末端焊 $\phi6$ 环形箍筋,以防打设小导管时端部开裂,影响注浆管连接。

c.注浆加固范围及小导管布设

隧道开挖采用φ42超前注浆小导管加固地层。小导管单根长度根据不同的衬砌结构断面采取不同的长度和环向间距,从拱部格栅中穿过,仰角及外插角5°~15°(角度过小影响下榀格栅的架设,极易造成侵限,角度过大,易出现超挖现象)。布设范围大部分在拱部120°角范围内,前后两次小导管搭接长度不小于1.0m。小导管布设如图4-6所示。

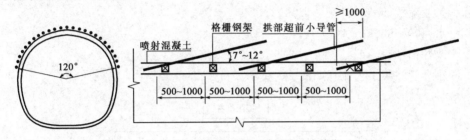

图4-6 注浆范围及注浆步设示意图(尺寸单位:mm)

d. 小导管安装

用手持风钻钻孔,并将小导管打入孔内,如地层松软也可用游锤或手持风钻将导管直接打入。

对于砂类土,如有堵孔,用φ20钢管制作吹风管,将吹风管缓缓插入土中,用高压风射孔,成孔后将小导管插入,并用CS胶泥将管口密封。

小导管采用风镐打入或风枪钻孔,插孔时用气动锤振入。

e. 注浆

注浆以注水泥浆为主。首先将掌子面用喷射混凝土封闭,以防漏浆,并对小导管内的积物用高压风进行清理。

注浆顺序由下而上,注浆可以单管也可以多管并联注浆。多管并联注浆需加工一个分浆器即可。

浆液水灰比可为1.5:1.0、1.0:1.0、0.8:1.0三个等级,浆液由稀到浓逐级变换,即先稀后浓。

注浆完后,立即堵塞孔口,防止浆液外流。

f. 注浆异常现象处理

(a)注浆中如发生与其他孔串浆应将串浆孔堵住,轮到注该孔时,拔出堵塞物,用高压风或水冲洗,如拔出堵塞物时,仍有浆液外流,则可不冲洗,立即接管注浆。

(b)压力突升则可能发生堵管,应立即停机检查处理。

(c)如果压力长时间上不去,应检查是否窝浆或流往别处,否则应调整浆液配比,缩短胶凝时间,进行小泵量低压或间歇注浆,但间歇时间不能超过浆液胶凝时间。

②改性水玻璃注浆施工

改性水玻璃是以水玻璃为主剂,以硫酸及其他辅助材料为副剂配置而成,作为细粉砂层的注浆材料。当水玻璃溶液浓度为10～20Be,硫酸溶液浓度10%～30%时,在弱碱性粉细砂地层中,两种溶液体积比为(1～5):(1～2.5),配置后的浆液呈弱酸性,每立方浆液平均需料量为:

水玻璃(40Be):380～410kg;

工业硫酸(98%):110～120kg;

水:400～600kg;

改性剂:3～6kg。

小导管注浆工艺流程如图4-7所示。

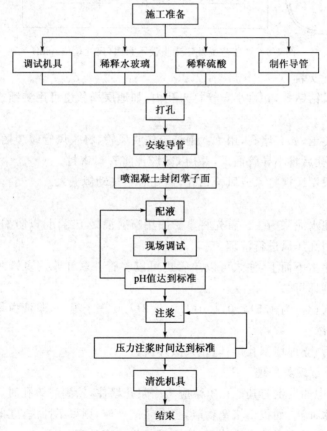

图4-7 小导管注浆施工工艺流程

③双液浆施工

a.浆液的选择:采用水泥—水玻璃双浆液。

b.浆液的配制:水泥浆液和水玻璃浆液分别在两个容器内,按一定的配比配制好待用。

c.注浆参数的选择:双浆液配比根据现场试验确定,一般情况下水泥:水玻璃=1:1~1:0.8(体积比)。凝胶时间根据实际情况确定,一般为8~10min。注浆初压拟为0.3MPa,终压为0.6MPa。注浆压力不宜超过0.6MPa。

d.注浆工艺及设备:注浆管连接好后,注浆前先压水试验管路是否畅通,然后开动注浆泵,通过闸阀使水泥浆与水玻璃浆液在注浆管内混合,再通过小导管压入地层,注浆工艺如图4-8所示。

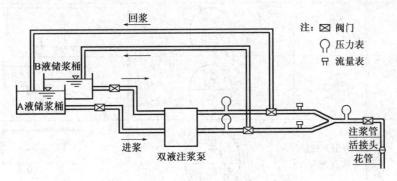

图4-8 注浆施工工艺及设备示意图

3)实训要求

根据所给的超前小导管注浆施工方案,编制超前预加固施工方案技术交底书。

三、开挖作业

【知识目标】

1.了解浅埋暗挖法地铁车站的施工原则和要求;

2.熟悉浅埋暗挖法地铁车站各种施工方法;

3.掌握浅埋暗挖法地铁车站开挖、装砟和运输方法。

【能力目标】

1.能够根据地铁车站施工所处的地质条件等因素,选择适当的施工方法;

2.能指导地铁车站各类施工方法施工;

3.能够独立完成钻爆法开挖施工工序技术交底书的编写。

❶ 施工方法

地铁车站施工中,开挖方法是影响围岩稳定的重要因素之一。因此,在选择开挖方法时,应对地铁车站断面大小及形状、围岩的工程地质条件、支护条件、工期要求、工区长度、机械配备能力、经济性等相关因素进行综合分析,采用恰当的开挖方法。尤其应与支护条件相适应。

地铁车站开挖方法实际上是指开挖成形方法。按开挖地铁车站的横断面分部情形来分,开挖方法可分为全断面开挖法、台阶开挖法、分部开挖法等,见表 4-1。

地铁车站主要施工(开挖)方法   表 4-1

序 号	名 称	横断面示意	纵断面示意
1	全断面开挖法		
2	台阶法		
3	环形开挖预留核心土法		
4	单侧壁导坑法		
5	双侧壁导坑法		
6	中洞法		
7	中隔壁法(CD)		
8	交叉中隔壁法(CRD)		

1)全断面开挖法

(1)施工顺序

全断面开挖法就是按照设计轮廓一次爆破成形,然后支护再修建衬砌的施工方法。

(2)适用条件

主要适用于Ⅰ~Ⅲ级围岩,当有处于Ⅳ级围岩地层时,在进行局部注浆等辅助施工加固后,也可采用全断面开挖法。

有凿岩台车或自制作业台架及高效率装运机械设备。

采用全断面一次开挖法,必须注意机械设备的配套,以充分发挥机械设备的效率。地铁车站机械化施工,有四条主要作业线,见表4-2。

地铁车站机械化施工作业线　　　　　　　　表4-2

作业线	采用的大型机械设备
开挖作业线	钻孔台车、装药台车、装载机配合自卸汽车(无轨运输时)、装砟机配合矿车及电瓶车或内燃机车(有轨运输时)
初期支护作业线	混凝土喷射机、混凝土喷射机械手、喷锚作业平台、进料运输设备及锚杆灌浆设备
装砟运输作业线	挖掘装载机、立抓装岩机、侧卸装载机、斗车、矿车、牵引机车等
模筑衬砌作业线	混凝土拌和作业厂、混凝土输送车及输送泵、施作防水层作业平台、衬砌钢模台车

为加快地铁车站建设,必须实现地铁车站施工机械化,而地铁车站工程新技术、新工艺的推广又为机械化施工奠定了基础。同时,机械化的发展又推动了地铁车站施工工艺水平的不断提高。机械设备选型时应遵循可靠性、经济性、配套性等原则。

(3)全断面法施工特点

①开挖断面与作业空间大、干扰小。

②有条件充分使用机械,减少人力。

③工序少,便于施工组织与施工管理,改善劳动条件。

④开挖一次成形,对围岩扰动少,有利于围岩稳定。

2)台阶法

就是将开挖断面分成两步或多部开挖,具有上下两个工作面(多台阶时有多个工作面),可分为正台阶法、中隔墙台阶法等。

施工中采用哪一种台阶法,要根据两个条件来决定:a.对初期支护形成闭合断面的时间要求,围岩越差,要求闭合时间越短;b.对上部断面施工所采用的开挖、支护、出砟等机械设备需要根据施工场地大小确定。对软弱围岩,主要考虑前者,以确保施工安全;对较好围岩,主要考虑如何更好地发挥机械设备的效率,保证施工中的经济效益,因此只考虑后一条件。

3)分部开挖法

分部开挖法包括环形开挖预留核心土法、双侧壁导坑法、中洞法、中隔壁法等。

(1)环形开挖留核心土法

环形开挖留核心土法常用于Ⅴ~Ⅳ级围岩地铁车站掘进。施工顺序为:人工或单臂掘进机开挖环形拱部,架立钢支撑,挂钢筋网,喷射混凝土。在拱部初期支护保护下,分别开挖左右侧下半部,并接长边墙钢支撑,挂网喷射混凝土,之后开挖核心土及仰拱,架立钢支撑,封闭成环。

施工时要求,环形开挖进尺一般为0.5~1.0m;开挖后应及时施作喷锚支护、安设钢架支撑,每两榀钢架之间采用连续钢筋连接,并加锁脚锚杆;当围岩地质条件差,自稳时间较短时,开挖前在拱部设计开挖轮廓线以外,进行超前支护。

环形开挖留核心土法施工开挖工作面稳定性好,施工较安全,但施工干扰大、工效低。在土质及软弱围岩中使用较多,在大秦线军都山地铁车站黄土段等地铁车站施工中均有应用。

(2)双侧壁导坑法

双侧壁导坑法适用于Ⅴ~Ⅵ级围岩地铁车站掘进。由于地质条件差、跨度较大,无法采用全断面或台阶法开挖,采用先开挖地铁车站两侧导坑,并及时施作导坑初期支护,中导坑采用台阶法开挖。

双侧壁导坑法施工要求:侧壁导坑高度以到起拱线为宜;侧壁导坑形状应近于椭圆形断面,导坑断面为整个断面的1/3;侧壁导坑领先长度一般为30~50m,以开挖一侧导坑所引起的围岩应力重分布不影响另一侧导坑为原则;导坑开挖后应及时进行初期支护,并尽早封闭成环。

双侧壁导坑法具有控制地表沉陷好,施工安全等优点,但进度慢,成本高。因此,适用于断面跨度大、地表沉陷要求严格、围岩条件特别差的地铁车站,在衡广复线香炉坑地铁车站、大秦线西坪地铁车站通过塌方体、北京地铁西单车站等地下工程中均有应用。

(3)中洞法

中洞法适用于大断面地铁车站。采用先进行中洞的开挖与支护,在中洞内施作地铁车站中墙混凝土,后开挖两侧的施工方法。

中洞法施工要求:中洞法开挖高度应大于中墙高度1m,开挖宽度应大于5m;中洞开挖超前长度根据地铁车站长度、宽度以及地质情况综合考虑,一般为10~20m;中洞开挖后应及时施作初期支护,再分段灌注中墙混凝土,每一纵向段长度为4～10m,在中墙混凝土达到设计强度后方可拆模,并进行临时横向支撑。

(4)中隔壁法(CD)

中隔壁法在近年国内的地铁车站和城市地下工程中的实践中,证明是通过软弱、浅埋、大跨度地铁车站的最有效的施工方法之一,它适用于Ⅴ～Ⅵ级围岩的双线地铁车站。中隔墙开挖时,应沿一侧自上而下分为两或三部进行,每开挖一步均应及时施作锚喷支护、安设钢架、施作中隔壁。之后再开挖中隔墙的另一侧,其分步次数及支护形式与先开挖的一侧相同。

中隔壁法施工要求:各部开挖时,周边轮廓尽量圆顺,减小应力集中;各部的底部高程应与钢架接头处一致;后一侧开挖应全断面及时封闭;左右两侧纵向间距一般为10～20m;中隔壁设置为弧形或圆弧形。

(5)交叉中隔壁法(CRD)

交叉中隔壁法适用于Ⅴ～Ⅵ级围岩浅埋的地铁车站。采用自上而下分为两至三步开挖中隔墙的一侧,及时支护并施作临时仰拱,待完成1～2部后,即开始另一侧1～2部开挖及支护,形成左右两侧开挖及支护相互交叉的情形。

采用交叉中隔壁法施工,除满足中隔壁法的要求外,尚应满足:设置临时仰拱,步步成环;自上而下,交叉进行;中隔壁及交叉临时支护,在灌注二次衬砌时,应逐段拆除。

❷ 开挖、装砟与运输

1)开挖

在松散不稳定地层中采用浅埋暗挖法开挖作业时,所选用的施工方法及工艺流程,应保证最大限度的减少对地层的扰动,提高周围地层自承作用和减少地表沉降。根据不同的地质条件及隧道断面,选用不同的开挖方法,但其总原则是预支护、预加固一段,开挖一段;开挖一段,支护一段;支护一段,封闭成环一段。初期支护封闭成环后,隧道处于暂时稳定状态,通过监控量测,确认达到基本稳定状态时,可以进行二次衬砌的混凝土灌注工作。如量测结果表明尚未稳定,则需继续监测;如监测结果表明支护有失稳的趋势时,则需及时对支护进行补强或提前施作二次衬砌。

当周围地层稳定性较好时,可采用台阶法,施工机械可布置到上台阶进行施工,加快施工进度。但拱部初期支护长时间无法封闭,当拱部地层压力较大,拱脚部位土体不能够提供足够反力时,整个拱部将连同支护一起下沉,严重时拱脚部位土体将产生滑移,引起塌方。当遇到这种不利情况时,可施作临时仰拱,形成半断面临时闭合结构,促使地层稳定。临时仰拱的安设与拆除必然将增加工程量,增大工程费用。

2)装砟

装砟就是把开挖下来的石砟装入运输车辆。

(1)砟量计算

出砟量应为开挖后的虚砟体积,可按下式计算:

$$Z = R \cdot \Delta \cdot L \cdot S \tag{4-2}$$

式中:Z——单循环爆破后石砟量(m^3);

R——岩体松胀系数,见表4-3;

Δ——超挖系数,视爆破质量而定,一般可取1.05~1.15;

L——设计循环进尺(m);

S——开挖断面面积(m^2)。

岩体松胀系数 R 值　　　　　表4-3

岩体级别	Ⅵ		Ⅴ		Ⅳ	Ⅲ	Ⅱ	Ⅰ
土石名称	砂砾	黏性土	砂夹卵石	硬黏土	石质	石质	石质	石质
松胀系数	1.15	1.25	1.30	1.35	1.6	1.7	1.8	1.85

(2)装砟方式

装砟的方式可采用人力装砟或机械装砟。人力装砟劳动强度大、速度慢,仅在短地铁车站缺乏机械或断面小无法使用机械装砟时才考虑采用。机械装砟速度快、可缩短作业时间,目前地铁车站施工中经常采用,但仍需配少数人工辅助。

(3)装砟机械

地铁车站用的装砟机又称装岩机,要求外形尺寸小,坚固耐用、操作方便和生产效率高。装砟机械的类型很多,按其扒砟型式可分为:铲斗式、蟹爪式、立爪式、挖斗式。铲斗式装砟机为间歇性非连续装砟机,有翻斗后卸、前卸和侧卸式三个卸砟方式。蟹爪式、立爪式和挖斗式装砟机是连续装砟机,均配备刮板(或链板)转载后卸机构。

装砟机的走行方式有轨道走行和轮胎走行两种,也有配备履带走行和轨道走行两种走行机构的。轨道走行式装砟机须铺设走行轨道,因此,其工作范围受到限制。但有些轨道走行式装砟机的装砟机构能转动一定角度,以增加其工作宽度。必要时,可采用增铺轨道来满足更大的工作宽度要求。轮胎走行式装砟机移动灵活,工作范围不受限制。但在有水土质围岩的地铁车站中,有可能出现打滑和下陷。

装砟机械扒砟方式的不同,走行方式不同,装备功率不同,则其工作能力各不相同。装砟机的选择应充分考虑围岩及坑道条件、工作宽度及其与运输车辆的匹配和组织,以充分发挥各自的工作效能,缩短装砟的时间。

地铁车站施工中较为常用的装砟机有以下几种：

①翻斗式装砟机又称铲斗后卸式装砟机，有风动和电动之分。

它是利用机体前方的铲斗铲起石砟，然后后退并将铲斗后翻，经机体上方将石砟投入机后的运输车内，如图4-9所示。该机具有构造简单、操作方便的特点，但工作宽度一般只有1.7～3.5m，工作长度较短，须将轨道延伸至砟堆，且一进一退间歇装砟，工作效率低，其斗容量小，工作能力较低，技术生产率一般只有30～120 m³/h，主要使用于小断面或规模较小的地铁车站中。

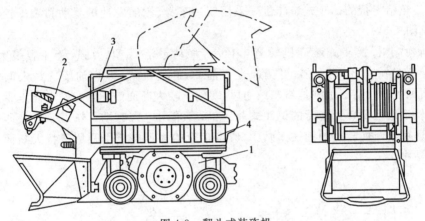

图4-9 翻斗式装砟机
1-行走部分；2-铲斗；3-操纵箱；4-回转部分

②蟹爪式装砟机。

这种装砟机多采用履带走行，电力驱动。它是一种连续装砟机，其前方倾斜的受料盘上装有一对由曲轴带动的扒砟蟹爪。装砟时，受料盘插入岩堆，同时两个蟹爪交替将岩砟扒入受料盘，并由刮板输送机将岩砟装入机后的运输车内（见图4-10）。

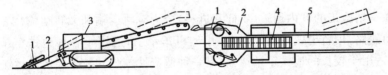

图4-10 蟹爪式装砟机
1-蟹爪；2-受料机；3-机身；4-链板输送机；5-带式输送机

因受蟹爪拨砟限制，岩砟块度较大时，其工作效率降低，故主要用于块度较小的岩砟及土的装砟作业。工作能力一般在60～80 m³/h之间。

③立爪式装砟机。这种装砟机多采用轨道走行，也有采用轮胎走行或履带走行的，以采用电力驱动、液压控制的较好。装砟机前方装有一对扒砟立爪，可以将前方或左右两侧的岩砟扒入受料盘，其他同蟹爪式装砟机。立爪扒砟的性能较蟹爪式的好，对岩砟的块度大小适应性强，轨道走行时，其工作宽度可达到3.8m，工

作长度可达到轨端前方 3.0m,工作能力一般在 120~180m³/h 之间。

④挖掘式装砟机。这种装砟机(如 ITC312H4 型)是近几年发展起来的较为先进的地铁车站装砟机。其扒砟机构为自由臂式挖掘反铲,其他同蟹爪式装砟机,并采用电力驱动和全液压控制系统,配备有轨道走行和履带走行两套走行机构。立定时,工作宽度可达 3.5m,工作长度可达轨道前方 7.11m,且可以下挖 2.8m 和兼作高 8.34m 范围内清理工作面及找顶工作,生产能力为 250m³/h。

⑤铲斗式装砟机。这种装砟机多采用轮胎走行,也有采用履带走行或轨道走行的。轮胎走行的铲斗式装砟机多采用铰接车身、燃油发动机驱动和液压控制系统(见图 4-11)。

轮胎走行铲斗式装砟机转弯半径小,移动灵活;铲取力强,铲斗容量大,达 0.76~3.8m³,工作能力强;可侧卸也可前卸,卸砟准确,但燃油废气污染洞内空气,须配备净化器或加强地铁车站通风,常用于较大断面的地铁车站装砟作业。

轨道走行及履带走行的铲斗式装砟机,多采用电力驱动。轨道走行装砟机一般只适用于断面较小的地铁车站中,履带走行的大型电铲则适用于特大断面的地铁车站中。

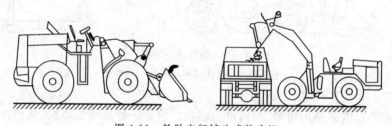

图 4-11 轮胎走行铲斗式装砟机

3) 运输

地铁车站施工的洞内运输(出砟和进料)分为有轨运输和无轨运输。有轨运输铺设轻轨线路,用轨道式运输车出砟,小型机车牵引,适用于各种地铁车站开挖方法,尤其适用于较长的地铁车站运输,是一种适应性较强和较为经济的运输方式。

无轨运输是采用各种无轨运输车出砟。其特点是机动灵活,不需要铺设轨道,能适用于弃砟场离洞口较远和道路坡度较大的场合。缺点是由于多采用内燃驱动,在整个洞中排除废气,污染洞内空气,故一般适用于大断面开挖和短中等长度的地铁车站中,并应注意加强通风。

(1) 有轨运输

有轨运输基本上不排放有害气体(电瓶式机车不排放有害气体,内燃机因行车密度小排放有害气体少),对空气污染较轻;占用空间小而且固定等。不足之处在于轨道铺设较复杂,维修工作量大;调车作业复杂;开挖面延伸轨道影响正常装砟作业等。

①出砟车辆

有轨运输较普遍采用的出砟车辆有斗车、梭式矿车和槽式矿车等。

斗车是最简单的出砟工具。断面形状多为 V 形和 U 形,容积一般为 $0.5\sim1.1m^3$。小型斗车具有轻便、灵活、周转方便等特点,但单个斗车调车需占用较多的作业时间。为此,近年来现场已研制出大容积如 $6m^3$ 乃至 $30m^3$ 的大斗车,用压气装置卸砟,或翻砟机卸砟。

梭式矿车由前后车体组成车厢,底部安装刮板式运输机,其外形如梭而得名。使用时,将车停在适宜位置,从一端装(卸)砟,适时开动刮动板运输机,即可将石砟装满或卸净。它可以单车运输,也可组成列车运输。梭式矿车是一种新型的高效率出砟运输设备,由机车牵引,一般与凿岩台车、高效率装砟机等配套使用组成机械化作业线。

槽式列车是由一个接砟车、若干个仅有两侧侧板而没有前后挡板的斗车单元和一个卸砟车串联组成的长槽形列车,在其底板处安装有贯通整个列车的链板式输送带。使用时由装砟机向接砟车内装砟,装满接砟车后,开动链板传送带使石砟在列车内移动一个车位,如此反复装移石砟,即可装满整个列车。卸砟时采取类似的操作,由卸砟车将石砟卸去。

②牵引机车与道路

常用的牵引机车分电动和内燃两类。

地铁车站施工中较为常用的电动牵引车为蓄电池电机车俗称电平车。它具有体积小,占用空间小,不排放有害气体,不需要架设供电线路,使用较安全等特点,但也存在需要有专门的充电设备,充电工作比较麻烦,牵引力有限等不足。故在长大地铁车站施工中有时采用接触式或接触—蓄电池混合供电式电动机车牵引,即在成洞地段采用接触式供电,非成洞地段用蓄电池供电。这种方式可以延长蓄电池使用时间,但接触供电线路的架设和维修工作量大,且容易发生触电事故。

内燃机车具有较大的牵引动力,配合大型斗车可以加快出砟速度。

地铁车站内用于机车牵引的道路,宜采用 38kg/m 或 38kg/m 以上的钢轨,轨距一般为 600mm 或 750mm。洞内轨道纵坡相同,洞外可不同,但最大不超过 2%。最小曲线半径,在洞内不小于 7 倍机车车辆轴距,洞外一般不小于 10 倍轴距。曲线轨道应有适当的加宽和外轨超高值。

③调车设备和轨道延伸

在装砟时,为了减少调车占用的时间,应尽量缩短调车距离和采用适宜的调车设备。较常用的调车设备有简易道岔、平移调器器、水平移车器和浮放道岔等。

简易道岔由一根能活动的长度为 $2.5\sim4.0m$ 的尖轨和一个岔心组成。它具有构造简单、铺设容易、使用方便等特点,但因无附带曲线,机车车辆容易掉道,故一般只适用于人推斗车而不能通过牵引机车。

平移调车器由底架、车轮和车架三个主要部分组成,种类很多。具有轻便、调车快、易拆移等优点。适用于双道(或单道设旁洞错车道)调车。

水平移车器由导轮轨、导轮、导链或气动水平移车装置组成。它是一种从上方将斗车提起离开钢轨,再水平横移至另一股道上的调车装置。移车速度快,但也易出故障。

浮放道岔是浮放在运输轨道上的调车设备,可用机车或装砟机牵引移位。它可以浮放在靠近开挖面的轨道上,供装砟时调车用,也可以浮放在区间轨道上,作调车渡线使用。根据不同的调车作业需要,尚可分为浮放渡线、浮放调车盘、菱形浮放道岔等。

轨道延伸是指轨道开挖面附近不足一节钢轨长度部分和掘进进尺部分实施的临时性轨道延伸。常用的方法有扣轨、爬道、短轨节等。

扣轨是把钢轨轨头朝下反扣在正式轨道钢轨外侧,轨头紧贴正式钢轨轨腰,在扣轨外侧用轨块顶撑并用道钉固定,两股钢轨之间用短木撑支顶住,以保持轨距。为便于顶进砟堆,可将扣轨前端切割成尖形,使用时只需锤击扣轨尾部,即可将轨道向前延伸。扣轨延伸轨道,一般适用于人工及小型装砟机装砟。

爬道是由两根前端切割成尖形的 10 号槽钢和钢板条焊连而成的,如图 4-12 所示。使用时将爬道槽钢扣在正式轨道的钢轨上,用装砟机铲斗贴紧钢轨面顶撞爬道尾端,即可实现轨道的延伸。爬道适用于机械装砟。

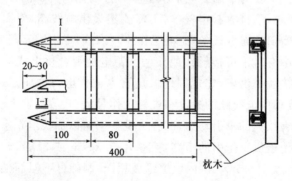

图 4-12 爬道示意图(尺寸单位:cm)

短轨节与正式轨道相似,它是用 1.5~2.0m 长的短钢轨与木枕钉制或与扁钢焊接而成的。当正式钢轨前端与开挖面砟堆之间清出一个适宜位置时,即可先铺上短轨节,并用夹板与正式轨道连接,随后继续出砟。也可在短轨节上安放爬道进行出砟。

④轨道布置与调车方法

轨道布置对于行车调度、车辆周转、出砟进料影响较大,应根据地铁车站长度、工期要求及开挖方法等选择合理的方案进行布置。调车方法是指结合洞内轨道布置,在开挖面附近为配合出砟所进行的调车作业。

常用的轨道布置形式有单车道和双车道。

单车道运输能力较低,一般用在地质较差的地铁车站中。为解决错车问题,在成洞地段可铺设会车线,其有效长度应能容纳一个列车,一般为50~60m,如图4-13a)所示。在距离开挖面20~30m处应铺设5~10m长的简易道岔岔线或安装平移调车器供出砟调车之用。

当地铁车站地质条件较好,要求施工速度较快和运输能力较大时,应开挖双线导坑断面,布置双车道运输。双车道可使轨道随掘进延伸,一次铺成。进出地铁车站的列车各行一股道,具有互不影响、车辆周转快的特点,是提高地铁车站运输效率的主要方法之一。为满足调车需要,每隔100~200m设一渡线,每隔2~3个渡线铺设一反向渡线,如图4-13b)所示。在距导坑开挖面15~20m处设置菱形浮放道岔,空车斗和装满石砟的斗车分别停在两股道上,用单机车或双机车进行调车作业。

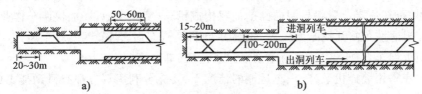

图4-13 洞内轨道布置

地铁车站洞外应布置卸砟线、错车线和各种用途的专用线。

卸砟线应不少于两条,以便使重载列车尽快卸砟回空,避免因等待卸砟而延误时间。卸砟线还应具有随着卸砟的进行而向前延伸和向横向拔移的功能。

为解决洞外错车问题,在洞外适当位置应设置错车线。要求道岔设置合理,并有足够的有效长度,以减少列车运行中的相互干扰。

洞外砂、石、木料堆放场、水泥库、木工棚、机车车辆修理停放场、充电房、混凝土搅拌站等均应铺设专用线。专用线应力求紧凑,与运输线分开布置,以减少对出砟运输的干扰。

出砟运输道路是有轨运输的命脉,其质量优劣对地铁车站施工速度影响很大。因此,必须设固定的专业小组进行铺设和维修,以保证运输道路畅通无阻,避免脱轨掉道等事故的发生。

(2)无轨运输

无轨运输主要是指汽车运输。随着大型装载机械及重载自卸汽车的研制和生产,近年来无轨运输在地铁车站掘进中得到了越来越广泛的应用。无轨运输不需要铺设复杂的运输轨道,具有运输速度快、管理工作简单、配套设备少等特点。但由于内燃机排放大量废气,对洞内空气污染较为严重,尤其长期在长大地铁车站中使用,需要有强大的通风设施。

①自卸汽车

又称翻斗车。在地铁车站施工中,应选用车身较短、车斗容量大、转弯半径小、车体坚固、轮胎耐磨、配有废气净化装置,并能双向驾驶的自卸汽车,以增加运行中的灵活性,避免洞内回车和减轻对洞内空气的污染。

②调车作业

由于无轨运输采用的装砟、运砟设备都是自配动力,属自行式,其调车作业主要是解决回车、错车和装砟场地问题。根据不同的地铁车站开挖断面和洞内运输距离,常用的调车方式有:

a. 有条件构成循环通路时,最好制定单向行驶的循环方案,以减少回车、错车需用场地及待避时间。

b. 当开挖断面较小,只能设置单车通道而装砟点距洞口又较近时,可考虑汽车倒行进洞至装砟点装砟,正向开行出洞,不设置错车、回车场地,如果洞内运行距离较长时,可在适当位置将导洞向侧壁加宽构成错车、回车场地,以加快调车作业。

c. 当地铁车站开挖断面较大,足够并行两辆汽车时,应布置成双车通道,在装砟点附近回车,空车、重车各行其道,可以提高出砟速度。

d. 在采用装砟机装砟、汽车运输的情况下,要充分利用双方都有机动能力的特点,可以采取双方同时机动或一方机动,另一方固定的方式进行装砟。

❸ 案例:交叉中隔壁法开挖施工在黄庄地铁车站中的应用

1) 工程概况

同 P155 超前小导管注浆在黄庄地铁车站中的应用。

2) 施工方案的选择

受地下管线的限制,四号线车站横跨知春路大街段,必须采用单层结构。本站采用单层三连拱结构形式,受力较好,但防水效果较差。

单层三连拱断面在地下工程中应用较多,经比较分析,采用中洞法施工。暗挖施工时,从两端双层结构端头墙预留开口进洞,先由上至下开挖中洞,然后对称开挖两边侧洞形成三连拱。由于中洞的宽度和高度均较大(初期支护净宽为12.56m、净高为 11.62m),加之拱顶处围岩为砂砾层,自稳能力差,采用交叉中隔壁法施工此洞即将开挖的中洞大断面分解为 6 个小断面并逐个施作,再凿除小断面的隔墙(板),最后形成中洞大断面。待中洞内衬完成后,再采用台阶法对称施工边洞。

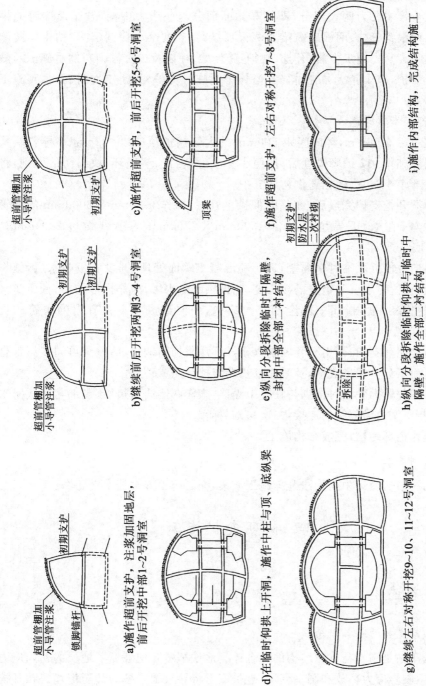

图4-14 四号线单层暗挖结构施工步序示意图

(1) 主要施工步聚

施工步聚主要为两大部分,即把车站断面分为一个大中洞(含车站中跨的拱部、底板,两根钢管柱,两根底纵梁及两根顶纵梁)和两个小侧洞(含车站主体两侧跨的二次衬砌),先施工中洞(开挖、支护,施作梁、柱以及二次衬砌),然后施工两侧洞(开挖、支护,施作底板、二次衬砌,凿掉中洞临时支护,封闭二次衬砌)。其施工步聚如图 4-14 所示。

(2) 施工步骤详述

①在采用 ϕ108mm,环向间距 500mm 的大管棚护顶辅以 ϕ32mm 小导管注浆加固地层并施作 ϕ42 锁脚锚管后,按照小分块、短台阶、多循环、快封闭的原则,将中洞分为 6 个小洞室,随挖随作初期支护。

②中洞开挖支护完成后,在临时仰拱上开洞,施作 ϕ900mm@6000mm 的钢管混凝土中柱,在上、下导坑内施作 1600mm×2300mm 的顶纵梁与 2000mm×2100mm 底纵梁。

③纵向分段拆除临时中隔壁,进行喷混凝土基面处理,铺设底板防水层,施作结构底板,预留防水层和钢筋搭接长度;铺设拱部防水层,施作拱部结构,预留防水层和钢筋搭接长度,封闭中部全部二衬结构,中洞形成一个强有力的中跨结构支撑。

④施作超前支护,采用大管棚辅以小导管注浆加固地层,两侧洞再同步用正台阶法自上而下分步掘进成环,及时作好初期支护封闭成环。

⑤纵向分段拆除临时仰拱与临时中隔壁,施作两侧洞内边墙、拱部与底板防水层结构,与中洞内拱部结构连接,二次衬砌封闭。

⑥施作内部结构,完成结构施工。

3) 实训要求

根据所给的交叉中隔壁法开挖施工方案,编制施工方案技术交底书。

四、初期支护施工

1 概述

1) 初期支护的基本概念

地铁车站是围岩与支护结构的综合体。地铁车站开挖破坏了地层的初始应力平衡,产生围岩应力释放和洞室变形,过量变形将导致围岩松动甚至坍塌。在开挖后的洞室周边,施作钢、混凝土等支撑物,向洞室周边提供抗力、控制围岩变形,这种开挖后地铁车站内的支撑体系,称为地铁车站支护。为控制围岩应力适量释放和变形,增加结构安全度和方便施工,地铁车站开挖后立即施作刚度较小并作为永久承载结构一部分的结构层,称为初期支护。

初期支护一般由锚杆、喷射混凝土、钢架、钢筋网等及其它们的组合组成,它是现代地铁车站工程中最用的支护形式和方法。

初期支护施作后即成为永久性承载结构的一部分,它与围岩共同构成了永久的地铁车站结构承载体系。在这一点上,初期支护不同于传统施工方法中采用的钢木构件支撑。构件支撑在模筑整体式衬砌时,通常应予以拆除,即不作为永久承载构件,称为临时支撑。

2)锚喷支护工程的特点

锚喷支护较传统的构件支撑,无论在施工工艺和作用机理上都有如下特点。

(1)灵活性

锚喷支护是由喷射混凝土、锚杆、钢筋网、钢架等支护部件进行适当组合的支护形式,它们既可以单独使用,也可以组合使用。其组合形式和支护参数可以根据围岩的稳定状态,施工方法和进度,地铁车站形状和尺寸等加以选择和调整。它们既可以用于局部加固;也易于实施整体加固;既可一次完成,也可以分次完成。充分体现了"先柔后刚,按需提供"的原则。

(2)及时性

锚喷支护能在施作后迅速发挥其对围岩的支护作用。这不仅表现在时间上,即喷射混凝土和锚杆都具有早强性能,需要它时,它就能起作用,而且表现在空间上,即喷射混凝土和锚杆可以最大限度地紧跟开挖而施工,甚至可以利用锚杆进行超前支护。虽然构件支撑的最大优点是即时承载,而锚喷支护同样具有即时维护甚至超前维护的作用,且能容纳必要的支撑构件(如格栅钢架)参与工作。

(3)密贴性

喷射混凝土能与坑道周边的围岩全面、紧密地黏结,因而可以抵抗岩块之间沿节理的剪切和张裂。

从整体结构来看,喷射混凝土填补了洞壁的凹穴,使洞壁变得圆顺,从而减少了应力集中。喷射混凝土尚能使锚杆和钢筋网的点约束作用得以分配和改善,使其发挥协同作用,从而增强了支护对围岩的有效约束,体现出"围岩—支护"一体化的力学分析和结构设计思想。

(4)深入性

锚杆能深入围岩体内部一定深度,对围岩起约束作用。这种作用尤其是以适当密度的径向锚杆群(称为系统锚杆)的效果最为明显。系统锚杆在围岩中形成一定厚度的锚固区,锚固区内的岩体强度和整体性得以提高和加强,应力分布状态也得以改善。其承载能力和稳定能力显著增强。此时地铁车站的稳定性实际上就是指锚固区的承载能力和稳定能力。在围岩中加以锚杆,相当于在混凝土中加入钢筋形成钢筋混凝土,可以称为加筋岩石或加筋土。

另外,沿地铁车站轴线方向有一定外插角的超前锚杆或钢管,同样具有深入岩层内部对围岩起预支护的作用。它们也经常与系统锚杆、喷射混凝土一起发挥协同作用。这对于处理一般的工作面不稳定的问题颇有效果。

(5)柔性

锚喷支护属于柔性支护,它可以较便利地调节围岩变形,允许围岩作有限的变形,即允许在围岩塑性区有适度的发展,以发挥围岩的自承能力。

前已述及,根据大量工程实践和理论分析表明,对绝大多数的一般松散岩体,在地铁车站开挖后,适度的变形有利于发挥围岩的自承能力,而过度的变形则会导致坍塌。因此就要求支护既能允许有限变形,又能限制过度变形且自身不被破坏。

锚喷支护就很好地满足了这一要求。这一方面是因为喷射混凝土工艺上的特点,使得它能与岩体密贴黏结,且能喷得很薄,故呈现柔性(尽管喷混凝土是一种脆性材料),而且这柔性还可以通过分层分次喷射和加钢纤维或钢筋网来进一步发挥。另一方面,锚杆也有一定的延性,它可以允许岩体有较大的变形,甚至同被加固岩体一起作整体位移,而仍能继续工作不失效。

(6)封闭性

喷射混凝土能全面及时地封闭围岩,这种封闭不仅阻止了洞内潮气和水对围岩的侵蚀作用,减少了膨胀性岩体的潮解软化和膨胀,而且能够及时有效地阻止围岩变形,使围岩较早地进入变形收敛状态。

2 锚杆

1)锚杆的支护效应

锚杆(索)是用金属或其他高抗拉性能的材料制作的一种杆状构件。使用某些机械装置和黏结介质,通过一定的施工操作,将其安设在地下工程的围岩或其他工程结构体中。

锚杆(索)支护作为一种新的支护手段,它在技术、经济方面的优越性和能适应不同地质条件的性质,使其在建筑领域尤其是地下工程中得到广泛应用和迅速发展。

锚杆的支护效应一般认为有如下几种。

(1)支承围岩

锚杆能限制约束围岩变形,并向围岩施加压力,从而使处于二轴应力状态的洞室内表面附近的围岩保持三轴应力状态,因而能制止围岩强度的恶化。如图 4-15

所示。

(2) 加固围岩

由于系统锚杆的加固作用,使围岩中,尤其是松动区中的节理裂隙、破裂面得以连接,因而增大了锚固区围岩的强度(即 c、φ 值);锚杆对加固节理发育的岩体和围岩松动区是十分有效的,有助于裂隙岩体和松动区形成整体,成为加固带(见图 4-16)。

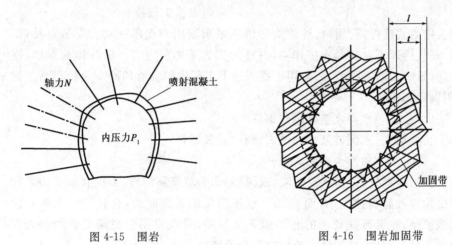

图 4-15 围岩　　　　图 4-16 围岩加固带

(3) 提高层间摩阻力,形成"组合梁"

对于水平或缓倾斜的层状围岩,用锚杆群能把数层岩层连在一起,增大层间摩阻力,从结构力学观点来看就是形成"组合梁"(见图 4-17)。

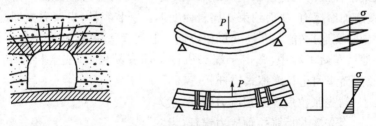

图 4-17 锚杆作用原理

(4) "悬吊"作用

"悬吊"作用是指为防止个别危岩的掉落或滑落,用锚杆将其稳定围岩连接起来,这种作用主要表现在加固局部失稳的岩体(见图 4-18)。

2) 锚杆的种类及各自的设计施工要点

锚杆的种类很多,若按其与被支护体的锚固形式来分,大致可分为以下几种:

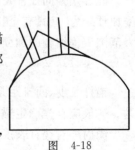

图 4-18

① 端头锚固式 { 机械内锚头锚杆(索) { 胀壳式锚杆(索) / 楔缝式锚杆 / 楔头式锚杆 ; 黏结式内锚头锚杆(索) { 水泥砂浆内锚头锚杆(索) / 快硬水泥卷内锚头锚杆 / 树脂内锚头锚杆 }

端头锚固式锚杆,利用内、外锚头的锚固来限制围岩变形松动。安装容易,工艺简单,安装后即可以起到支护作用,并能对围岩施加预应力。但杆体易腐蚀,锚头易松动,影响长期锚固力,一般用于硬岩地下工程中的临时加固。地铁车站工程中,常用做局部锚杆。

② 全长黏结式 { 水泥浆全黏结式锚杆 / 水泥砂浆全黏结式锚杆(砂浆锚杆) / 树脂全黏结式锚杆 }

全长黏结式锚杆,采用水泥砂浆(或树脂)作为填充黏结料,不仅有助于锚杆的抗剪和抗拉以及防腐蚀作用,而且具有较强的长期锚固能力,有利于约束围岩位移。安装简便,在无特殊要求的各类地下工程中,可大量用于初期支护和永久支护。地铁车站工程中,常用做系统锚杆和超前锚杆。

③ 摩擦式 { 楔管式锚杆 / 缝管式锚杆 }

摩擦式锚杆是用一种沿纵向开缝(或预变形)的钢管,装入比钢管直径小的钻孔,对孔壁施加摩擦力,从而约束孔周岩体变形。安装容易,安装后立即起作用,能及时控制围岩变形,又能与孔周变形相协调。但其管壁易锈蚀,故一般不适于作永久支护。地铁车站工程中,常由于端头机械锚固容易失效,或全长黏结不便施工(不能生效),而采用全长摩擦式锚杆。

④ 混合式 { 先张拉后灌浆预应力锚杆(索) / 先灌浆后张拉预应力锚杆(索) }

混合式锚固锚杆是端头锚固方式与全长黏结锚固方式的结合使用,它既可以施加预应力,又具有全长黏结锚杆的优点。但安装施工较复杂,一般用于大体积、大范围工程结构的加固,如高边坡、大坝、大型地下洞室等。

3) 锚杆的长度

锚杆长度、间排距是锚杆工程设计必须确定的主要参数,是锚杆布置的主要问题。一般应首先确定锚杆长度,然后确定间排距。

国内外对锚杆长度进行过大量研究,各国、各行业都有选择锚杆长度的规定。

虎克和布朗、美国工程师协会及美国矿山局等提出用于检验锚杆长度的一般经验准则,认为锚杆最小长度至少为:①两倍锚杆间距;②岩体断裂面平均间距所确定的临界潜在不稳定岩块宽度的3倍;③地铁车站跨度之半(跨度小于6m)。

我国《铁路隧道喷锚构筑法技术规范》(TB 10108—2002)规定:确定锚杆长度时,主要应考虑地质条件。在成块和成层的岩层中,欲获得悬吊或梁的效应,锚杆的长度应大于围岩松弛范围。如果是为了获得拱效应或为了加固、改良围岩时,应使锚杆与围岩组成统一结构,共同作用,此时,锚杆的端头亦可锚固在非稳定岩层中,但锚固应具有足够的抗拔力。为了提高锚杆施工的作业效率,不宜使用太长的锚杆。但锚杆过短又起不到加固或改良围岩的作用。局部锚杆的长度一般应比系统锚杆的长度大。

《铁路隧道喷锚构筑法技术规范》(TB 10108—2002)规定,在围岩条件较好的Ⅰ~Ⅲ级岩层,可以采用喷锚支护,锚杆长度为1.5~3.0m;在围岩条件中等和较差的Ⅲ~Ⅵ级岩层中,作为复合衬砌中初期支护的锚杆,净跨5m、净高6m的单线地铁车站锚杆长度为2.0~3.0m,净跨9m、净高6m的双线地铁车站锚杆长度为2.0~3.5m。

新奥法对锚杆长度的设计,基于支护要促使围岩形成自承拱的思路,锚杆主要是给地铁车站围岩松动圈内的岩体提供支护力使其形成拱的效应,所以锚杆要穿过松动圈并深入围岩一定深度,而地铁车站围岩松动范围与岩层条件和地铁车站跨度有关,所以锚杆长度这样确定:①对于岩质条件较好的硬岩,锚杆长度取1.0~1.2m;②对于岩质条件稍差的中硬岩,锚杆长度取为地铁车站宽度的1/3~1/4,通常为2.0~3.0m;③对于软岩、破碎岩体和土砂质地层,锚杆长度取为地铁车站宽度的1/2~2/3,通常为4.0~6.0m;④对于膨胀性地层,锚杆长度取为地铁车站宽度的1/2~2/3,通常为4.0~6.0m。

表4-4为砂浆锚杆长度经验数据。

砂浆锚杆长度经验数据　　　　　　　　　表4-4

位　置	国　内	国　外
拱顶	(0.1~0.5)B	(0.23~0.35)B
边墙	(0.05~0.2)B	(0.1~0.5)B

注:B为地铁车站跨度。

综上所述,锚杆长度主要与地铁车站跨度和围岩性质有关,在不同的地铁车站断面形状和尺寸条件下,不管采用悬吊理论、组合梁理论还是组合拱理论,都需要首先确定锚杆要支护的围岩范围(特别是松动范围)及所需的支护强度,而围岩的松动范围及地铁车站支护所需的支护强度主要受地铁车站跨度和围岩性质决定。以上这些锚杆长度的经验数值可以借鉴。

4)锚杆间距和布置

锚杆长度、间排距是锚杆加固工程设计的主要参数,是锚杆布置研究的主要问题。

虎克和布朗、美国工程师协会及美国矿山局等提出用于检验锚杆间距的经验准则为:锚杆最大间距不应超过锚杆长度之半;地铁车站跨度之半(跨度小于6m);岩体中平均断裂面间距所确定的不稳定岩块宽度的1.5倍。

我国《铁路隧道喷锚构筑法技术规范》规定,锚杆的间距不宜大于锚杆长度的1/2,以有利于相邻锚杆共同作用。

新奥法对锚杆布置的设计,从支护应使围岩形成自承拱出发,锚杆间距规定为:硬岩的锚杆间距取1.5m;中硬岩的锚杆间距取2.0~3.0m;软岩、破碎岩体和土砂质地层的锚杆间距取1.0~0.8m;膨胀性地层的锚杆间距取1.0~0.8m。

综上所述,每根锚杆都有其影响范围,将各个锚杆相互连接起来才能形成连续的拱结构或梁结构。锚杆的间排距对形成锚固围岩的梁效应、拱效应或加固层效应具有重要作用,锚杆间排距与锚杆长度应有一定比值。

③ 喷射混凝土

喷射混凝土既是一种新型的支护结构,又是一种新的施工工艺。它是使用混凝土喷射机,按一定的混合程序,将掺有速凝剂的细石混凝土,喷射到岩壁表面上,并迅速固结成一层支护结构,从而对围岩起到支护作用。

喷射混凝土可以作为地铁车站工程的永久性和临时性支护,也可以与各种形式的锚杆、钢纤维、钢拱架、钢筋网等构成组合式支护结构。它的灵活性也很大,可以根据需要分次追加厚度。因此,除用于地下工程外,还广泛应用于地面工程的边坡防护、加固,基坑防护,结构补强等。随着喷射混凝土原材料、速凝剂及其他外加剂、施工工艺、机械的研究和应用,喷射混凝土不管作为新材料,还是新的施工工艺,将有更为广阔的发展前景。

1)喷混凝土的作用

(1)支撑围岩

由于喷层能与围岩密贴和粘贴,并施与围岩表面以抗力和剪力,从而使围岩处于三向受力的有力状态,防止围岩强度恶化;此外,喷层本身的抗冲切能力可阻止不稳定块体的滑塌(图4-19)。

(2)"卸载"作用

由于喷层属柔性,能有控制地使围岩在不出现有害变形的前提下,进行一定程度的变形,从而使围岩"卸载",同时喷层中的弯曲应力减小,有利于混凝土承载力地发挥(图 4-20)。

(3)填平补强围岩

喷射混凝土可射入围岩张开的裂隙,填充表面凹穴,使裂隙分割的岩层面黏结在一起,保护岩块间的咬和、镶嵌作用,提高其间的黏结力、摩阻力,不利于围岩松动,并避免或缓和围岩应力集中(图 4-21)。

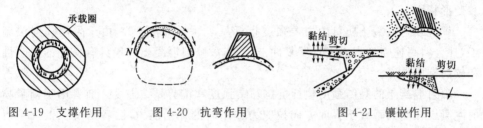

图 4-19 支撑作用　　图 4-20 抗弯作用　　图 4-21 镶嵌作用

(4)覆盖围岩表面

喷层直接粘贴岩面,形成风化和止水的保护层,并阻止理裂隙中充填物流失(图 4-22)。

(5)阻止围岩松动

喷层能紧跟掘进进程并及时进行支护,早期强度较高,因而能及时向围岩提供抗力,阻止围岩松动(图 4-23)。

(6)分配外力

通过喷层把外力传给锚杆、钢拱架等,使支护结构受力均匀分担(图 4-24)。

 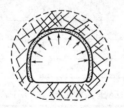 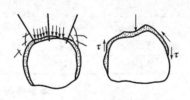

图 4-22 封闭作用　　图 4-23 加固作用　　图 4-24 分载传递作用

2)喷混凝土的特点及力学性能

(1)喷混凝土的特点

①喷射混凝土具有强度增长快、黏结力强、密度大、抗渗性好的特点。它能较好地填充岩块间的裂隙的凹穴,增加围岩的整体性,防止自由面的风化和松动,并与围岩共同工作。

②与普通模筑混凝土相比,喷射混凝土施工将输送、浇筑、捣固几道工序合而为一,更不需模板,因而施工快速、简捷。

③喷射混凝土能及早发挥承载作用。它能在 10min 左右终凝,一般 2h 后即具有强度,8h 后可达 2MPa,16h 后达 5MPa,1d 后可达 7~8MPa,4d 达到 28d 强度的

70%左右。

④试验表明,喷射混凝土与模筑混凝土相比,密实性和性能稳定性要差。而性能较干式喷射混凝土有显著改善。

(2)喷层的力学性能

喷射混凝土的力学特性直接影响地下工程的加固效果,主要力学特性有强度和变形特性。

评价喷射混凝土质量的主要强度指标见表 4-5 和表 4-6。由于采用喷射法施工,拌合料高速喷到岩面上且反复冲击压密,故喷射混凝土一般具有良好的密实性和较高抗压强度。

喷射混凝土的黏结强度包括抗拉黏结强度和抗剪黏结强度。前者用于衡量喷射混凝土在受到垂直于界面方向拉应力作用时的黏结能力,后者则反映抵抗平行于界面作用力的能力。

喷射混凝土与岩石的黏结强度,与待喷岩石性质、岩面条件、节理充填物等有密切关系,表 4-7 为喷射混凝土与各种岩石的黏结强度。新喷射混凝土与原喷混凝土的黏结强度一般为 0.7～2.85MPa,与喷射混凝土界面的抗拉黏结强度是 1.47～3.49MPa。喷射混凝土层与岩石之间的黏结力取决于岩石表面的清洁度,所以喷射前应清洗岩石表面。

喷射混凝土的设计强度 表 4-5

强度种类	喷射混凝土强度等级		
	C20	C25	C30
轴心抗压	10	12.5	15
弯曲抗压	11	13.5	16
轴心抗拉	1.0	1.2	1.4

喷射混凝土的受压弹性模量 E_c(MPa) 表 4-6

喷射混凝土强度等级	C20	C25	C30
受压弹性模量 E_c	2.1×10^4	2.3×10^4	2.5×10^4

岩石与水泥结石体之间的黏结强度值 表 4-7

岩石种类	岩石单轴饱和抗压强度(MPa)	岩石与水泥结石体之间黏结强度值(MPa)
硬岩	>60	1.5～3.0
中硬岩	30～60	1.0～1.5
软岩	5～30	0.3～1.0

3)喷层的变形机理

(1)喷层的变形破坏机理

喷层变形和承载力之间关系的试验表明喷层的受力变形分为三个阶段,如图

4-25所示的喷射混凝土变形曲线,第一阶段为黏结抵抗,第二阶段为梁效应,第三阶段为薄壳效应。

在变形初期,喷层起黏结抵抗作用,黏结破坏取决于围岩表面矿物成分和喷层厚度,黏结抵抗效应主要取决于围岩质量(围岩表面矿物成分)及其表面清洁程度,并在一定程度上随喷层厚度增加而增强。

(2)喷层厚度与柔性

厚度是喷射混凝土最重要的参数,喷层的柔性与厚度直接相关,图4-26为喷层相对厚度与相对破坏荷载的关系。

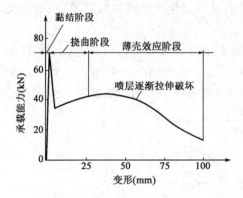

图4-25　喷射混凝土变形曲线　　图4-26　喷层相对厚度与相对破坏荷载

当相对厚度$h/r_0>1/5$时,喷层为刚性厚层状态,其破坏形式为弯曲破坏;当$h/r_0<1/15$时,喷层为柔性状态,其破坏形式为剪切破坏;当$h/r_0=1/12\sim1/8$时,支护能力最大,喷层处于从剪切破坏到弯曲的过渡阶段。这表明喷层越厚刚度越大,约束了围岩变形,引起更大荷载,反而容易发生破坏。所以喷层要具有柔性,必须控制其厚度,柔性较好且有足够抗力的喷层厚度应控制在:

$$h=(0.025\sim0.033)r \tag{4-3}$$

式中:h——喷层厚度;

r——地铁车站计算半径,非圆形地铁车站,近似取其外接圆半径或跨度之半。

喷层也不是越薄越好,否则支护抗力不足会引起压裂或压剪破坏,发生开裂剥落。当喷层厚度小于50mm时,由于材料的收缩而常常导致喷层的渗水和结构的破坏。

喷薄层和多次喷射,加入缓凝剂和定期速凝剂可以延长喷层的塑性时间,此外,还可采用在喷层中加入钢纤维或玻璃纤维及使用金属网等,都可增加混凝土喷层的柔性。素混凝土喷层,允许变形量为20mm左右;钢筋网或金属网喷层,允许变形量可达50mm左右;钢纤维喷层,可达50~80mm;试验表明,喷层厚度的增加与喷层强度的增加并不呈线性关系,喷层厚度每增加50%,喷层强度只增加10%~20%。

4)喷射工艺种类

喷射混凝土的工艺流程有干喷、潮喷、湿喷和混合喷四种。主要区别是各工艺的投料程序不同,尤其是加水和速凝剂的时机不同。

(1)干喷和潮喷

干喷是将骨料、水泥和速凝剂按一定的比例干拌均匀,然后装入喷射机,用压缩空气使干集料在软管内呈悬浮状态送到喷枪,再在喷嘴处与高压水混合,以较高速度喷射到岩面上。

干喷的缺点是产生的粉尘量大,回弹量大,加水是由喷嘴处的阀门控制的,水灰比的控制程度与喷射手操作的熟练程度有关。但使用的机械较简单,机械清洗和故障处理容易。

潮喷是将骨料预加少量水,使之呈潮湿状,再加水泥拌和,从而降低上料、拌和和喷射时的粉尘。但大量的水仍是在喷头处加入和喷出的,其喷射工艺流程和使用机械同干喷工艺,如图 4-27 所示。目前施工现场较多使用的是潮喷工艺。

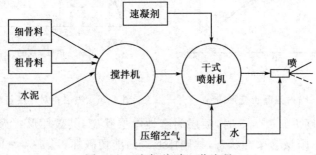

图 4-27 干喷、潮喷工艺流程

(2)湿喷

湿喷是将骨料、水泥和水按设计比例拌和均匀,用湿式喷射机压送到喷头处,再在喷头上添加速凝剂后喷出,其工艺流程如图 4-28 所示。

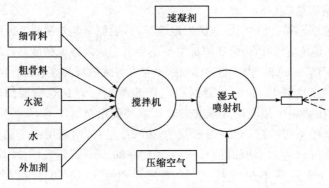

图 4-28 湿喷工艺流程

湿喷混凝土质量容易控制,喷射过程中的粉尘和回弹量很少,是应当发展应用的喷射工艺。但对喷射机械要求较高,机械清洗和故障处理较麻烦。对于喷层较厚的软岩和渗水地铁车站,则不易使用湿喷。

(3)混合喷射

混合喷射又称水泥裹砂造壳喷射法,是将一部分砂加第一次水拌湿,再投入全部水泥强制搅拌造壳;然后加第二次水和减水剂拌和成 SEC 砂浆;将另一部分砂和石、速凝剂强制搅拌均匀。然后分别用砂浆泵和干式喷射机压送到混合管混合后喷出。其工艺流程如图 4-29 所示。

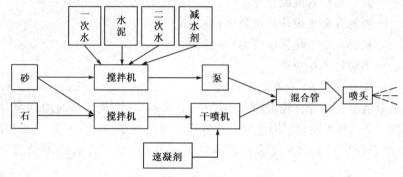

图 4-29 混合喷射工艺流程

混合喷射是分次投料搅拌工艺与喷射工艺的结合,关键是水泥裹砂(或砂、石)造壳技术。

混合喷射工艺使用的主要机械设备与干喷工艺基本相同,但混凝土的质量较干喷混凝土质量好,且粉尘和回弹率有大幅度降低。但使用机械数量较多,工艺较复杂,机械清洗和故障处理很麻烦。因此混合喷射工艺一般只用在喷射混凝土量大和大断面地铁车站工程中。

另外,由于喷射工艺的不同,喷射混凝土强度不同,干喷和潮喷混凝土强度较低,一般只能达到C20,而混合喷射和湿喷则可达到C30~C35。

5)素喷混凝土设计与施工

(1)设计要点

①为使喷射混凝土有一定的力学性能和耐久性以及早期强度,喷射混凝土设计的最低强度不应低于15MPa,一般设计强度为20MPa,1d 龄期抗压强度不应低于5MPa。不同强度等级的喷射混凝土设计强度及弹性模量、容重按国家标准列于表4-8。

对 II~III 级围岩,喷射混凝土与岩面的黏结强度不应低于 0.8MPa,对 IV 级围岩,喷射混凝土与岩面的黏结强度不应低于 0.5MPa。

②喷射混凝土支护的设计厚度,若作为防止围岩风化、浸蚀,不得小于30mm,若作为支护结构,不得小于50mm;若围岩含水,不得小于80mm;为防止喷射混凝土由于收缩裂纹而剥落并妨碍喷射混凝土的柔性特点的发挥,以及减少在软弱围岩中产生较大变形压力,喷射混凝土最厚不宜超过200mm。

③在Ⅱ、Ⅲ、Ⅳ级围岩中,易出现局部不稳定岩块,喷射混凝土的设计厚度应按式(4-4)验算:

$$d \geqslant \frac{k_s G}{0.75 f_{ct} u_r} \tag{4-4}$$

式中:d——设计的喷射混凝土厚度,当$d>10cm$时,仍按10cm计;

f_{ct}——喷射混凝土设计抗拉强度;

u_r——局部不稳定块体出露的周边长度;

G——不稳定岩块质量;

k_s——安全系数,一般取2.5。

④喷射混凝土中含有较多的大小适中、分布均匀、彼此不串通的气泡,故提高了抗渗性。表4-8为喷射混凝土的设计强度及弹性模量、重度,一般若水灰比不超过0.55时,可以达到P8。要求有较高的抗渗性时,水灰比最好不超过0.45~0.50。

喷射混凝土的设计强度及弹性模量、重度 表4-8

性　　能	C15	C20	C25	C30
轴心受压(MPa)	7.5	10	12.5	15
弯曲抗压(MPa)	8.5	11	13.5	16
抗压(MPa)	0.8	1.0	1.2	1.4
弹性模量(MPa)	$1.85×10^4$	$2.1×10^4$	$2.30×10^4$	$2.50×10^4$
重度(kg/m³)	2200			

⑤采用水泥裹砂喷射工艺时,除应试验确定总的水灰比外,还应注意试验选择最佳造壳水灰比W_1/C。

有试验表明,对普通中砂,当造壳水灰比W_1/C为0.20~0.25时,28d强度及其他指标均最高,称为最佳造壳水灰比。造壳水灰比与砂子的细度模数关系很大,砂子越细,其表面需水量越大,则需要较大的造壳水灰比,否则用较小的W_1/C值,一般在0.15~0.35范围内。最佳造壳水灰比与水泥品种亦有很大关系,一般地,矿渣水泥、火山灰水泥较之硅酸盐(普通硅酸盐)水泥的最佳造壳水灰比大0.05以上。

⑥拌制SEC砂浆应采用强制式搅拌机,以缩短搅拌时间和改善造壳效果。尤

其第二次加水后的搅拌时间不能太长,要加以严格控制。

(2)原料

①水泥。为保证喷射混凝土的凝结时间与速凝剂有较好的相容性,应优先采用强度等级为32.5以上的普通硅酸盐水泥,其次是矿渣硅酸盐水泥和火山灰质硅酸盐水泥。在有专门使用要求时,采用特种水泥。所使用的水泥,其性能应符合国家现行标准。

②砂。为保证喷射混凝土的强度和减少施工操作时的粉尘,以及减少硬化时的收缩裂纹,应采用坚硬而耐久的中砂或粗砂,细度模数一般宜大于2.5。

③碎石或卵石(细石)。为防止喷射混凝土过程中的堵管和减少回弹量,应采用坚硬耐久的细石,粒径不宜大于15mm,以细卵石较好。

④骨料成分和级配。若使用碱性速凝剂,砂、石骨料均不得含有活性二氧化硅,以免产生碱骨反应,引起混凝土开裂,为使喷射混凝土密实和在输送管道中顺畅,砂石骨料级配应按国家标准控制在表4-9的范围之内。

喷射混凝土骨料通过各筛径的累计质量百分数(%)　　　　表4-9

粒径(mm)	0.15	0.30	0.60	1.20	2.50	5.00	10.00	15.00
优	5～7	10～15	17～22	23～31	35～43	50～60	78～82	100
良	4～8	5～12	13～31	18～41	26～54	40～54	62～90	100

⑤水。为保证喷射混凝土正常凝结、硬化,保证强度和稳定性,饮用水均可用于喷射混凝土;若采用其他水,则不应含有影响水泥正常凝结与硬化的有害物质;不能使用污水以及pH值小于4的酸性水,也不能使用硫酸盐含量(按SO_4^{-2}计算)超过水重1‰的水。

⑥外加剂,主要是速凝剂,在喷射混凝土中添加速凝剂的目的是使喷射混凝土速凝,以减少回弹和早强,选用时应做与水泥的相容性试验。

(3)配比

①干集料中水泥与砂石质量比,一般为1:4～1:4.5,每立方米干集料中,水泥用量约为400kg。这种配比能满足喷射混凝土强度要求,回弹也较少。

②砂率一般为45%～55%。实践证明,低于45%或高于55%时,均易造成堵管,且回弹大,强度降低,收缩加大。

③水灰比一般为0.4～0.45。否则强度降低,回弹增大,采用水泥裹砂喷射工艺时,还应试验选择最佳造壳水灰比。

④速凝剂和其他外加剂的掺量,一定要由试验来确定其最佳掺量,并达到各龄期的设计强度要求。

⑤喷射混凝土搅拌时间及搅拌后临时存放时间均应按工艺要求及规范规定

进行。

(4)喷射混凝土机械设备

①喷射机

是喷射混凝土的主要设备。国内已有多种鉴定定型产品,各有特点,可以由施工的具体情况选用。但以保证喷射混凝土的质量,减少回弹和粉尘,控制施工成本,提高工作效率为前提。

常用的干式喷射机有:双罐式喷射机、转体式喷射机、转盘式喷射机。其示意图如图 4-30 所示。新研制的湿式喷射机有:挤压泵式喷射机、转体活塞泵式喷射机、螺杆泵式喷射机。这些泵式喷射机均要求混凝土具有较大的流动性(水灰比大于 0.5,含砂率大于 70%),其机械构造较为复杂,易损件使用寿命短,机械使用费较高,机械清洗和故障处理较麻烦,目前现场使用尚较少,有待进一步改进推广。

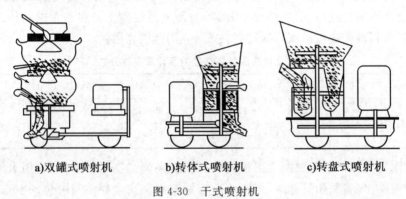

a)双罐式喷射机　　b)转体式喷射机　　c)转盘式喷射机

图 4-30　干式喷射机

②机械手

喷头的移动和喷射方向、距离的控制,可采用人力直接控制或机械手控制。人力直接控制虽然可以近距离随时观察喷射情况,但劳动强度大,粉尘危害健康,因此劳动保护要求佩戴防尘面具;对于软弱破碎围岩,需紧跟开挖面及时施喷时,有可能因突发性坍塌危及工人人身安全;另外,对大断面地铁车站,还需要搭设临时性工作台。所以,人力直接控制一般只用于解决少量的和局部喷敷。机械手控制则可以避免以上缺点,且方便灵活,工作范围大,可覆盖 140m² (图 4-31)。

③喷射混凝土的拌制

宜用强制式搅拌机。喷射时风压为 0.1~0.15MPa,且水压应稍高于风压。湿式喷射时,风压及水压均较干喷时高。输料管在使用过程中应注意转向,以减少管道磨损。

(5)喷前检查及准备

①喷前应对开挖断面尺寸进行检查,清除松动危面,欠挖超标严重的应予处理。

②根据石质情况,用高压风或水清洗受喷面。

③受喷岩面有集中渗水时,应作好排水引流处理,无集中水时,应根据岩面潮湿程度,适当调整水灰比。

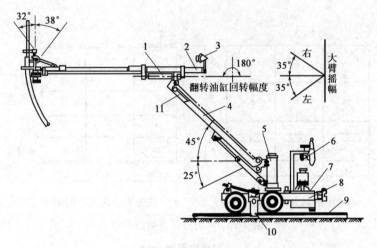

图 4-31 喷射机械手

1-翻转油缸;2-伸缩油缸;3-探照灯;4-大臂;5-转筒;6-风水系统;7-液压系数;8-车架;9-钢轨;10-卡轨器;11-拉杆

④埋设喷层厚度检查标志,一般是在石缝处钉铁钉,或用快硬水泥安设钢筋头,并记录其外露长度。

⑤检查调试好各机械设备的工作状态。

(6)施喷注意事项

喷射作业应注意以下事项:

①喷射时应分段(不超过 6m)、分部(先下后上)、分块(2.0m×2.0m),严格按先墙后拱,先下后上的顺序进行(图 4-32a),以减少混凝土因重力作用而引起的滑动或脱落现象发生。

②喷射时可以采用 S 形往返移动前进,也可以采用螺旋形移动前进(图 4-32b)。

③喷射时喷嘴要垂直于受喷面,倾斜角不大于 10°,距离 0.8~1.2m。

④对于岩面凹陷处应先喷多喷,凸出处应后喷少喷。

⑤喷射时一次喷射厚度不得太薄或太厚,它主要与混凝土的黏结力和受喷部位及回弹情况等有关,一般规定按表 4-10 执行。

⑥若设计喷射混凝土较厚,应分层喷射,一般分 2~3 层喷射;分层喷射的间隔时间不得太短,一般要在初喷混凝土终凝以后再进行复喷;喷射混凝土的终凝时间受水泥品种、施工温度、速凝剂类型及掺量等因素影响。

间隔时间较长时,复喷应将初喷混凝土表面清洗干净,复喷应将凹陷处进一步找平。

⑦喷射混凝土的养护应在其终凝 1～2h 后进行水养护,养护时间一般不少于 7d。

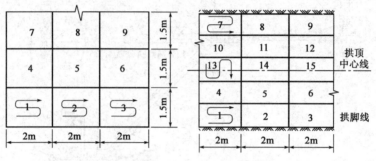

a) 边墙喷射分区及喷射顺序　　b) 拱圈喷射分区及喷射顺序

图 4-32　喷射分区及喷射顺序

一次喷射厚度(cm)　　　　　　　　　　　　　　表 4-10

部　位	掺速凝剂	不掺速凝剂
边墙	7～10	5～7
拱部	5～7	3～5

⑧冬季施工时喷射混凝土作业区的气温不得低于 5℃;若气温低于 5℃,亦不得洒水;混凝土强度未达到设计强度的 50% 时,若气温降低到 5℃ 以下,则应注意采取保温防冻措施。

⑨回弹物料的利用。实测表明,采用干法喷射混凝土时,一般边墙的回弹率为 10%～20%,拱部为 20%～35%,回弹量相当大。除应设法减少回弹外,尚应将回弹物料回收利用。

及时回收的洁净而尚未凝结的回弹物,可以按一定比例掺入混合料中重新搅拌后喷射,但掺量不宜大于 15%,且不宜用于喷射拱部;回弹物的另一处理途径是掺进普通混凝土中,但掺量也应加以控制。

6) 钢纤维喷射混凝土

无纤维喷射混凝土与普通混凝土一样,抗压强度高,但抗拉强度低,其拉、压强度比同样仅为 1/10 左右。为改善混凝土的性能,提高混凝土拉、压强度比,人们常常在混凝土内添加各类增强纤维。

常见的混凝土增强纤维有钢纤维和非钢纤维,非钢纤维中又分为高弹纤维($E_f/E_c>1$,如碳纤维、芳族聚酰胺纤维、石棉纤维、玻璃纤维等)和低弹纤维(E_f/E_c

<1,如聚丙烯纤维、聚乙烯醇纤维及维纶纤维、聚酰胺类纤维等)。

钢纤维喷射混凝土是在喷射混凝土中加入钢纤维,弥补喷射混凝土的脆性破坏缺陷,改善喷射混凝土的物理力学性能。

钢纤维的生产方法通常有钢丝切断法、薄钢板切断法、铣削法、熔抽法及轧制法。作为混凝土增强材料,钢纤维在投入搅拌机后,其形状、尺寸要能均匀地分散到混凝土中,同时喷射混凝土要容易输送、喷射。若钢纤维过长、过细,搅拌过程中钢纤维集结,在喷射过程中宜堵塞管道。反之,若钢纤维过短、过粗,运输、搅拌过程中宜与混凝土分离下沉,不能均匀分布与混凝土中,起不到有效增强的作用。通常在喷射钢纤维混凝土中,钢纤维的直径(或等效直径)为 0.3～0.6mm,长度为 20～40mm,长径比为 40～60,钢纤维的体积掺量为 1%～2%。为增大钢纤维与混凝土的黏结力,通常改变钢纤维的表面特征,其几何形状、端面形状形式多样。

(1)性能特点

①钢纤维喷射混凝土中的钢纤维主要在喷射平面内呈两维分布,且相当均匀(图 4-33)。根据统计,平行于喷射平面的钢纤维根数,约占总根数的 70%～80%。这种结构保证了钢纤维喷射混凝土在喷射平面内的力学强度的均匀性。

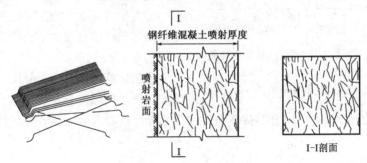

图 4-33 钢纤维及其在喷射混凝土中的分布

②钢纤维喷射混凝土的破坏呈塑性破坏,因此容许有较大的变形,裂缝出现后仍有一定的承载能力。

③在一般掺量情况下(约为喷射混凝土质量的 1%～1.5%),钢纤维喷射混凝土比普通喷射混凝土的抗压强度提高 30%～60%,抗拉强度提高 50%～80%,抗弯强度提高 40%～70%。

④当钢纤维掺量要大于 1.5%时,钢纤维喷射混凝土的韧性(加载至试件完全破坏所做的功)为普通喷射混凝土的 20～50 倍,抗冲击性能提高 8%～30%,抗磨损性能提高 30%。

(2)应用范围

由于钢纤维喷射混凝土具有许多优良的物理力学性能,故可用于承受强烈振动、冲击动荷载的结构物的构筑,也适用于要求耐磨或不便配置钢筋但又要求有较高强度和韧性的工程中。如用于地下工程中的受动荷载部位的结构,地上建筑物的补强加固,以及机场跑道、高速公路路面等。

在软弱破碎围岩地铁车站中,采用钢纤维喷射混凝土的支护效果,优于采用挂钢筋网喷射混凝土的反抗效果。因此,可以采用钢纤维喷射混凝土代替挂钢筋网喷射混凝土,作为软弱破碎围岩地铁车站的初期支护,甚至作为永久性衬砌。目前我国公路等单位作过一些实用性试验研究,但在各类地铁车站工程中应用钢纤维喷射混凝土的还很少,有待进一步推广。

(3)设计要点

① 钢纤维喷射混凝土的物理力学性能除与基体材料(喷射混凝土)的物理力学性能有直接关系外,同时与钢纤维的形状、尺寸、掺量,以及钢纤维在基体材料中的分布状态和排列方向、喷射工艺等有直接关系。故设计者应在试验的基础上充分认识,并针对具体需要,适当选择,以期获得较好的技术经济效益。

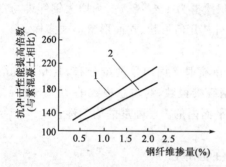

图 4-34 钢纤维掺量与抗拉、抗弯强度关系
1-抗拉强度;钢纤维 $d=0.4mm, l=25mm$;
2-抗弯强度;钢纤维 $d=0.3mm, l=25mm$

② 当钢纤维尺寸相同时,其抗拉、抗弯强度随钢纤维含量的增强而提高,如图 4-34 所示。

③ 当钢纤维长度、掺量相同时,细纤维较粗纤维的强度有显著提高(图 4-35)。

④ 当钢纤维的尺寸相同,掺量高的较掺量低的抗冲击性能显著提高(图 4-36)。

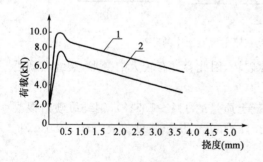

图 4-35 不同直径钢纤维在相同掺量下抗挠比较
1-$d=0.3mm; l=25mm$;钢纤维掺量:2%;
2-$d=0.4mm; l=25mm$;钢纤维掺量:2%。

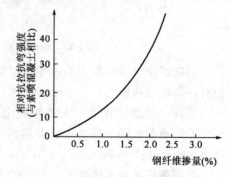

图 4-36 钢纤维掺量与抗冲击性能的关系

这是因为试件破坏时,钢纤维缓慢地从喷射混凝土中拔出。钢纤维喷射混凝土的力学性能主要取决于钢纤维与喷射混凝土之间的黏结强度。相同体积的钢纤

维,其表面积越大,则黏结力越大,增强效果就越好。即钢纤维长径比(l/d)越大,黏结力越高。目前由于工艺设备方面的原因,钢纤维的长度一般不超过30mm,l/d在45~80之间为好。

⑤钢纤维喷射混凝土的配合比一般为水泥:砂:石=1:1.6:1.6,水泥标号不低于525号,砂子采用中砂,石子采用筛洗卵石,最大粒径10mm,钢纤维掺量一般为喷射混凝土重量的1.0%~2.0%,规格尺寸为直径×长度=0.3mm×20mm或0.4mm×20mm或0.4mm×25mm。

(4)施工要点

①喷射钢纤维混凝土,应选用经过实用检验的喷射机械。主要问题是防止钢纤维结团堵管。目前已有些钢纤维产品采用水溶性黏结剂将钢纤维黏结成片状,在搅拌过程中可以方便地分离成单一纤维,较好地解决了结团问题。

②钢纤维和基料必须拌和均匀,避免结成喷射机拨料盘堵塞或堵管。方法是先将水泥、砂、石拌和均匀,然后掺入钢纤维和速凝剂,再拌和均匀,装入运输车。

③钢纤维喷射混凝土操作同普通喷射混凝土,但输料管的磨耗大,一般要高于普通喷射混凝土30%~40%,尤其是拐弯处。可每班将胶管翻转1~2次,以延长胶管寿命。

④风压要比普通喷射混凝土高0.02~0.05MPa;当输送距离不大于40m时,风压一般可为0.05~0.18MPa。

7)聚丙稀纤维喷射混凝土

在单一纤维混凝土中,钢纤维效果较好,成功应用的实例较多,价格也较高;碳纤维具有胜过钢材的刚度和强度的优良性能,价格更为昂贵;石棉纤维应用时间虽然较长,但最近已被世界卫生组织确定为鼻咽癌的致癌物,对人体健康有害,将很快被淘汰;玻璃纤维在新浇混凝土中易受碱的腐蚀,从而降低混凝土强度,同时也有污染环境的问题。20世纪80年代以来,合成纤维混凝土在国外已得到了广泛的研究和应用,国内则相对较少。目前,美国合成纤维混凝土的使用量已占混凝土总量的7%,数量已远远超过先期开发的钢纤维混凝土(占混凝土总量的3%)。

研究和应用较多的合成纤维有:聚丙烯、聚乙烯醇、聚酰胺类、芳族聚酰胺、聚酯类和碳纤维,另外,还有聚乙烯、聚丙烯醇等。而聚丙烯纤维混凝土是研究与应用最多的合成纤维混凝土。

聚丙烯纤维根据其形状和构造不同,可分为单丝纤维和网状纤维。单丝纤维有较高的长径比,常以长丝短切加工而成,但在混凝土中分散性较差。聚丙烯纤维网状纤维通过特殊工艺制造而成,其外观呈多根纤维单丝相互交融的网状结构,网状纤维用于配制混凝土时,混凝土拌和物的搅拌可产生原材料自身的揉搓与摩擦作用,破坏单丝间的横向联系,形成纤维单丝或网状结构的充分张开,从而比单丝纤维更易在混凝土中分散。

聚丙烯纤维在混凝土的碱性环境下非常稳定,熔点较高,表面憎水,100%的湿强保持率,质量轻,价格低,加工性能优良。聚丙烯纤维在混凝土中不成团、不缠结,与基准混凝土相比,混凝土的能量吸收能力和延性提高了,抗弯强度和疲劳极限也有提高,但抗压强度提高不多。聚丙烯纤维减少了混凝土的早期塑性收缩裂纹并能阻止它们的发展,从而提高了混凝土的抗渗性。聚丙烯纤维能推迟混凝土表面的劣化,提高耐久性。

混凝土用聚丙烯纤维的应用大大提高了混凝土的力学性能,因此,聚丙烯纤维混凝土可以广泛应用于刚性路面、码头、桥梁、地下工程、屋面、内外墙粉刷、停车场、储水池、腐化池等工程中。混凝土用聚丙烯纤维在发达国家已广泛应用于高速公路、机场跑道、地铁、地铁车站、桥梁、铁路水泥枕木、住宅墙体中等。混凝土掺聚丙烯纤维已在上海国际体操中心、虹口足球场、浦东国际东方医院、龙华旅游城等工程中成功应用于刚性防水、大面积的基础底板防裂结构中;北京住总集团在南线阁商住楼楼板自密集混凝土中使用了聚丙烯纤维,用于混凝土防裂、抗渗,取得了良好的使用效果;广州棠下安居工程 8000m^2 地下室、新中国大厦地下室工程、南方实业大厦地下工程、50 层高的中水广场大厦 4500m^2 地下室等工程中,采用聚丙烯纤维混凝土,使用效果十分满意。

从现代建筑和可持续发展观点看,聚丙烯纤维在高性能混凝土中的应用发展是当前水泥基材料的主要发展方向,被称为"21 世纪混凝土",更具有"绿色"意义。提高建筑物耐久件、延长建筑物的使用寿命是极其重要的。混凝土专用聚丙烯纤维由于能积极有效地改善混凝土的耐久性,使混凝土高性能化,且工作机理简单,适用性广泛,使用效果显着,在工程界已受到越来越多的关注。从确保工程质量、施工便利、兼顾成本及长、短期效益等诸方面考虑,在混凝土中添加聚丙烯纤维不失为改善混凝土性能的有效途径。在北美和欧洲,经过 20 年来的大量工程实践,使用聚丙烯纤维混凝土的技术已日臻完善,聚丙烯纤维已成为改善混凝土性能最为广泛使用的手段之一。在我国,随着高性能混凝土的广泛使用,聚丙烯纤维在地铁车站衬砌中将具有广阔的应用前景。

8) 钢筋网喷射混凝土

钢筋网喷射混凝土是在喷射混凝土之前,在岩面上挂设钢筋网,然后再喷射混凝土。其物理力学性能基本上同钢纤维喷射混凝土,只是其配筋均匀性较钢纤维差。目前,我国在各类地铁车站工程中应用钢筋网喷射混凝土支护的比较多,主要用于软弱破碎围岩,而更多的是与锚杆或者钢拱架构成联合支护。

(1) 构造组成

钢筋网通常作环向和纵向布置。环向筋一般为受力筋,由设计确定,直径

12mm 左右；纵向筋一般为构造筋，直径 6～10mm；网格尺寸一般为 20cm×20cm，20cm×25cm，25cm×25cm，25cm×30cm 或 30cm×30cm，围岩松散破碎严重的，或土质和砂土质地铁车站，可采用细一些钢丝，直径一般小于 $\phi 6$；网格尺寸亦应小一些，一般为 10cm×10cm，10cm×15cm，15cm×15cm，15cm×20cm 或 20cm×20cm。

(2) 施工要点

① 钢筋网应根据被支护围岩面上的实际起伏形状铺设，且应在喷射一层混凝土后再行铺设。钢筋与岩面或与初喷混凝土面的间隙应不小于 3～5cm，钢筋网保护层厚度不小于 3cm，有水部位不小于 4cm。

② 为便于挂网安装，常将钢筋网先加工成网片，长宽可为 100～200cm。

③ 钢筋网应与锚杆或锚钉头联结牢固，并应尽可能多点连接，以减少喷射混凝土时使钢筋发生"弦振"。锚钉的锚固深度不得小于 20cm。

④ 开始喷射时，应缩短喷头至受喷面之间的距离，并适当调整喷射角度，使钢筋网背面混凝土密实。对于干燥土质地铁车站，第一次喷射不能太厚，以防起鼓剥落。

4 钢拱架

无论是采用喷射混凝土还是锚杆（抑或是加长、加密锚杆）或是在混凝土中加入钢筋网、钢纤维，都主要是利用其柔性和韧性，而对其整体刚度并未过多要求。这对支护不太破碎的围岩使其稳定是可行的。但当围岩软弱破碎严重、其自稳性差时，开挖后要求早期支护具有较大的刚度，以阻止围岩的过度变形和承受部分松弛荷载。钢拱架就具有这样的力学性能。

(1) 构造组成

钢拱架可以采用型钢、工字钢、钢管或钢筋制成。现场采用以钢筋制作的格栅钢架较多，如图 4-37 所示。

(2) 性能特点

① 钢拱架的整体刚度较大，可以提供较大的早期支护刚度；型钢拱架较格栅钢架能更早承载。

② 钢拱架可以很好地与锚杆、钢筋网、喷射混凝土相结合，构成联合支护，增强支护的有效性，且受力条件较好。尤以格栅钢架结合最好，其格栅拱架断面形式如图 4-38 所示。

③ 格栅钢架采用钢筋现场加工制作，技术难度和要求并不高；对地铁车站断面变化适应性好，其格栅拱架结点形式如图 4-39 所示。

④ 钢拱架的安装架设方便。

(3) 设计要点

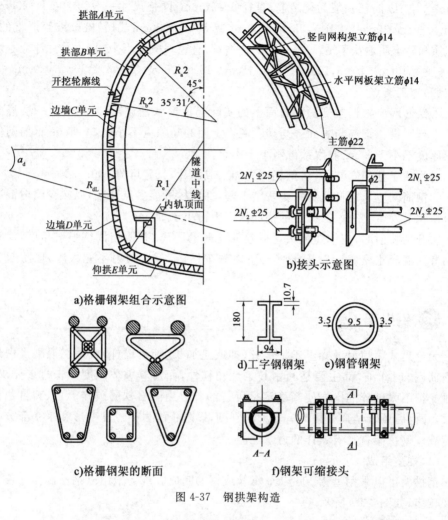

图 4-37 钢拱架构造

图 4-38 格栅拱架断面形式

①从理论上讲,钢拱架应按其与锚杆、喷射混凝土共同工作状态来设计,即按 $P=KU$(P 为支护阻力;K 为支护刚度;U 为位移)来确定初期支护的最大阻力。但由于在软弱破碎围岩中,围岩变形与支护阻力之间的极限平衡状态随着支护变形程度而变化,难以确定。另一方面由于软弱破碎围岩早期变形快,有可能造成较大变形和一定范围的松弛荷载,因此,钢拱架的设计可按其单独承受早期松弛荷载

来设计。根据设计、施工经验,早期松弛荷载的量值一般按全部松弛荷载的10%~40%来考虑。用下式表示:

$$q' = \mu q \tag{4-5}$$

式中:q'——钢拱承受的早期松弛荷载;

q——围岩松弛荷载,按松弛荷载统计公式计算;

μ——钢拱架的荷载系数,一般取 0.1~0.4。

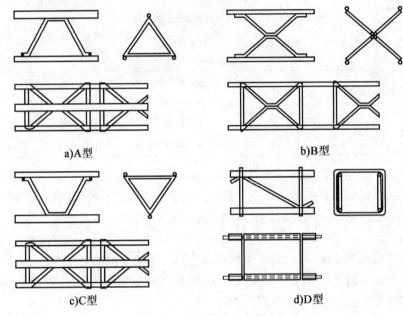

图 4-39 搁栅拱架结点形式

②拟定钢拱架尺寸后,进行强度、刚度和稳定性检算。常用的钢拱架设计参数见表 4-11。

③钢拱架的截面高度应与喷射混凝土厚度相适应,一般为 16~20cm,且要有一定保护层。钢拱架通常是在初喷封面混凝土后架设的,初喷混凝土厚度约 4cm。

④为架设方便,每榀钢拱架一般应分为 2~6 节,并保证接头刚度,节数应与断面大小及开挖方法相适应。每榀钢拱架之间应设置不小于 $\phi 22$ 的纵向钢拉杆。

⑤当围岩变形量较小或只允许围岩有小量变形时,钢拱架可以设计为固定型。当围岩流动性强、变形量大,且允许围岩有较大变形时,宜将钢拱架设计为可缩性,其可缩节点位置宜设置在拱顶节点处。

(4)施工要点

①钢拱架应架设在地铁车站横向竖直平面内,其垂直度允许误差为±2°。

②钢拱架的拱脚应稳定,一般有垫板、纵向托梁、锁脚锚杆等。

常用钢拱架支护设计参数　　　　　　　　　表 4-11

围岩级别	荷载系数 μ	钢拱架类型	每榀轴线间距(m)
IV	0.25	三肢格栅钢架	1.0
	0.4	三肢格栅钢架＋喷射混凝土	
	0.3	工字钢架	
	0.35	工字钢架＋喷射混凝土	
V	0.2	四肢格栅钢架	0.8
	0.6	四肢格栅钢架＋喷射混凝土	
	0.4	工字钢架	
	0.45	工字钢架＋喷射混凝土	
VI	0.1	四肢格栅钢架	0.6
	0.15	四肢格栅钢架＋喷射混凝土	
	0.1	工字钢架	
	0.1	工字钢架＋喷射混凝土	

③钢拱架的安设应在开挖后的 2h 内完成。

④钢拱架应尽可能多地与锚杆露头及钢筋网焊接,以增强其联合支护效应。

⑤可缩性钢拱架的可缩性节点不宜过早喷射混凝土,待其收缩合拢后,再补喷射混凝土。

⑥喷射混凝土时,应注意将钢拱架与岩面之间的间隙喷射密实。

⑦喷射混凝土应分层分次喷射完成,初喷混凝土应尽早进行,复喷混凝土应在量测指导下进行,以保证其适时、有效。

5 联合支护

前面分别介绍了锚杆(系统锚杆或局部锚杆)、喷射混凝土、钢筋网喷射混凝土或纤维喷射混凝土、钢拱架(型钢拱架或格栅钢架)等常用支护方法。在地铁车站工程中,为适应地质条件和结构条件的变化,常将各种单一支护方法进行恰当组合,共同构成较为合理的、有效的和经济的支护结构体系。但不论何种组合形式,将其通称为联合支护。

目前在地铁车站工程中,作为初期支护,使用最多的组合形式是锚杆(主要指系统锚杆)加喷射混凝土(素喷或网喷)。因此,初期支护可以称为锚喷支护,它是一种最基本的组合形式(图 4-40)。

联合支护的施工不仅应满足各部件安设施工的技术要求,还应注意以下事项:

①联合支护宜连不宜散,彼此要直接地牢固相连,以充分发挥联合支护效应。

②钢筋网及钢拱架要尽可能多地与锚杆头焊连,锚杆要有适量的露头。

③钢筋网及钢拱架要被喷射混凝土所包裹、覆盖,即喷射混凝土要将钢筋网和钢拱架包裹密实。

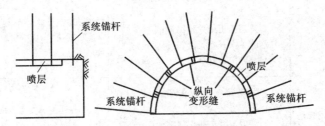

图 4-40　系统锚杆加喷射混凝土联合支护

④分次施作的联合支护,应尽快将其相连,如超前锚杆与系统锚杆及钢拱架的联结。

⑤分次施作的联合支护,要在量测指导下进行,以做到及时、有效,并作适当调整。

6 施工过程中(二次衬砌前)可能发生的问题及对策

前面介绍了地铁车站开挖方式、方法和初期支护的多种类型。应该说这些方式、方法、类型及其组合是能够适应绝大多数的围岩地质条件和工程结构条件的。但这种适应在工程实际中并非绝对。之所以这样,是基于下面几个方面的原因:①在施工、设计过程中,对围岩性质判断不准或情况不明;②支护类型实际要求不适应;③支护的时机和方法不恰当;④其他的不明原因。由于以上原因的存在,使得在实际施工过程中,经常会出现不良变形甚至松弛坍塌等异常现象。对此,一方面应进行地铁车站动态信息的反馈分析,对施工方法、支护时机、各支护参数等加以调整;另一方面只能针对一些不能明确原因的现象采取及时有效的处理措施,并加以总结和防范,以利于施工安全和顺利地进行,现将这些问题及对策总结归纳如表 4-12。其中 A 项是指进行比较简单的改变就可解决问题的措施,B 项是指需要改变支护方法等比较大的变动才能解决问题的措施。

施工中的现象及其处理措施　　　　表 4-12

	施工中现象	措　施　A	措　施　B
开挖面及其附近	正面变得不稳定	(1)缩短一次掘进长度; (2)开挖时保留核心土; (3)向正面喷射混凝土; (4)用插板或并排钢管打入地层进行预支护	(1)缩小开挖断面; (2)在正面打锚杆; (3)采取辅助施工措施对地层进行预加固

续上表

	施中现象	措施 A	措施 B
开挖面及其附近	开挖面顶部掉块增大	(1)缩短开挖时间及提前喷射混凝土； (2)采用插板或并排钢管； (3)缩一次开挖长度； (4)开挖面暂时分部施工	(1)加钢支撑； (2)预加固地层
	开挖面出现涌水或者涌水量增	(1)加速混凝土硬化(增加速凝剂等)； (2)喷射混凝土前作好排水； (3)加挂网格密的钢筋网； (4)设排水片	(1)采取排水方法(如排水钻孔、井点降水等)； (2)预加固围岩
	地基承载力不足，下沉增大	(1)注意开挖，不要损害地基围岩； (2)加厚底脚处喷混凝土，增加支承面积	(1)增加锚杆； (2)缩短台阶长度，及早闭合支护环； (3)用喷混凝土作临时底拱； (4)预加固地层
	产生底鼓	及早喷射底拱混凝土	(1)在底拱处打锚杆； (2)缩短台阶长度，及早闭合支护环
喷混凝土	喷混凝土层脱离甚至塌落	(1)开挖后尽快喷射混凝土； (2)加钢筋网； (3)解除涌水压力； (4)加厚喷层	打锚杆或增加锚杆
	喷混凝土层中应力增大，产生裂缝和剪切破坏	(1)加钢筋网； (2)在喷混凝土层中增设纵向伸缩缝	(1)增加锚杆(用比原来长的锚杆)； (2)加入钢支撑
锚杆	锚杆轴力增大，垫板松弛或锚杆断裂		(1)增强锚杆(加长)； (2)采用承载力大的锚杆； (3)为增大锚杆的变形能力，在垫锚板间夹入弹簧垫圈等
钢支撑	钢支撑中应力增大，产生屈服	松开接头处螺栓，凿开喷混凝土层，使之可自由伸缩	(1)增强锚杆； (2)采用可伸缩的钢支撑，在喷混凝土层中设纵向伸缩缝
	净空位移量增大，位移速度变快	(1)缩短从开挖到支护的时间； (2)提前打锚杆； (3)缩短台阶、底拱一次开挖的长度； (4)当喷混凝土开裂时，设纵向伸缩缝	(1)增强锚杆； (2)缩短台阶长度，提前闭合支护环； (3)在锚杆垫板间夹入弹簧垫圈等； (4)采用超短台阶法，或在上半断面建造临时底拱

五、主体结构支护施工

【知识目标】

1. 了解浅埋暗挖法地铁车站的两种支护形式;
2. 熟悉浅埋暗挖法地铁车站初期支护、二次模筑衬砌的施工程序;
3. 掌握浅埋暗挖法地铁车站初期支护、二次模筑衬砌的技术要点及施工过程中应注意的事项。

【能力目标】

1. 能够根据地铁车站施工所处的地质条件等因素,选择适当的支护形式;
2. 能指导地铁车站初期支护、二次模筑衬砌的施工;
3. 能够独立完成初期支护、二次模筑衬砌的施工工序技术交底书的编写。

浅埋暗挖法施工的工程结构一般采用复合式衬砌支护结构——初期支护和二次模筑衬砌。其中初期支护承受的施工过程中所产生的全部荷载,二次模筑衬砌则作为提供结构安全度的储备结构。初期支护和二次模筑衬砌共同承受特殊荷载,如地震荷载、人防荷载等。

在永久性的地铁车站及地下工程中常用的衬砌形式有以下三种:整体式衬砌、复合式衬砌及锚喷衬砌。本节二次衬砌施工主要为复合式二次衬砌。

❶ 二次衬砌施工方法

按照现代支护理论和新奥法施工原则,二次衬砌是在围岩与支护基本稳定后施作的,此时地铁车站已成型,为保证衬砌质量,衬砌施工按先仰拱、后墙拱,即由下到上的顺序连续灌注。在地铁车站纵向,则需分段进行,分段长度一般为9~12m。

❷ 模板类型

常用的模板有:整体移动式模板台车、穿越式(分体移动)模板台车、拼装式拱架模板。

(1)整体移动式模板台车

整体移动式模板台车主要由大块曲模板、机械或液压脱模、背附式振捣设备集装成整体,并在轨道上走行。有的还设有自行设备,从而缩短立模时间,墙拱连续灌注,加快衬砌施工速度(图4-41)。

模板台车的长度即一次模筑段长度,应根据施工进度要求、混凝土生产能力和灌注技术要求以及曲线地铁车站的曲线半径等条件来确定。

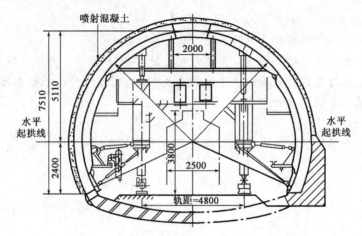

图4-41 整体移动式模板台车(尺寸单位:mm)

整体移动式模板台车的生产能力大,可配合混凝土输送泵联合作业,是较先进的模板设备,但其尺寸大小比较固定,可调范围较小,影响其适用性,且一次性设备投资较大。我国有些施工单位自制较为简单的模板台车,效果也很好。

(2)穿越式分体移动模板台车

这种台车是将走行机构与整体模板分离,因此一套走行机构可以解决几套模板的移动问题,既提高了走行机构的利用率,又可以多段衬砌同时施作。

(3)拼装式拱架模板

拼装式拱架模板的拱架可采用型钢制作或现场用钢筋加工成桁架式拱架。为便于安装和运输,常将整榀拱架分解为2~4节,进行现场组装,其组装连接方式有夹板连接和端板连接两种形式。为减少安装和拆卸工作量,可以作成简易移动式拱架,即将几榀拱架连成整体,并安设简易滑移轨道。

拼装式模板多采用厂制定型组合钢模板,其厚度均为5.5cm,宽度有10cm、15cm、20cm、25cm、30cm,长度有90cm、120cm、150cm等。局部异形及挡头板可采用木板加工。

拼装式拱架模板的一次模筑长度,应与围岩地质条件、施工进度要求、混凝土生产能力以及开挖后围岩的动态等情况相适应。一般分段长度为2~9m,松软地段最长不超过6m。拱架间距应视未凝混凝土荷载大小及地铁车站断面大小而定,一般可采用90cm、120cm及150cm。

拼装式拱架模板的灵活性大,适应性强,尤其适用于曲线地段。因其安装架设较费时费力,故生产能力较模板台车低。在中小型地铁车站及分部开挖时,使用较多。传统的施工方法中,因受开挖方法及支护条件的限制,其衬砌施作多采用拼装式拱架模板。

❸ 衬砌施工准备工作

在灌注衬砌混凝土之前,要进行地铁车站中线和水平测量,检查开挖断面,放线定位,混凝土制备和运输等准备工作。

这些准备工作,除应按模筑混凝土工程的一般要求进行外,还应注意以下各点。

(1)断面检查

根据地铁车站中线和水平测量,检查开挖断面是否符合设计要求,欠挖部分按规范要求进行修凿。并作好断面检查记录。

墙脚地基应挖至设计高程,并在灌注前清除虚砟,排除积水,找平支承面。

(2)放线定位

根据地铁车站中线和高程及断面设计尺寸,测量确定衬砌立模位置,并放线定位。

采用整体移动式模板台车时,实际是确定轨道的铺设位置。轨道铺设应稳固,其位移和沉降量均应符合施工误差要求。轨道铺设和台车就位后,都应进行位置、尺寸检查。放线定位时,为了保证衬砌不侵入建筑限界,须预留误差量和预留沉落量。并注意曲线加宽。

预留误差量是考虑到放线测量误差和拱架模板就位误差,为保证衬砌净空尺寸,一般将衬砌内轮廓尺寸扩大5cm。

预留沉落量是考虑到未凝混凝土的荷载作用会使拱架模板变形和下沉;后期围岩压力作用和衬砌自重作用(尤其是先拱后墙法施工时的拱部衬砌)会使衬砌变形和下沉,故须预留沉落量。这部分预留沉落量根据实测数据确定或参照经验确定。

预留误差量和预留沉落量应在拱架模板定位放线时一并考虑确定,并按此架设拱架模板和确定模板架的加工尺寸。

(3)拱架模板整备

使用拼装式拱架模板时,立模前应在洞外样台上将拱架和模板进行试拼,检查其尺寸、形状,不符合要求的应予修整。配齐配件,模板表面要涂抹防锈剂。洞内重复使用时亦应注意检查修整。拱架模板尺寸应按计算的施工尺寸放样到放样台上,并注意曲线加宽后的衬砌及模板尺寸。

使用整体移动式模板台车时,在洞外组装并调试好各机构的工作状态,检查好各部尺寸,保证进洞后投入正常使用。每次脱模后应予检修。

(4)立模

根据放线位置,架设安装拱架模板或模板台车就位。安装和就位后,应作好各项检查,包括:位置、尺寸、方向、高程、坡度、稳定性等;并注意处理好以下几个问题。

①每排拱架应架设在垂直于地铁车站中线的竖直平面内,不得倾斜;对于曲线地铁车站,因曲线外弧长、内弧短,则应分段调整拱架方向和模板长度。

②拱架应立于稳固的地基上。拱架下端一般应焊接端头板,以增大支承面,减少下沉;当地基较软弱时,应先用碎石垫平,再用短枕木支垫,此垫木不得伸入衬砌混凝土中。

当采用整体移动式模板台车时,其走行轨道应铺设稳定,轨枕间距要适当,道床要振捣密实,必要时可先施作地铁车站底板,防止过量下沉。

③拱架的架设要牢固稳定,保证其不产生过量位移。拱架立好后还应对其稳定性进行检查。固定的方法:横向有过河撑(断面较小时采用)、斜撑(断面较大时采用)、锚杆(锚固于围岩,穿过衬砌、模板、墙架、带木,用螺栓垫板固定拉住墙架);纵向有带木、拱架间撑木、拉杆及斜撑;拱架与围岩之间的顶撑等。其中锚杆应先行安设,并作抗拔力的施工检算。

拱架模板的架设和加强,均应考虑其腹部的通行空间,以保证洞内运输的畅通。

④挡头模板应同样安装稳固,挡头板常用木板加工,现场拼铺,以便于与岩壁之间的缝隙嵌堵严密;也可以采用气囊式堵头。

⑤设有各种防水卷材、止水带时,应先行安装好,并注意挡头板不得损伤防水材料,以免影响防水效果。

(5)混凝土制备与运输

由于洞内空间狭小,混凝土多在洞外拌制好后,用运输工具运送到工作面再浇筑。其实际待用时间中主要是运输时间,尤其是长大地铁车站和运距较远时。因此运输工具的选择应注意装卸方便,运输快速,保证拌好的混凝土在运输过程中不发生漏浆、离析泌水、坍落度损失和初凝等现象。

可结合工程情况,选用各种斗车、罐式混凝土运输车或输送泵等机械。

❹ 混凝土的灌浇、养护与拆模

在做好上述准备工作后,即可进行混凝土浇注。地铁车站衬砌混凝土的浇注应注意以下几点:

①保证捣固密实,使衬砌具有良好的抗渗防水性能,尤其应处理好施工缝。

②整体模筑时,应注意对称浇注,两侧同时或交替进行,以防止未凝混凝土对拱架模板产生偏压而使衬砌尺寸不合要求。

③若因故不能连续浇注,则应按规定进行接茬处理。衬砌接茬应为半径方向。

④边墙基底以上 1m 范围内的超挖,宜用同级混凝土同时浇注。其余部分的超、欠挖应按设计要求及有关规定处理。

⑤衬砌的分段施工缝应与设计沉降缝、伸缩缝及设备洞位置统一考虑,合理确定位置。

⑥封口方法。当衬砌混凝土浇注到拱部时,需改为沿地铁车站纵向进行浇注,边浇注边铺封口模板,并进行人工捣固,最后堵头,这种封口称为"活封口"。当两段衬砌相接时,纵向活封口受到限制,此时只能在拱顶中央留出一个 50cm×50cm 的缺口,待后进行"死封口"(图 4-42)。采用整体式模板台车配以混凝土输送泵时,可以简化封口。

⑦多数情况下地铁车站施工过程中,洞内的湿度能够满足混凝土的养护条件。但在干燥无水的地下条件下,则应注意进行洒水养护。

采用普遍硅酸盐水泥拌制的混凝土,其养护时间一般不少于 7d;掺有外加剂或有抗渗要求的混凝土,一般不少于 14d。养护用水的温度应与环境温度基本相同。

⑧二次衬砌的拆模时间,应根据混凝土强度增长情况来确定。一般应在混凝土达到施工规范要求强度时,方可拆模。有承载要求时,应根据具体受力条件来确定。

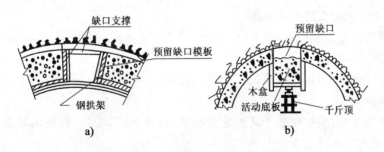

图 4-42　拱部衬砌封口(死封口)

5 压浆、仰拱和底板

(1)压浆

在浇注衬砌混凝土时,虽然要求将超挖部分回填,但由于操作方法方面的原因,其中有些部位并不可能回填得很密实。这种情况在拱顶背后一定范围内较为明显。因此,要求在衬砌混凝土达到设计强度后,向这些部位进行压浆处理,以使衬砌与围岩密贴(全面紧密接触),达到限制围岩后期变形,改善衬砌受力工作状态的目的。压浆浆液材料多采用单液水泥浆。

(2)仰拱和底板

若设计无仰拱,则铺底通常是在拱墙修筑好后进行,以避免与拱墙衬砌和开挖作业的相互干扰。若设计有仰拱,说明侧压和底压较大,则应及时修筑仰拱使衬砌环向封闭,避免边墙挤入造成开裂甚至失稳。但仰拱和底板施工占用洞内运输道路,对前方开挖和衬砌作业的出砟、进料造成干扰。因此,应对仰拱和底板的施作时间、分块施工顺序和与运输的干扰问题进行合理安排。

为施工方便,仰拱和底板可以合并浇注,但应保证仰供混凝土强度符合设计要求。

待仰拱和底板纵向贯通,且混凝土达到一定强度后,方能允许车辆通行。其端头可以采用石砟土填成顺坡通过。

浇注仰拱和底板时,必须把地铁车站底部的虚砟、杂物及淤泥清除干净,排除积水。超挖部分应用同级混凝土或片石混凝土浇注密实。

6 案例:初期支护(喷射混凝土)施工方案在黄庄地铁车站中的应用

1)工程概况

同 P155 工程概况。

2)喷射混凝土施工

(1)喷射混凝土的施工方法

①喷射机械安装好后,先注水、通风、清除管道内杂物,同时用高压风吹扫岩面,清除岩面尘埃。

②保证连续上料,严格按施工配合比配料,严格控制水灰比及坍落度,保证料流运送顺畅。

③操作顺序:喷射时先开液态速凝剂泵,再开风,后送料,以凝结效果好、回弹量小、表面湿润光泽为准。

(2)原材料的要求

水泥:采用不低于强度等级为 32.5 的普通硅酸盐水泥,使用前做强度复查试验,其性能符合现行的水泥标准。

细骨料:采用硬质、洁净的中砂或粗砂,细度模数大于 2.5。

粗骨料:采用坚硬耐久的碎石,粒径不大于 15mm,级配良好。使用碱性速凝剂时,不得使用含有活性二氧化硅的石料。

水:采用不含有影响水泥正常凝结与硬化有害杂质的自来水。

速凝剂：使用前与水泥做相容性试验及水泥凝结效果试验，其初凝时间不得大于 5min，终凝时间不得大于 10min。掺量根据初凝、终凝试验确定，一般为水泥用量的 5%左右。

(3)湿喷混凝土特殊技术要求

喷射混凝土采用湿喷工艺，喷射设备采用 TK961 型湿喷机，人工掌握喷头直接喷射混凝土。

喷射混凝土作业在满足《锚杆喷射混凝土支护规范》(GB 50086—2001)有关规定的基础上，增加以下技术措施：

①搅拌混合料采用强制式搅拌机，搅拌时间不小于 2min。原材料的称量误差为：水泥、速凝剂±1%，砂石±3%；拌和好的混合料运输时间不得超过 2h；混合料应随拌随用。

②混凝土喷射机具性能良好，输送连续、均匀，技术性能满足喷射混凝土作业要求。

③喷射混凝土作业前，清洗受喷面并检查断面尺寸，保证尺寸符合设计要求。喷射混凝土作业区有足够的照明，作业人员佩带好作业防护用具。

④喷射混凝土在开挖面暴露后立即进行，作业符合下列要求：

a.喷射混凝土作业分段分片进行。喷射作业自下而上，先喷格栅钢架与拱壁间隙部分，后喷两钢架之间部分。

b.喷射混凝土分层进行，一次喷射厚度根据喷射部位和设计厚度而定，拱部宜为 5~6cm，边墙为 7~10cm，后喷一层应在先喷一层凝固后进行，若终凝后或间隔 1h 后喷射，受喷面应用风水清洗干净。

c.严格控制喷嘴与岩面的距离和角度。喷嘴与岩面应垂直，有钢筋时角度适当放偏，喷嘴与岩面距离控制在 0.6~1.2m 范围以内，如图 4-43 所示。

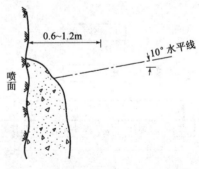

图 4-43 喷射混凝土施工工艺示意图

d.喷射时自下而上，即先墙脚后墙顶，先拱脚后拱顶，避免死角，料束呈螺旋旋转轨迹运动，一圈压半圈，纵向按蛇形喷射，每次蛇形喷射长度为 3~4m，如图 4-44 所示。

e.正常情况采用湿喷工艺，混凝土的回弹量边墙不大于 15%，拱部不大于 25%。

f.喷射混凝土终凝 2h 后开始洒水养护，洒水次数应以能保证混凝土具有足够的湿润状态为度；养护时间不得少于 14d。

g.喷射混凝土表面应密实、平整、无裂缝、脱落、漏喷、空鼓、渗漏水等现象,不平整度允许偏差为±3cm。

(4)湿喷混凝土机具及工艺流程

喷射混凝土采用罐式喷射机湿喷工艺,减少回弹及粉尘,创造良好隧道施工条件。混凝土在洞外拌和,由竖井下料管下到运料车运至喷射工作面,速凝剂在作业面随拌随用。混凝土配合比由现场试验室根据试验确定。喷射混凝土施工工艺如图4-45所示。

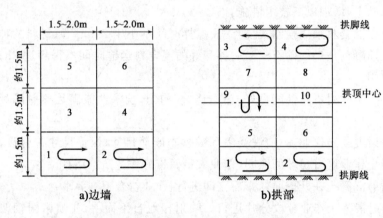

图4-44 喷射混凝土施工工艺示意图

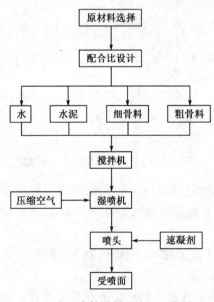

图4-45 喷射混凝土施工工艺图

(5)保证喷射混凝土密实的技术措施

①严格控制混凝土施工配合比,配合比经试验确定,混凝土各项指标都必须满足设计及规范要求,混凝土拌和用料称量精度必须符合规范要求。

②严格控制原材料的质量,原材料的各项指标都必须满足要求。

③喷射混凝土施工中确定合理的风压,保证喷料均匀、连续。同时加强对设备的保养,保证其工作性能。

④喷射作业由有经验、技术熟练的喷射手操作,保证喷射混凝土各层之间衔接紧密。

⑤初喷混凝土紧跟掌子面,复喷前先按设计要求完成超前小导管、钢筋网、格栅钢架的安装工作。

⑥渗漏水地段的处理:当围岩渗水无成

线涌水时,在喷射混凝土前用高压风吹扫,开始喷射混凝土时,喷射混凝土由远而近,临时加大速凝剂掺量,缩短初凝、终凝时间,逐渐合拢喷射混凝土,有成线涌水时,斜向窜打深孔将涌水集中,再设软式橡胶管将水引排,再喷射混凝土,最后从橡胶管中注浆加以封闭。止住后采用正常配合比喷射混凝土封闭。

⑦喷射混凝土由专人喷水养护,以减少因水化热引起的开裂,发现裂纹用红油漆作标记,进行观察和监测,确定其是否继续发展,若在继续发展,找出原因并作处理,对可能掉下的喷射混凝土撬下重新喷射。

⑧坚决实行"四不"制度:即喷射混凝土工序不完,掌子面不前进;喷射混凝土厚度不够不前进;混凝土喷射后发现问题未解决不前进;监测结构表明不安全不前进。以上制度由现场领工员负责执行,责任到人,并在工程施工日志中做好记录以备检查,项目监理负责监督。

(6)喷射混凝土安全技术和防尘措施

①严禁将喷管对准施工人员,以免突然出料时伤人。

②喷射作业时,喷管不出料并出现往复摆动时,可能有大石块堵住送料管,此时应立即停机处理,切勿将大石块强行吹出。

③用振动疏通的方法处理堵管石,喷射手和辅助操作人员要紧握喷管,以免送风时喷管甩动伤人,处理堵管时,料罐风压不能超过 0.4MPa。

④处理堵管和清理料罐时,严禁在开动电机、分配盘转动的情况下将手伸入喷管和料罐。

⑤喷射手应配戴防护罩或防护眼镜、胶布雨衣和手套。

⑥适当增加砂石的含水率,是减少搅拌、上料、喷射过程中产生粉尘的有效方法。砂的含水率宜控制在 5%～7%,石子含水率宜控制在 2% 左右。

⑦加强通风和水幕喷雾,对降尘有显著效果。一般通风管距作业面以 10～15m 为宜。

⑧严格控制工作压力,在满足工艺要求的条件下,风压不宜过大,水灰比要控制适当,避免干喷。

3)实训要求

根据所给的初期支护(喷射混凝土)施工方案,编制技术交底书。

六、监 控 量 测

【知识目标】

1.了解浅埋暗挖法地铁车站的监控量测的目的和种类;

2.熟悉浅埋暗挖法地铁车站监测项目和监测仪器;

3. 掌握浅埋暗挖法地铁车站监控量测的数值处理和数据反馈。

【能力目标】

1. 能够根据地铁车站施工所处的地质条件等因素,选择监控量测的应测项目和选测项目;

2. 能指导地铁车站各种监测项目的测点布置;

3. 能够独立完成监控量测项目施工工序技术交底书的编写。

利用监控量测信息指导设计与施工是地铁施工工序的重要组成部分。在设计文件中应提出具体要求和内容,监控量测的费用应纳入工程成本。在实施过程中,施工单位要有专门机构执行与管理,并由技术负责人统一掌握、统一领导。

① 监控量测的目的及意义

施工过程中使用各种类型的仪表和工具,对围岩、支护、衬砌的力学行为以及它们之间的力学关系进行量测和观察,并对其稳定性进行评价,统称为监控量测。监控量测的目的意义如下:

①通过监控量测了解各施工阶段地层与支护结构的动态变化,把握施工过程中结构所处的安全状态,判断围岩的稳定性及支护、衬砌的可靠性。(确保施工安全及结构的长期稳定性)

②用现场实测的结果弥补理论分析过程中存在的不足,并把监测结果反馈设计,指导施工,为修改施工方法,调整围岩级别、变更支护设计参数提供依据。(验证支护结构效果,确认支护参数和施工方法的准确性或为支护参数和施工方法提供依据)

③通过监控量测对施工中可能出现的事故和险情进行预报,以便及时采取措施,防患于未然。

④通过监控量测,判断初期支护稳定性,确定二次衬砌合理的施作时间。

⑤对工程施工可能产生的环境影响进行全面的监控。(监控工程对周围环境影响)

⑥通过监控量测了解该工程条件下所表现、反映出来的一些地下工程规律和特点,为今后类似工程或该施工方法本身的发展提供借鉴、依据和指导作用。(积累量测数据,为信息化设计与施工提供依据)

② 监控量测项目与方法

1) 监控量测项目

根据工程性质及工程地质条件,监控量测项目可分为 A 类和 B 类。A 类为必测项目,为指导施工、监测工程安全状态服务;B类为选测项目,主要是为了了解周围地层和支护系统的工作状态,为设计提供依据,以便进一步优化设计。

监控量测的测点布置,项目安排,见表 4-13 和表 4-14。

A 类监控量测项目表　　　　　　　　表 4-13

项目名称	段距	安设测点数	测试频率		
			0～15d	16～30d	31d 后
掌子面地质观测	全隧道	掌子面	1次/d	1次/d	1次/d
净空收敛量测	10～50m	2～6 对测点	1次/2d	1次/2d	1次/周
拱顶下沉	10～50m	1 点	1次/2d	1次/2d	1次/周
地表下沉	10～50m	9～11 点	2次/d	1次/2d	1次/周

B 类监控量测项目表　　　　　　　　表 4-14

项目名称	段距	安设测点数	测试频率		
			0～15d	16～30d	31d 后
地层物理力学参数	200～500m	1～2 个测孔			
地层内变位测量	200～500m	3～5 个测孔	1～2次/d	1～2次/2d	1～2次/周
锚杆轴向力	200～500m	3～5 个测孔	1～2次/d	1～2次/2d	1～2次/d
衬砌内应力测定	200～500m	切径向各 3～5 点	1～2次/d	1～2次/2d	1～2次/d
支护接触应力测点	200～500m	5～9 个测点	1～2次/d	1～2次/2d	1～2次/d
地层弹性波	500m	2～4 个测点	1次	1次	1次

2)地表沉降监控量测方法

(1)测点布置

地表沉降量测在隧道浅埋($H_0 \leqslant 2B$)地段为必测项目,其他地段根据设计要求进行。其测点的横向布置范围在隧道中线两侧不小于 H_0+B,地表有控制性建(构)筑物时,应适当加宽;布置间距 2～5m,当地表有控制性建(构)筑物时,应适当加密。布置应与拱顶下沉及周边收敛测量的测点在同一断面内。测点布置如图 4-46 所示。

测点埋设时,在地表钻(或挖)20～50cm 深的孔,竖直放入 ϕ22mm 左右的钢筋,钢筋和孔壁之间可填充水泥砂浆,钢筋头打磨圆滑,露出地面1cm 左右,并用红油漆标记,作为测点。

地表沉降点应在开挖前布设在与洞内量测点相同的里程断面上,纵向距离按表 4-15 控制。

(2)量测仪器的选用

地表沉降通常采用精密水准仪和配套的精密水准尺进行量测。

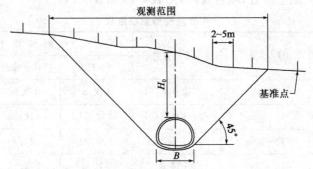

图 4-46 地表沉降横向观测范围示意图

注:图中 H_0 为隧道埋深,B 为隧道最大开挖宽度。

地表沉降测点纵向间距　　　　　　　　　　　表 4-15

隧道埋深 H(m)	量测断面间距(m)	备　　注
$2B<H_0<2.5B$	20~50	
$B<H_0\leqslant 2B$	10~20	
$H_0\leqslant B$	10	

注:H_0 为隧道埋深,B 为隧道最大开挖宽度。

(3)监控量测的方法和实施

首先沿隧道轴线方向每隔 100~150m 埋设一个水准工作基点构成水准网,工作基点埋设在稳定的基岩面上并与隧道开挖线保持一定距离,以免受隧道施工影响工作基点的稳定,采用现浇混凝土方式埋设,工作基点按照《二等水准测量规范》(GB/T 12897—2006)联测,每 3 个月复测一次,检测出现异常时必须先复查工作基点,特殊情况加密复测频率。

对每个断面上的监测点也按照《二等水准测量规范》(GB/T 12897—2006)进行观测,依次对每条断面上的监测点进行闭合或符合水准路线测量。地表下沉量测应在开挖工作面前方 H_0+h(隧道埋置深度+隧道高度)处开始,直至衬砌结构封闭,下沉基本停止时为止。量测频率应与拱顶下沉和净空变化的量测频率相同,初始读数应在开挖后 12h 内完成。

3 监控量测设备与器具

监控量测设备及器具见表 4-16。

监 控 量 测 设 备　　　　　　　表 4-16

分类	项目总称	具体项目名称	方法和工具	用途和应用场合
常规测试项目	位移	周边点径向位移值	单点或多点的锚杆式	稳定性判别及位移反分析
		周边点相对位移值	各种类型的收敛计	稳定性判别及位移反分析
	垂直下沉	拱顶下沉量	水平仪、水平尺、钢尺	与稳定的已成支护段比较
		地面下沉量	水平仪、水平尺	只用于浅埋隧道,通常埋深 $h \leqslant 50$m
		围岩下沉量	地表钻孔中安设各类位移计	只用于浅埋隧道,通常埋深 $h \leqslant 50$m
特种测试项目	压力	围岩压力、支护压力	各类压力传感器 支柱压力计或其他测力计	试验工程采用,作为稳定性判别和设计依据,在设置钢拱支撑时应用
	应力	混凝土内应力	各类混凝土内应变计、应力计	为施工和设计提供数据
		混凝土表面应力	表面贴电阻应变片、解除法	为设计需要
		围岩内应力或地引力	钻孔应变计或钻孔解除法	在重要工程或埋深很大的岩石工程中应用
	围岩参数测定	$C、\varphi$	试验洞内的剪切试验	为设计和有限单元法计算需要
		$E、\mu$	膨胀仪、声波	为设计和有限单元法计算需要

❹ 监控量测信息对施工的控制

①根据地表下沉量与允许量比较,判断地面建筑物和地中埋设物的安全状态,再判断施工方法和支护参数的合理性。

②根据隧道周边位移(收敛)量测数据确定净空预留量。根据位移随时间变化的测试资料进行回归分析,推算最终位移值,此最终位移值即可作为净空预留量。

③根据位移—时间曲线,可以确定二次衬砌施作时间。这一特征点应反映:

a. 位移量及位移—时间曲线呈收敛趋势;

b. 30d 内的平均位移变化速率为 0.3~0.5mm/d;

c. 位移速率的变化呈收敛趋势。

这三条也可称为隧道变形基本稳定的标志。

5 监控量测数据处理与反馈

(1)量测数据的处理

监控量测的各种变量如位移、应力、应变等,应及时绘出位移-时间曲线、应力-时间曲线、应变-时间曲线。横坐标为时间,纵坐标为各类变量(位移、应力、应变)。这条曲线极可能成为极不规则的散点曲线,如果将工序标在水平坐标上,就可看出各种工序对隧道变形的影响。这个散点图是作为分析的第一手原始资料,判断地层是否稳定的重要依据。

但对于推算最终变量,依靠散点图是无法实现的,这就要对散点资料进行数据处理,常用非线性回归进行数据处理。

一元非线性回归的步骤如下:

①根据测试值散点图的特征,先选用某一函数,常用的如对数函数、指数函数、双曲线函数等,用选定的函数进行回归分析。

②将上述选定的曲线函数进行变换,使其成为线性函数。

③然后,用一元线性回归公式和方法求得该变换后的线性函数的系数。将该系数带入替代公式,得到原定的曲线函数系数,即最后求得回归曲线。

④如果选用的该曲线函数的剩余标准离差比较理想,工作结束;如不理想,则可改用另一个曲线函数再按照上述步骤重新进行回归分析,直到满意为止。

(2)测试数据的反馈

①对施工的反馈作用:

a. 地表沉降与允许值的比较,判断地面建筑物与地中构筑物的安全状态。

b. 最大允许位移值的控制。地质越差,允许位移值越大;断面越大,允许位移值越大;采用锚喷支护时,断面直径小于 10m 时,允许位移值为 2~5cm。

c. 二次衬砌施作时间的控制。按照规定,二次衬砌是在初期支护变形基本稳定后施作的。基本稳定的标志是外荷载基本不再增加,位移不再变化,因此可用周边接触应力和位移值这两项指标来控制。当隧道断面小于 $10m^2$ 时,周边位移率 V_n 应小于 $0.1mm/d$;断面大于 $10m^2$ 时,$V_n < 0.2mm/d$,或周边接触应力 $V_p < 5.0kPa/d$ 时,都可认为是基本稳定的指标。目前为方便现场掌握,多以测试位移为主,以机械量测仪器为主。当达不到基本稳定指标时,应进行补救,其措施为,对初期支护进行加强,立即施作二次衬砌。

②测试数据对设计的反馈。地质条件的复杂性使地下工程设计不得不采用信息化的设计方法,即通过施工中量测到的围岩动态信息,主要是指位移信息,然后采用反分析技术,推求围岩的本构模型和力学参数,如弹性模量、内摩擦角、黏结力、黏性系数等,再采用正分析技术,求出围岩和支护结构中新的应力场和位移场,

验算和核实预设计的可靠性,并对其进行修改。

6 案例:监控量测施工方案在黄庄地铁车站中的应用

1)工程概况

同 P155 工程概况。

2)施工量测的目的

在本标段车站的盖挖竖井和暗挖隧道的开挖支护施工过程中,将不可避免地会对周围地层、地下管线、建(构)筑物等造成一定的影响。为了保证施工期间道路通畅,分析了解地层、支护及主体结构的安全稳定性,了解工程施工对周围环境的影响程度,确保地面建筑物及地下管线的正常使用,需建立专门的组织机构,在施工的全过程中进行全面、系统的监测工作,并将其作为一道重要工序纳入施工组织设计中去。

监测的主要目的包括:

①通过监测了解盖挖竖井周围土体在施工过程中的动态,明确工程施工对原始地层的影响程度及可能产生失稳的薄弱环节。

②通过监测了解暗挖隧道施工中围岩与结构的受力变形情况,并确定其稳定性。

③通过监测了解工程施工对地下管线、建筑物等周围环境条件的影响程度,并确保它处于安全的工作状态。

④及时整理资料,对一系列关键问题进行分项分析,及时反馈信息,组织信息化施工。

3)施工监测的设计

(1)监测内容

根据招标文件并结合本标段工程的实际情况,拟对盖挖竖井及暗挖车站支护结构及受施工影响的周围地层、地下管线、建筑物等进行安全监测。监测项目以位移监测为主,同时辅以应力、应变监测,各种监测数据应相互印证,确保监测结果的可靠性。

(2)盖挖竖井施工监测项目

①自然环境(气温、雨水)。

②地表的沉降观测。

③支护结构的水平位移和沉降。

④基坑周边的地表沉降和裂缝。

⑤支护结构的应力应变。

⑥支护结构的裂缝。
⑦支撑和锚杆的应力和轴力。
⑧基坑底部回弹和隆起。
⑨地下水位。
⑩墙背土体侧压力及基底反力。
(3)周边建筑物与地下管线监测项目
①周边建筑物的沉降。
②周边建筑物的倾斜。
③周边建筑物的裂缝。
④周围重要管线的变位与破损。
⑤基坑渗漏水状况。
⑥基坑周围地面超载情况。
(4)暗挖车站施工监测项目
暗挖车站施工监测项目分为常规监测项目和选测项目,见表4-17。

车站暗挖段监测测点布置、监测手段与监测频率表　　表4-17

类别	序号	观测名称	方法及工具	断面距离	量测频率				备注
					1～7d	7～15d	15～30d	30d以后	
常规监测项目	1	地层及支护情况观察	现场观测地质描述	每次开挖后立即进行	2次/d				
	2	地表、地面建筑、地下构筑物与管线的沉降观测	精密水准仪	每次开挖后立即进行	2次/d	1次/d	1次/2d	1次/3d	施工拆撑时频率适当加密
	3	拱顶下沉	精密水准仪	每次开挖后立即进行	2次/d	1次/d	1次/2d		开挖后立即进行或施工拆撑时频率适当加密,拆撑后立即进行
	4	净空收敛	收敛计	每次开挖后立即进行	2次/d	1次/d	1次/2d		开挖后立即进行或施工拆撑时频率适当加密,拆撑后立即进行
	5	底部隆起	精密水准仪	每次开挖后立即进行	2次/d	1次/d	1次/2d		开挖后立即进行或施工拆撑时频率适当加密,拆撑后立即进行

续上表

类别	序号	观测名称	方法及工具	断面距离	量测频率				备注
					1~7d	7~15d	15~30d	30d 以后	
选测项目	1	土层位移	多点位移计	选择2个代表性量测断面	2次/d	1次/d	1次/2d	1次/3d	
	2	拱架内衬主筋内力	钢筋计、频率仪	选择2个代表性量测断面	2次/d	1次/d	1次/2d	1次/(2~3)d	
	3	围岩压力	压力盒传感器	选择2个代表性量测断面	1次/d	1次/d	1次/2d	1次/(2~3)d	

4)监测测点的布置

①车站盖挖竖井施工监测测点布置如图4-47所示。

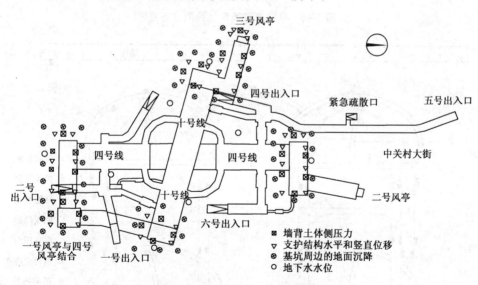

图4-47 车站盖挖竖井施工监测测点布置图

②单层暗挖断面监测测点布置如图4-48所示。
③双层暗挖断面监测测点布置如图4-49所示。

5)施工监测方法

(1)自然环境(气温、雨水)监测

查阅相关资料,根据最近几个历史同期的气候气象情况,预测出在工程施工期间的天气状况,并且及时收听天气预报,合理安排工程进度,防止基坑积水和材料的损坏。

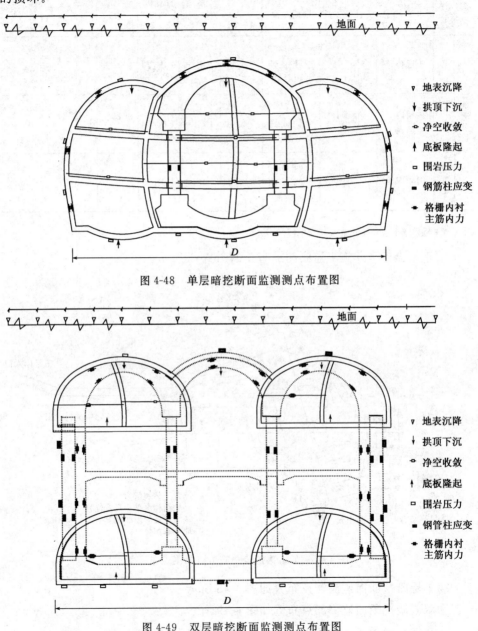

图 4-48 单层暗挖断面监测测点布置图

图 4-49 双层暗挖断面监测测点布置图

(2)地表的沉降监测

①仪器设备:选用德国 NA2 型自动安平精密水准仪,3m 分划为 5mm 的线条

式铟瓦合金水准尺。

②沉降点埋设:将沉降点布置于距离边坡 2m 以外处,沉降点埋设如图 4-50 所示。

③监测频率:测量频率为 1～2 次/d。

(3)支护结构的水平位移

使用测斜技术对支护结构水平位移进行监测,如图 4-51 所示。

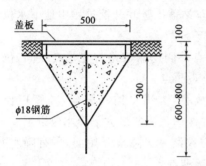
图4-50　地面沉降测点示意图(尺寸单位:mm)

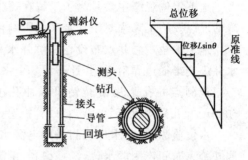
图 4-51　桩墙水平变形监测示意图

采用美国 SINCO 测斜仪,首先在安放护坡桩钢筋笼前,将导管固定在钢筋笼上,使导管和钢筋笼一起吊装就位。混凝土凝固后导管与护坡桩共同变形。

基坑开挖前,将测斜探头放入导管,采集导管各点的初始数据。并根据施工进度,对各点的数值进行采集。

土方开挖后、临时支撑前、下中大雨后均需测量,平常测量频率为 1 次/周。

(4)支护结构的沉降监测

在支护结构顶部布设沉降测点,监测方法同"地表的沉降监测"。

(5)支撑应力和轴力

①仪器设备:采用应变片及静态应变仪进行支撑轴力量测。

②传感器安装:将四枚应变片分别安装于钢管撑同一截面的四分圆上,并将导线引至坑壁墙顶。

③测定方法:在钢管撑安装前,采集应变片初始数据。并根据施工进度,对应变片的数值进行采集。

④监测频率:测量频率为 1 次/d。

⑤数据处理:每次测量数据可以得到支撑件轴力。并汇总成支撑件轴力变化曲线。

⑥应变片安置在每根钢管撑的中部。

(6)基坑底部回弹和隆起

基坑开挖后在周围土压力的作用下,基坑可能回弹,施工过程中必须加强基坑隆起的监测工作。具体做法如下:

隆起监测点设置在沿基坑中央及基坑 1/4 距离的位置上，监测点每 50m 一个，并在基坑外选设水准点及定位点；隆起测设方法采用几何水准法，高程误差不大于 1mm，在观测点位置预埋隆起观测标。

基坑隆起观测次数不少于 3 次：第一次在基坑开挖刚到底，第二次在坑底成型后，第三次在浇注结构底板混凝土之前。

(7) 地下水位

地下水位观测主要是为了了解在黄庄车站盖挖竖井开挖过程中地下水位的升降情况以及施工降水对工程带来的影响程度。

地下水位观测井点布设在基坑降水井点外侧运输道路与建筑红线间，位于降水井影响半径边界附近，共计布设 8 个水位观测点。

观测点井孔采用旋转钻机或冲孔法成孔，为满足监测需要，井管口径选择 60mm，井孔采用钢套管或塑料硬管护壁，井深达预测的最大下降水位以下 2~3m。

水位监测方法：水位观测采用电测水位仪测量。降水开始前，所有降水井、观测井统一时间连测静水位，统一编号、量测基准点。

地下水位观测频率：观测井孔的观测时间间隔分别采用 30min、1h、2h、4h、8h、12h，以后每隔 12h 观测一次，直到降水工程结束。前后两次观测水位差小于 5cm 时，可跳过下一时间间隔，直到降水工程结束。

(8) 土体(围岩)压力

①仪器设备

采用钢弦式土、水压力计及频率接收仪。

②仪器安装

对于钻孔灌注桩护壁，土压盒安装是首先制作钢筋骨架，将土压力计绑扎于骨架上，再使用勘探用钻机成孔后，将骨架垂直下入孔中放于设计高程，将电缆线引至地面，其间空隙用细砂填实。

对于暗挖段土压盒安装在初期支护外侧，土体开挖后利用钢筋支架将土压盒贴壁固定在待测位置，直接喷射支护层混凝土即可。

③测定方法

在安装前，采集各点的土、水压力初始值。并根据施工进度，对土压力计数值进行采集。

④监测频率

土方开挖后第 1 周每天 1 次，以后测量频率为 1 次/周。

⑤数据处理

每次测量数据可以得到土压力数值。并汇总成水土压力变化曲线。

(9) 周围建筑物的沉降观测

周围建筑物的沉降观测主要是监测由于基坑开挖而导致的周围建筑物产生不均匀沉降的情况,监测点应布设在待测建筑的墙角部位或容易产生沉降的地方。监测频率一般应为一天观测一次,如果沉降明显,则应为1~2个小时观测一次。

对于历史比较久远的房屋,应先请房屋鉴定部门对房屋的破损等级进行鉴定,然后再进行其观测。

(10)周边建筑物的倾斜

建筑物的倾斜观测主要针对比较高耸的楼体进行倾斜观测,其观测方法采用全站仪直线法进行观测。具体方法是在基坑影响范围外确定一地面点,将全站仪架设于此,在被监测建筑物上确定一条纵向边,用全站仪监测纵向边,纵向边的变化情况直接反映出楼体的变化。

(11)周边建筑物的裂缝

当建筑物出现裂缝时,在裂缝处涂沫石膏,观测石膏裂缝的变化情况。

(12)周围重要管线的变位与破损

进行管线调查,确定管线的破损情况,随着施工的进行,对管线进行沉降观测,确定其变位情况。根据施工的进度和影响程度,安排监测的频率与监测部位。

(13)基坑渗漏水状况观察

当基坑土方开挖过程中,出现渗漏水情况时,及时监测渗漏水的状况,查明原因,以便采取措施,及时处理。

6)量测控制标准

在信息化施工中,监测后应及时对各种数据进行整理分析,判断其稳定性,并及时反馈到施工中去指导施工。计划建立三级管理标准,见表4-18。

监测控制三级管理标准　　　　　　　　表4-18

管理等级	管理位移	施工状态
III	$U_0 < U_n/3$	可正常施工
II	$U_n/3 \leq U_0 \leq 2U_n/3$	应注意,并加强监测
I	$U_0 > 2U_n/3$	应采取加强支护等措施

注:表中U_0为实测位移值;U_n为允许位移值。

U_n的取值,也就是监测控制标准。根据有关规范规定及招标文件要求,提出控制基准,见表4-19。

根据上述监测管理基准,可选择监测频率:一般在III级管理阶段监测频率适当放大一些;在II级管理阶段则注意加密监测次数;在I级管理阶则密切关注,加强监测,监测频率可达到1~2次/天或更多。

监测控制标准　　　　　　　　　　　表 4-19

序　号	监测项目		控制标准	依　据
1	地表沉降	基坑侧壁	30mm	招标文件及相应的规范、规程、理论计算
		中洞	20mm	
		侧洞	10mm	
2	建筑物沉降		30mm	
3	建筑物倾斜		3‰	
4	基坑水平收敛		20mm	
5	地下管线	允许沉降	30mm	
		限制转角	1°～1.5°	
6	暗挖隧道水平收敛	中洞	20mm	
		侧洞	20mm	

7) 量测数据分析与预测

在取得监测数据后，要及时进行整理，绘制位移或应力的时态变化曲线图，即时态散点图。

在取得足够的数据后，根据散点图的数据分布状况，选择合适的函数，对监测结果进行回归分析，以预测该测点可能出现的最大位移值或应力值，预测结构和建筑物的安全状况。

采用的回归函数有

$$U = A \lg(1+t) + B$$

$$U = t/(A+Bt)$$

$$U = Ae - B/t$$

$$U = A(e-Bt - e-Bt_0);$$

$$U = A \lg[(B+t)/(B+t_0)]$$

式中：U——变形值（或应力值）；

A、B——回归系数；

t、t_0——测点的观测时间(d)。

典型的动态回归曲线示意图如图 4-52 所示。

为确保监测结果的质量，加快信息反馈速度，全部监测数据均由计算机管理，每次监测必须有监测结果,及时上报监测日报表,并按期向施工监理、设计单位提交监测月报,并附上相对应的测点位移或应力时态曲线图,对当月的施工情况进行评价并提出施工建议。

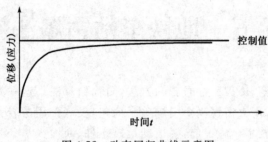

图 4-52 动态回归曲线示意图

8) 实训

根据所给的黄庄车站监控量测施工方案,编制技术交底书。

单元五 地铁车站钻爆法施工

通过钻孔、装药、爆破开挖岩石的方法,简称钻爆法。这一方法从早期由人工手把钎、锤击凿孔,用火雷管逐个引爆单个药包,发展到用凿岩台车或多臂钻车钻孔,应用光面爆破技术。施工前,要根据地质条件、断面大小、支护方式、工期要求以及施工设备、技术等条件,选定掘进方式。

我国地域广大、地质类型多样,像重庆、青岛等城市的坚硬岩石地层,广州地铁也有部分区段处在坚硬岩石地层中,修建地铁隧道通常采用钻爆法开挖、喷锚支护(与通常的山岭隧道相当)。在建的重庆轻轨地下部分的区间和车站基本采用隧道形式,最大开挖断面积超过 $420m^2$,采用微振控制爆破、分步开挖、喷混凝土和锚杆支护、现浇混凝土衬砌,已成功建成了临江门车站隧道等。已建成的青岛地铁试验段轻纺医院站,开挖断面积已超过 $300m^2$,也是采用钻爆法施工,但没有二次衬砌;广州地铁一、二、三号线的某些区段、某些区间或车站下部的坚硬岩石地层也采用了微振控制爆破来辅助开挖。南京地铁一期 TA1 标段处于岩石地层中的 3 座隧道,均采用钻爆法施工。

一、钻爆开挖

1 爆破破岩作用机理及有关概念

(1)无限介质中的爆破作用

无限介质中的爆破作用范围如图 5-1 所示。

①压缩粉碎区:半径为 R_1 的区域。

②抛掷区:R_1 与 R_2 之间的范围。

③松动区:R_2 与 R_3 之间的区域。

④振动区:R_3 与 R_4 之间的范围。

(2)爆破基本概念

①临空面:指暴露在大气中的开挖面。

在爆破中的作用,临空面越多,爆破威力越大。

②爆破漏斗:在只有一个临空面的情况下,爆破形成圆锥形的爆破凹坑。如图 5-2 所示。

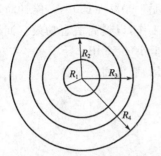

图 5-1 无限介质中的爆破作用示意图

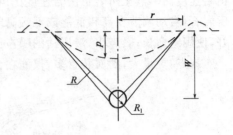

图 5-2 爆破漏斗示意图

爆破漏斗由以下几何要素组成:
a. 最小抵抗线 W:炮眼药包中心到临空面的最短距离。
b. 爆破漏斗半径 r。
c. 破裂半径 R:药包中心到爆破漏斗边沿的距离。
d. 漏斗深度 p。
e. 压缩圈半径 R_1。

其中,最关键的是最小抵抗线 W。

③爆破作用指数 $n=r/W$:爆破漏斗半径 r 与最小抵抗线 W 的比值。

n 对于爆破效果有重要影响,注意到 r 取决于 W,可见最小抵抗线是关键因素。

(3)柱状药包爆破特点

柱状药包爆炸应力波的传播方向,是以药包轴线为轴线,沿着垂直于药包表面的方向往四周传播。

2 钻孔机具

(1)凿岩机(钻机)

按使用动力可分为风动凿岩机、内燃凿岩机、电动凿岩机和液压凿岩机四种。目前在隧道开挖中,广泛使用的是风动凿岩机和液压凿岩机。

①风动凿岩机,俗称风钻,如图 5-3 所示。

以压缩空气为动力。既可单人操纵,也可装在台车上使用,但以前者为主。

优点:结构简单,操作方便;不怕超负荷和反复起动,在多水、多尘等不良环境中仍能正常工作。

缺点:压缩空气供应设备复杂;能量利用率低;噪声大。

②液压凿岩机,由液压马达提供动力,只能用于台车。

优点:动力消耗少,能量利用率高,其动力消耗仅为风动凿岩机的 1/3～1/2。凿岩速度高。液压凿岩机凿岩速度比风动凿岩机高 50%～150%。能针对不同硬度岩石,自动调节在高频低能或低频高能状态下工作,以提高凿岩功效。润滑条件好,使用寿命长;噪声小,液压钻的噪声比风钻降低 10～15dB。

缺点:重量大,附属装置多,仅能在台车上使用;造价高。

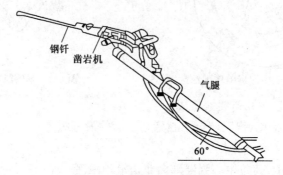

图 5-3　风动凿岩机示意图

(2)凿岩台车

将多台凿岩机安装在一个专门的移动设备上,实现多机同时作业。如图 5-4 所示,凿岩台车适用于:大断面全断面隧道。有风动、液压,主要是后者,1～4 臂。

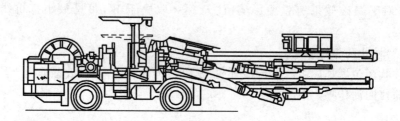

图 5-4　凿岩台车示意图

3　爆破材料

爆破材料:炸药、起爆、传爆材料。

1)炸药

(1)炸药的性能

①敏感度

简称感度,是指炸药在外界起爆能作用下发生爆炸反应的难易程度。

因此,要根据炸药的感度,选择合理的引爆能,安全使用(运输、保管等)。

根据对起爆能的反应程度,有:

a. 热敏感度,也称爆发点,即使炸药爆炸的最低温度。见表5-1。

几种炸药的爆发点　　　　　　　　　　　　　　　　表5-1

炸药名称	EL系列乳化炸药	2号煤矿硝铵炸药	梯恩梯	黑索金	2号岩石硝铵炸药	黑火药	硝化甘油	特屈儿
爆发点(℃)	330	180～188	290～295	230	186～230	290～310	200	195～200

b. 火焰感度:炸药对火焰的敏感度。

c. 机械感度:炸药对机械能(撞击、摩擦)作用的敏感程度。

d. 爆轰感度:炸药对爆轰波的敏感程度。

②爆速

爆轰波在炸药内部的传播速度。见表5-2。

几种炸药的爆速　　　　　　　　　　　　　　　　表5-2

炸药名称	铵梯炸药	硝化甘油	梯恩梯	黑索金	特屈儿	太安
密度(g/cm³)	1.40	1.60	1.60	1.76	1.59	1.72
爆速(m/s)	5200	7450	6850	8660	7334	8083

③爆力

爆炸时对周围介质做功的能力称为爆力。

④猛度

炸药爆炸后对与之接触的固体介质的局部破坏能力称为猛度。

⑤殉爆距离

一个药包爆炸后,能引起与它不相接触的邻近药包爆炸,该邻近药包即为殉爆。二者之间的距离称为殉爆距离。

(2)隧道工程中常用的炸药

隧道爆破中使用的炸药,应该是爆炸威力大、使用安全、产生有毒气体少的炸药。隧道中常使用的是2号岩石硝铵炸药。在有瓦斯的隧道中则使用煤矿硝铵炸药。它们属于铵梯炸药,是在2号岩石硝铵炸药的基础上外加一定比例的食盐作为消焰剂制成的。

优点:化学安定性好,有毒气体少,机械感度低,制造简单,价格便宜,使用安全。

缺点:抗水性能差,容易吸潮结块而影响爆炸性能。

隧道爆破标准药卷规格:外径$\phi 32$,装药净重150g,长度200mm。

此外,还有$\phi 22$、$\phi 25$、$\phi 35$、$\phi 40$等,长度为165～500mm,供选用。

2)起爆传爆材料

(1)导火索和火雷管

①导火索:药芯为黑火药,燃烧速度 0.01~0.07m/s,其作用是传递火焰给火雷管,使火雷管爆炸。

②火雷管:由导火索喷出的火焰引爆的雷管。它由管壳、正副装药、加强帽组成。管壳的一端开口,另一端封闭并带有凹槽,起聚能作用,如图 5-5 所示。火雷管分成十个等级,号数越大,起爆能力越强。工程上常用的是 6 号和 8 号雷管。

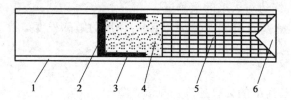

图 5-5 火雷管结构示意图

1-管壳;2-传火孔;3-加强帽;4-正装药;5-副装药;6-聚能穴

优点:成本低,使用灵活,不受杂散电流的影响。

缺点:其火焰感度与机械感度均高,不安全,只有即发雷管。

(2)电雷管

其基础部分与火雷管相同。两者的区别仅在于采用电引火装置,此装置由桥丝、药头、塑料塞和向管外引出的两根绝缘导电线——脚线组成。由导电线传输电流使装在雷管中的电阻发热而爆炸。如图 5-6 所示。分为即发电雷管和迟发电雷管两种。

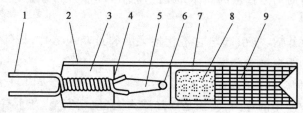

图 5-6 电雷管结构示意图

1-角线;2-管壳;3-密封塞;4-纸垫;5-线芯;6-桥丝(引火药);7-加强帽;8-正起爆药;9-副起爆药

迟发电雷管又称延期电雷管,是通电后隔一定时间,顺次起爆。按照时间间隔的长短,延期雷管分为秒延期雷管、半秒延期雷管和毫秒延期雷管三种。

秒延期电雷管:引爆通电后能延长一段以秒计的时间间隔,然后才爆炸。为七段,段数越大,延期时间越长。

毫秒延期电雷管:引爆通电后能延长一段以毫秒计的时间间隔,然后才爆炸。共有五个系列,其中第二系列在工程中最常用。

优点:火焰感度与机械感度低,安全性增加。
缺点:测电阻复杂,易受杂散电流的影响,爆破牵线麻烦。
(3)塑料导爆管与非电雷管
①塑料导爆管:传递爆轰波给非电雷管,使之爆炸。塑料导爆管常用火雷管起爆。特点有:

a. 起爆敏感度好——一个火雷管足以激发管内爆轰波。
b. 传播速度快——爆轰波波速约 1600~2000m/s。
c. 耐火性能好——将其烧完也不能引爆它。
d. 抗水性能好——水下 80m,放置 48h 仍能正常起爆。
e. 抗电击性能好——可抗 30kV 的直流电。
f. 抗冲击性能好——一般的机械撞击不能引爆它。
g. 强度好——5~7kg 的拉力不会使管径变细。
h. 对外界影响小——爆轰过后,管子依旧,只是由白色变为灰黑色。
i. 安装简单,使用方便。
k. 价格便宜。

②非电雷管:配合塑料导爆管将炸药引爆。
有即发、秒延期和毫秒延期之分。隧道主要用毫秒延期,称为非电毫秒雷管。
毫秒延期国产共计 20 段,段位越高,延迟时间越长。
与电雷管的主要区别在于不用电点火装置,而是由塑料导爆管传递的爆轰波引爆。

3)导爆索
作用:置于爆破孔眼之中,使孔眼中所有的柱状药卷同时起爆。
红色或红黄相间颜色,实心,爆速 6800~7200m/s,本身需要雷管才能引爆。
分为普通导爆索和安全导爆索两种。
普通导爆索:在爆轰过程中火焰强烈,只能用于没有瓦斯的隧道中。
安全导爆索:加了消焰剂,可用于有瓦斯的隧道中。

4 爆破方法

1)炮眼种类和作用
炮眼类型可分为如下三种。
(1)掏槽眼
隧道开挖断面最初爆破时只有一个临空面,为提高爆破效果,先在爆破断面的适当位置(一般在中央偏下部)布置几个让其最先起爆的炮眼(或者是空眼),为临近炮眼的爆破创造临空面,此类炮眼称为掏槽眼,如图5-7a)中的1号炮眼。

(2)周边眼

沿隧道周边布置的炮眼称为周边眼,如图5-7a)中的3、4、5号炮眼。其作用在于炸出一个合适的爆破轮廓。按其所在位置不同,又可分为帮眼(3号眼)、顶眼(4号眼)和底眼(5号眼)。

(3)辅助眼

位于掏槽炮眼与周边炮眼之间的炮眼称为辅助。其作用是扩大掏槽炮眼炸出的槽口,为周边炮眼的爆破创造临空面。如图5-7中的2号炮眼。

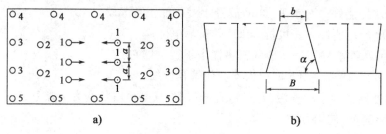

图5-7 炮眼种类及布置

2)掏槽眼的形式

掏槽爆破质量的好坏,直接影响整个隧道爆破的成败。根据施工方法、开挖断面大小、围岩状况和凿岩机具的不同,可将掏槽方式分为斜眼掏槽和直眼掏槽。

(1)斜眼掏槽

其特征是炮眼与开挖面斜交。它的种类很多,如锥形掏槽、爬眼掏槽、各种楔形掏槽、单斜式掏槽等。隧道中常用的是垂直楔形掏槽和锥形掏槽。

①垂直楔形掏槽,如图5-7b)所示,掏槽炮眼呈水平对称布置,爆破后将炸出楔形槽口。

②锥形掏槽,掏槽炮眼呈角锥形布置。根据掏槽炮眼数目的不同分为三角锥、四角锥及五角锥等。图5-8所示为四角锥掏槽。

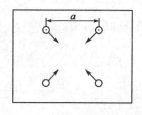

图5-8 锥形掏槽示意图

优点:由于能炸出漏斗,故渣石抛掷角度好,可以根据岩石的实际情况来决定掏槽眼数和角度,节省炸药,爆破效果好。

缺点:打斜眼时,炮眼深度受到洞室尺寸的限制,不便深眼爆破,只能采用多层楔形掏槽,增加了钻眼难度。若多机作业,弄不好就打在了一起,因此也不便多机同时作业。

(2)直眼掏槽

也叫平行空眼掏槽。掏槽眼均垂直于掘进工作面,彼此间距较小,并有不装药空眼的掏槽方式。因直眼掏槽中有很多空心眼,空心眼正是瓦斯集聚的空间,很容易产生爆炸,所以不能在有瓦斯中使用。其优点为便于深眼爆破、可多机凿眼、进度快。其缺点为抛掷角度不佳,需增加炮眼的数量和炸药用量。

对掏槽眼本身来说,也有一个提高爆破效果的问题,特别是直眼,常采用中空眼,即钻直径为 102mm 的空眼,不装药,成为临空孔。其他炮眼直径约为 35mm 左右。

同样深的炮眼,斜眼的最小抵抗线比直眼的要小。

常用的直眼掏槽形式有:

①柱状掏槽:使爆破后能形成柱状槽口的掏槽爆破,如图 5-9 所示。临空孔的空眼数目,视炮眼深度而定:

a. 孔眼深度小于 3.0m 时取一个。

b. 孔眼深度为 3.0~3.5m 时,采用双临空孔。

c. 孔眼深度为 3.5~5.0m 时,采用三个孔。

②螺旋形掏槽:如图 5-10 所示。中心眼为空眼,邻近空眼的装药眼与空眼之间距离逐渐加大,其连线呈螺旋形状。爆破按 1、2、3、4 顺序起爆。

图 5-9　柱状掏槽示意图
○—临空孔　●—装药孔

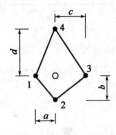

图 5-10　螺旋形掏槽示意图

3)炸药品种的选择、用量及其分配

(1)炸药品种的选择

前已述,常用 2 号岩石硝铵炸药。

(2)炸药的用量

药量不足,会出现炸不开、块度偏大、炮眼利用率低、轮廓线不整齐等现象;

药量过多,则会破坏围岩的稳定,抛渣分散影响装运,而且很不安全。

用药总量 Q 的计算公式为

$$Q = kLS \tag{5-1}$$

式中:Q——一个爆破循环的总药量(kg);

k——爆破单位体积岩石的炸药平均消耗量,简称炸药的单耗量(kg/m^3);

L——一个爆破循环的掘进尺(m);

S——开挖断面的面积(m^2)。

(3) 炸药单耗量 k 值的确定

k 值主要受岩石的抗爆破性、断面进尺比 S/L、临空面的数目、炮眼布置形式、掏槽效果等因素的影响。

一般而言,岩石的完整性系数 f 值越大,k 值越大,断面进尺比 S/L 越大,则 k 值越小;临空面越多,k 值越小,炮眼布置不当或掏槽效果不佳,k 值会增大。隧道爆破中实际采用的 k 值通常在 $0.7\sim 2.5 \text{kg/m}^3$ 之间。

(4) 炸药量的分配

总的炸药量应分配到各个炮孔中去。由于各种炮眼的作用及受到的岩石夹制情况不同,装药数量亦不相同。通常按装药系数 α 进行分配,α 值可参考表 5-3。

装 药 系 数 α 值　　　　　表 5-3

围岩级别、炮眼名称	IV、V	III	II	I
掏槽眼、底眼	0.5	0.55	0.6	0.65~0.80
辅助眼	0.4	0.45	0.5	0.55~0.70
周边眼	0.4	0.45	0.55	0.60~0.75

4) 炮眼深度

确定炮眼深度的方法有两种:

① 采用斜眼掏槽时,炮眼长度受开挖面大小的影响,炮眼深度不易过大。故最大炮眼深度

$$L = (0.5 \sim 0.7)B \tag{5-2}$$

式中:B——断面宽度(或高度)。

② 根据进尺数来确定,即

$$L = l/\eta \tag{5-3}$$

式中:l——每掘进循环的计划进尺数(m);

η——炮眼利用率。一般要求不低于 0.85。

5) 炮眼直径

常用不偶合系数 $\lambda = D/\phi$ 来控制药卷直径 ϕ 和炮眼直径 D,二者是有关联的。掏槽眼及辅助眼应采用较小的 λ 值,以提高炸药的爆破效率;周边眼应采用较大的 λ 值,以减小对围岩的破坏。

6) 炮眼数量和比钻眼数

(1) 炮眼数量

炮眼数量计算公式

$$N = Q/q = kS/\alpha\gamma \tag{5-4}$$

式中：q——单孔平均装药量，$q=\alpha\gamma L$；

α——装药系数，即装药长度与炮眼全长的比值，随围岩、炮眼类别不同而不同，一般取 $\alpha=0.5\sim0.8$，具体取值见表5-3；

γ——每延米药卷的炸药质量（kg/m），2号岩石硝铵炸药每延米重量见表5-4；

Q、k、S 的意义同前。

2号岩石硝铵炸药每米重量 表5-4

药卷直径(mm)	32	35	38	40	45	50
γ(kg/m)	0.78	0.96	1.10	1.25	1.59	1.90

(2) 比钻眼数

比钻眼数指单位开挖断面的平均钻眼数。

它是评价在同等条件下钻眼工作量的一个指标。通常单位开挖断面的平均钻眼数为2~6个。其中掏槽眼的 n 值较大，周边眼次之，辅助眼较小，即不同部位的炮眼布置密度不同。

可按下式计算

$$n = N/S \tag{5-5}$$

式中：N——炮眼数目；

S——开挖断面积。

7) 炮眼布置

炮眼布置原则：

① 将计算出的炮眼数目大致均匀地分布于开挖面上。

② 掏槽眼应位于开挖面中央偏下部位，其深度应比掘进眼深 15~20cm。

③ 辅助眼应由内向外，逐层布置，逐层起爆，逐步接近开挖断面轮廓形状。

④ 周边炮眼严格按照相关要求布置。在后边"9) 周边眼的控制爆破"中详细介绍。

几种布置方法如图 5-11 和图 5-12 所示。

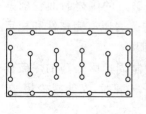

图 5-11 直线形布眼

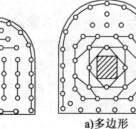

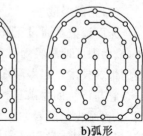

图 5-12 多边形及弧形布眼

8) 装药结构

(1) 根据雷管的位置

装药结构如图5-13所示。

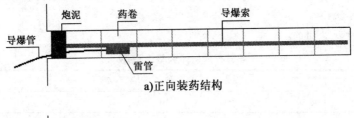

a) 正向装药结构

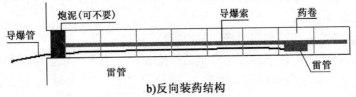

b) 反向装药结构

图 5-13 装药结构示意图

① 正向装药:将雷管放在眼口第二个药卷位置上,雷管聚能穴朝向眼底,并用炮泥堵塞眼口。

② 反向装药:将雷管放在眼底第二个药卷位置上,雷管聚能穴朝向眼口,可不堵炮泥。反向装药结构能提高炮眼利用率,故多为现场所采用。

(2) 根据药卷的连续方式

① 连续装药:药卷一个紧挨着一个。用于掏槽眼和辅助眼。

② 间隔装药:用于周边眼,以减少炸药威力。

起爆顺序:导火索——→火雷管——→塑料导爆管——→非电毫秒雷管——→红色导爆索——→全眼药卷。

9) 周边眼的控制爆破

有光面爆破和预裂爆破两种方式。

(1) 光面爆破

光面爆破是通过正确确定周边眼的各爆破参数,使爆破后的围岩断面轮廓整齐,最大限度地减轻爆破对围岩的振动和破坏,尽可能维持围岩原有完整性和稳定性的爆破技术。起爆顺序为:掏槽眼——→辅助眼——→周边眼。

它与传统的爆破法相比,最显著的优点是能有效地控制周边眼炸药的爆破作用,从而减少对围岩的扰动,保持围岩的稳定,确保施工安全,同时,又能减少超、欠挖,提高工程质量和进度。

① 主要技术参数

包括周边炮眼的间距、光面爆破层的厚度、周边炮眼密集系数和装药集中度等。具体如下：

a. 周边炮眼间距 E

如图 5-14 所示，对爆破的基本要求：炮孔内静压力合力 F 必须大于岩体的极限抗拉力，以保证将阴影部分炸掉；炮孔内静压力合力 F 必须小于爆破岩体的极限抗压力，以保证不超挖。

F 力往上是压，围岩抵住；往下是拉，临空面是空的。故有

$$[\sigma_l]EL \leqslant F \leqslant [\sigma_c]dL \quad 即 \quad E \leqslant [\sigma_c]d/[\sigma_l] = K_i d \quad (5-6)$$

式中：$[\sigma_l]$——岩体的极限抗拉强度（MPa）；

$[\sigma_c]$——岩体的极限抗拉强度（MPa）；

F——炮孔内炸药爆炸静压力合力（N）；

d——炮孔直径（cm）；

L——炮孔深度（cm）；

K_i——孔距系数，$K_i=[\sigma_c]/[\sigma_l]$。

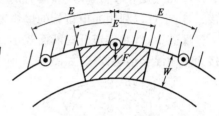

图 5-14　周边炮眼布置

可见，与周边炮眼间距有关的参数是：岩体的抗拉、抗压强度以及炮眼直径等。

b. 光面层厚度及炮眼密集系数

光面层：周边炮眼爆破的那一部分岩层。其厚度就是周边炮眼的最小抵抗线 W。光面层厚度一般应取 50～90cm。

周边炮眼的密集系数：周边炮眼间距 E 与最小抵抗线 W 的比值 k。以 $k=0.8$ 左右为宜。k 过大会留下岩埂（欠挖）；k 过小又会炸坏轮廓（超挖）。

c. 装药量

通常用线装药密度，即每米长炮眼的装药数量来表示。一般控制在 0.04～0.4kg/m。

②技术措施

使用低爆速、低猛度、低密度、传爆性能好、爆炸威力大的炸药。

采用不偶合装药结构，以减少爆炸对围岩的破坏。

周边炮眼应同步起爆。

严格控制装药集中度，必要时采用间隔装药结构。

(2) 预裂爆破

预裂爆破是由光面爆破演变而来的，主要用于露天边坡控制爆破或隧道某特殊地段且较好围岩开挖中（需要将爆源与地表建筑物进行隔离）。预裂爆破法是在开挖区内的炮眼（即主爆破眼）起爆以前，沿着设计轮廓线布置的炮眼（即预裂爆破眼）首先起爆，形成有一定宽度的贯穿裂缝（即预裂缝）。将开挖区与保留区的岩体

分离开,从而使保留区岩体在主爆破炮眼爆破时受到的破坏和振动大为减轻,留下光滑平整的开挖面。预裂爆破在隧道施工中使用范围较窄,只适用于硬岩且需要减轻振动的地段。为达到隧道开挖成形良好而采用预裂爆破则是得不偿失的,因为采用工艺简单、施工方面的光面爆破技术完全能达到相同目的。

10)起爆方法

在目前的地铁车站开挖爆破中多采用导爆管系统起爆法。

导爆管起爆系统由导爆管、分流连接装置和终端雷管组成。导爆管起爆系统的传爆元件是导爆管本身,导爆管的接长和传爆的分流则可以使用专门的分流连接元件,也可以利用非电雷管的爆炸来实现。

爆破中,针对隧道开挖断面较小,炮眼数量多而密集的特点,多采用以集束连接为主的混合连接方式,如图5-15所示。

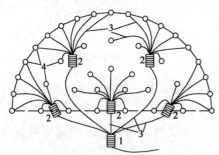

图 5-15 导爆管起爆系统
1-引爆雷管;2-导爆雷管与导爆管束连接结;3-导爆管;4-炮孔

集束连接方法,是把若干根导爆管捆绑在一个非电雷管上,利用雷管爆炸的冲击波来实现分流传爆。根据导爆管传爆和导爆管雷管分流传爆的特性,在非电导爆管起爆系统中,可以实现孔外延期方式起爆。当雷管段数不足,即只有少数几段延期雷管可供使用时,为获得较长的延期时间,可以把段数相同或不相同的若干个雷管串联使用。必须注意的问题是,当先后起爆时差较大时,有时会破坏后续起爆网路而造成拒爆,需要有相应的防范措施。

11)起爆顺序及时差

起爆顺序用迟发雷管的不同延期时间(段别)来实现。

各层炮之间的起爆时差越小,则爆破效果越好。常采用的时差为40~200ms,称为微差爆破。

同段眼必须同时起爆,以保证同段眼的共同作用效果(同圈眼不一定是同段眼,如螺旋形掏槽眼)。

12)瞎炮处理

没有能引爆的药包称之为瞎炮。

常用处理方法:在瞎炮旁不大于30cm处打一平行炮眼,装药引爆,使瞎炮殉爆;无堵塞的反向装药炮眼,可直接在孔口内再装一个起爆药包诱爆。

二、其他工序施工

其他工序包括：出砟、支护施工及结构防排水等，与浅埋暗挖法施工对应的工序类似办理，不再赘述。

练习题

1. 钻爆主要机具有哪些？隧道中常用的爆破材料有哪些？
2. 什么是非电爆破？
3. 简述炮眼种类和作用。
4. 基本的掏槽方式有哪两类？适用条件？
5. 什么是控制爆破？它们的特点是什么？
6. 什么是超挖？如何控制超挖？

参 考 文 献

[1] 施仲衡,张弥,王新杰,等.地铁设计与施工.西安:陕西科学技术出版社,1997.
[2] 张庆贺,朱合华,庄荣,等.地铁与轻轨.第2版.北京:人民交通出版社,2006.
[3] 夏明耀,曾进伦.地下工程设计与施工手册.北京:中国建筑工业出版社,1999.
[4] 陈忠汉,程丽萍.深基坑工程.北京:机械工业出版社,1999.
[5] 朱永全,宋玉香,刘勇,等.地铁.石家庄铁道学院,2004.
[6] 天津地铁二号线施工技术资料.
[7] 王梦恕,等.中国隧道及地下工程修建技术.北京:人民交通出版社,2010.